一看就懂的
外国考古大事典

一看就懂丛书编写组　编著

农村读物出版社

图书在版编目(CIP)数据

一看就懂的外国考古大事典 / 《一看就懂丛书》编写组编著．－北京：农村读物出版社，2010.6 （2024.12 重印）

ISBN 978-7-5048-5346-2

Ⅰ.①一… Ⅱ.①一… Ⅲ.①考古－外国－通俗读物 Ⅳ.① K86-49

中国版本图书馆 CIP 数据核字（2010）第 089207 号

责任编辑 李昕昱　宋会兵

文字编辑 李琳

出　　版 农村读物出版社（北京市朝阳区农展馆北路 2 号　100125）

发　　行 新华书店北京发行所

印　　刷 永清县晔盛亚胶印有限公司

开　　本 700mm × 1000mm　1/16

印　　张 13

字　　数 250 千

版　　次 2010 年 6 月第 1 版　2024 年 12 月第 2 次印刷

定　　价 68.00 元

一看就懂的外国考古大事典

农村读物出版社

前言

从埃及金字塔到英国巨石阵，从马耳他巨石庙到雅典卫城，从苏美尔文明到庞贝古城……人类文明源远流长。青少年处于知识增长的重要阶段，了解一定的考古知识，不仅能够丰富知识面，更能够激发探索世界的热情，对青少年的全面发展具有重要意义。

沧海桑田，风云变幻，当回眸人类辉煌的文明史时，发现历代先民创造了无数奇迹，但也给我们留下了许多难以破解的谜团。有各种各样的建筑之谜、有充满诱惑的宝藏之谜、有诡异莫测的墓葬之谜、有各种奇异未解之谜……

本书选取了最具代表性的考古谜题，参阅了大量的历史文献、考古资料，将残缺、消失的历史事件和古老文明重新联系与再现，并吸收了广为流传的民间传说和科学界最新的研究成果，汲取众家学说，以求最大限度地展示谜团。此外，我们还选取了大量紧扣文章的历史图片，以增强其形象性与生动性。

法老是古埃及的国王，金字塔是法老的陵墓。法老为什么要建造金字塔？巨大的金字塔是怎样建成的？有人说金字塔是外星人造出来的，事实究竟怎样？

20世纪初以来，在地中海上的马耳他岛陆续发现了多处规模宏大、设计独特的史前巨石遗迹。这些不可思议的巨石遗迹的建造者是谁？在蛮荒落后的石器时代，他们为何耗费如此巨大的精力来建造这些巨石建筑？这些巨石遗迹究竟何时建立？是庙宇、坟墓，还是所谓的古代“计算机”？

太阳一直是古人崇拜的对象，因此我们不难理解罗德斯岛上的太阳神巨像的含义，然而我们难以理解的是，如此空前绝后的巨人像是用怎样复杂的方法雕成的，古人如何能做到这一点？

第二次世界大战中，在纳粹的铁蹄之下，世界上许多国家珍藏的艺术珍宝遭到了毁灭性的掠夺，许多国家的古堡、宫殿、博物馆被洗劫一空。纳粹投降后，抢掠来的财宝藏在哪了呢？

佛祖释迦牟尼去世火化后，信徒们在他的骨灰中发现了许多晶亮透明、五光十色、坚硬如钢的圆形硬物，这就是舍利，俗称舍利子，历来被视为佛门珍宝。那舍利究竟是什么，它是怎么形成的呢？

……

这些扣人心弦的问题，本书都将给您科学的答案。能够给广大青少年带来耳目一新的感觉，同时能够给他们带来思想上的震撼，从而揭开他们对历史事件的疑惑。

相信本书能够成为众多青少年朋友了解考古谜题大事件、了解世界文明史、了解人类发展史的一部重要读物，能够成为青少年朋友开启智慧大门的向导，成为青少年朋友探索世界的启蒙读物。

但愿本书能够成为广大青少年朋友的案头必备书。

编者

2010 年 3 月

INTRODUCTION

敬告

在编写本书的过程中，大量的图片得到全景网的支持，但有部分图片无法与著作权人一一联系，敬请没有联系上的图片著作权人与我们联系，您应得的稿费我们已经预留。

目录 CONTENT

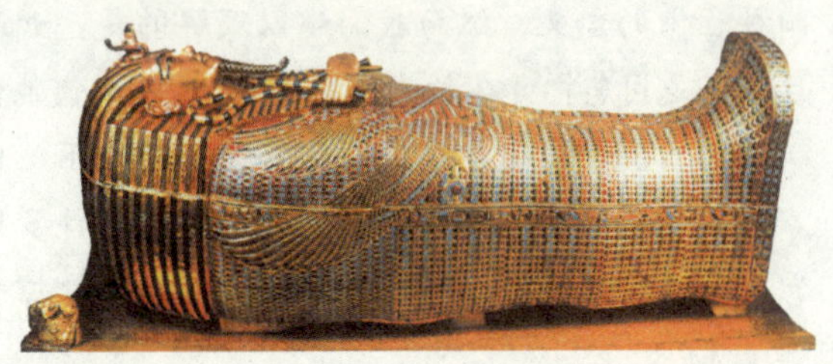

诡异莫测的古墓之谜

神秘莫测的建筑之谜

令人遐想的宝藏之谜

各种奇异未解之谜

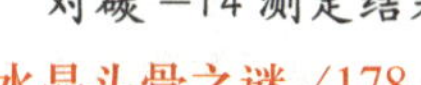

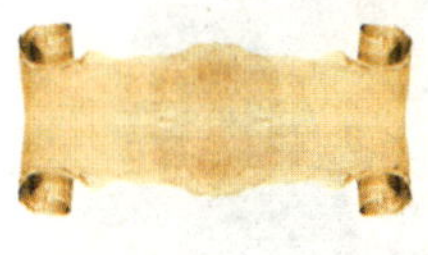

年轻法老图坦卡蒙之谜

图坦卡蒙是古埃及新王国时期第十八王朝法老（公元前1334—前1323年），人们对他最多的印象，莫过于那张独具一格的金色面具。他原来的名字叫“图坦卡吞”，意思是“阿吞”的形象，后改为图坦卡蒙，意思是“阿蒙”的形象。说明他的信仰从崇拜阿吞神向崇拜阿蒙神转变。图坦卡蒙并不是在古埃及历史上功绩最为卓著的法老，但却是当今最广为人知的埃及法老。

发现图坦卡蒙

图坦卡蒙为现代西方人广为熟知是因为他的坟墓在三千年的时间内从未被盗，直到被英国探险家发现，并挖掘出大量珍宝，从而震惊了西方世界。

当图坦卡蒙登基时，大金字塔就已经有1 250年的历史了。他死时只有19岁，他的墓未被人盗过，因为他修建的金字塔在他死时还没修好，被后来的宰相阿伊看中，图坦卡蒙只是葬在一个很小的地方，所以他的墓是唯一没被盗过的古埃及法老墓。

他的墓由前室、墓室、耳室及库室组成。除墓室外，所有的地方都放满了家具、器皿、箱匣等各类器物。墓中的每件器物，都以金银珠宝装饰而成。在墓室中还发现了两尊真人大小的乌木镀金雕像，学者们认为这就是图坦卡蒙的形象。这两尊雕像生动逼真、栩栩如生，充分反映了古代艺术家们高超的技术和丰富的想象力。在8年的挖掘过程中，人们在墓中发现了2 000多件文物，墓中奇珍异宝非常丰富。

图坦卡蒙的石棺与陪葬品原本是他一个长辈要用的。因为谁也没想到他这么早死，临时来不及特别为他准备，只好先拿别人的给

◀图坦卡蒙法老的黄金面具

▲被打开的图坦卡蒙棺椁

他用了。图坦卡蒙著名的黄金面具大约重10.23千克。图坦卡蒙的木乃伊由3个人形棺与3个外廓层层保护，每一个大小恰好卡进另一个，手工技艺相当精细。最内一层的人形棺由22K金打造，重110.9千克，最外一层的外廓大到可以当中型汽车的车库。图坦卡蒙的坟墓中有一个个人小型急救箱，里面除了一些急救药品外，还有绷带和类似骨折时用的吊带。据估算，图坦卡蒙的墓中最初大约有350升的珍贵油品，大多存放在一些石头瓶里。图坦卡蒙并不孤单，他坟墓里还有两个流产的女婴陪他。

图坦卡蒙是个时尚男士，酷爱流行。在他坟墓中发现了大批衣物，衣物旁还有一个依他体型而制成的木型模特儿。另外还发现了图坦卡蒙洗礼时用的围巾，质料好，手工很细。图坦卡蒙的墓里大约有100双鞋，有用皮做的，有用木头做的，也有用柳条编的，甚至还有用黄金做的。在图坦卡蒙墓中大约有30多种品牌的酒，其中有一种是“图坦卡蒙牌葡萄酒”，上面还标有年份，葡萄产地和制造商。图坦卡蒙墓中有30只回力棒。在古代回力棒是用来打猎的。除了金棺和金面具外，往往被人提及的大件是皇后给法王身体涂油的王座、两尊如真人大小的木雕哨兵和雪花石膏箱。其中的雪花石膏箱最耐人寻味， 4个雪花石膏罐子，盖子是图坦卡蒙头像，里面放了什么？现在已经无从得知。

考古学家花了大约5年的时间来挖掘图坦卡门的坟墓，花了8年时间清理，并花了将近10年为坟墓里发现的约5 000件陪葬品编目。

▼图坦卡蒙墓内的精美浮雕

还原历史

图坦卡蒙出生于大约公元前1 341年。他的父亲是著名的改革法老阿肯纳顿（又称诗人法老），母亲是一位远嫁而来的外国公主。在他幼年

▲图坦卡蒙墓地的墓道

生母就去世，由王后纳夫蒂蒂抚养。纳夫蒂蒂十分喜爱他，视其如己出，并将自己的一个女儿安荷森纳姆（比他大四岁）许配给图坦卡蒙。他在阿肯纳顿国王的新皇都中长大。阿肯纳顿国王反对埃及传统神灵阿蒙，而信奉新神灵太阳神阿顿，还把皇宫从旧都底比斯迁移出来。

图坦卡蒙是和阿肯那顿的女儿结婚，阿肯那顿曾经进行过一次宗教改革，树立阿吞（日轮神）为主神，削减寺庙，减少崇拜的神，以削弱宗教势力。但是阿肯纳顿冒进的改革深深触动了旧势力的权益，在阿肯纳顿时期整个国家上下都处于动乱之中。图坦卡蒙即位后，实际大权在其祖母——太皇太后泰伊的手中。在泰伊的干预下进行了旧教复辟，重新树立阿蒙神，恢复寺庙，并把首都迁回底比斯。图坦卡蒙的名字也由图坦卡吞改为图坦卡蒙。同时他的父亲阿肯纳顿被宣布为“罪人”，他的名字应该从所有人的记忆中抹去，所以“阿肯纳顿”的字样都要从建筑物上被清除。

图坦卡蒙的死因

结合一些文献史料的记载和出土的壁画文物大体可以得知：由于图坦卡蒙登基时年纪非常小，只能同老臣阿伊共掌大权。他在19岁时突然死去，此后，老臣阿伊继承了王位。

历史上对图坦卡蒙的死没有任何记录。虽然考古学家在对他的木乃伊进行的检验时，发现他的头上有一处受伤的痕迹，但在他死以前已经部分治愈，可能是意外受伤，但也不排除被暗杀的可能，因为根据X光照片显示，他头颅后下方有一个暗点，表示他的后脑可能有被重击的慢性创伤。而他的继任者力图抹去历史对他的记载，所以在他坟墓被发掘以前，很少发现历史对他的记载。

然而，后来考古学家对图坦卡蒙木乃伊进行了进一步更详细的检测，认为图坦卡蒙可能不是死于谋杀。

自从图坦卡蒙的陵墓被发

▼图坦卡蒙墓室里精美的壁画

▲图坦卡蒙的黄金面具

▲图坦卡蒙墓内雕像

现以来，关于这位少年埃及法老的死因，考古学界就一直有种种猜测，研究人员认为他可能是因为争夺继承权问题而被随后继承他的同胞阿伊杀害。由于20世纪60年代对图坦卡蒙进行医学检查和X射线检测的结果表明其头骨有一处骨折，所以阿伊一直被怀疑是谋杀者。

英国研究人员后来对图坦卡蒙的木乃伊进行X射线扫描，发现死者脑颅中有碎骨，因此推断他可能是遭到谋杀，突然死亡。这种猜测与图坦卡蒙时代政局不稳的历史背景相符。一些人猜测，图坦卡蒙逐渐长大，谋求更多自主权，与其宰相发生冲突，遇害早亡。还有一种猜测是，一位曾指责图坦卡蒙言语不敬的高级神职人员可能有谋杀嫌疑。

▲图坦卡蒙墓中出土的雕像

但埃及放射学专家的新发现，推翻了这一论断。据发现，图坦卡蒙死前不久大腿骨折，虽然并不致命，却很可能发生感染，导致这位年轻法老早亡。

医学专家公布了最近对图坦卡蒙木乃伊进行放射学检查的结果。报告说，检查证实木乃伊大腿部位有一处骨折，可能是图坦卡蒙在去世前不久受伤的痕迹。

法老的诅咒

在古埃及法老图坦卡蒙的陵墓上镌刻着这样一行墓志铭：“谁要是干扰了法老的安宁，死亡就会降临到他的头上。”数10年来，经过各类电影和小说的大肆渲染，“法老

▲图坦卡蒙墓里的精美壁画

咒语”越传越邪乎，不仅令盗墓者望而却步，也令众多考古学家和观光客忧心忡忡。

刻在图坦卡蒙（Tutankhamen）墓上的咒语，声称要报复擅闯他陵墓的人。1922年11月26日下午，以英国考古学家霍华德·卡特(Howard Carter)为首的一个探险队打开了这个沉睡几千年的古墓。1923年4月23日，也就是打开法老墓室6个月后，参与此次探险的科学家罗德·卡纳冯勋爵(Lord Carnarvon）神秘死去，这使许多人联想起那个诅咒，媒体和公众也纷纷开始关注，甚至连英国著名侦探小说家——《福尔摩斯探案》一书的作者柯南·道尔（Conan Doyle）也称他很相信这古老诅咒的存在。

墓穴中的法老受到打扰，他复仇的怒火引发了一连串的神秘灾祸。在卡纳冯勋爵死后不久，探险队的另一名成员阿瑟·梅斯（Arthur Mace）被人发现昏死在开罗一家宾馆的房间里。接着，看望过勋爵并进入到墓室的勋爵好友乔治·古尔德(George Gould)因高烧不退而死去。而试图借助X射线技术确定法老死因的科学家阿奇博尔德·里德（Archibald Reid），在刚回伦敦开始分析收集到的数据时也撒手人寰。离奇的事情还包括不祥的征兆——就在卡纳冯勋爵死的当天，开罗发生全城大停电，勋爵的狗也在英国死去。

▲图坦卡蒙墓内文物

20世纪90年代，一组埃及科学家将古埃及法老图坦卡蒙的木乃伊从“帝王谷”坟墓中移出，做了CT扫描，试图解开这名少年国王的死亡之谜。然而据埃及最高文

▼图坦卡蒙第二层木乃伊形棺

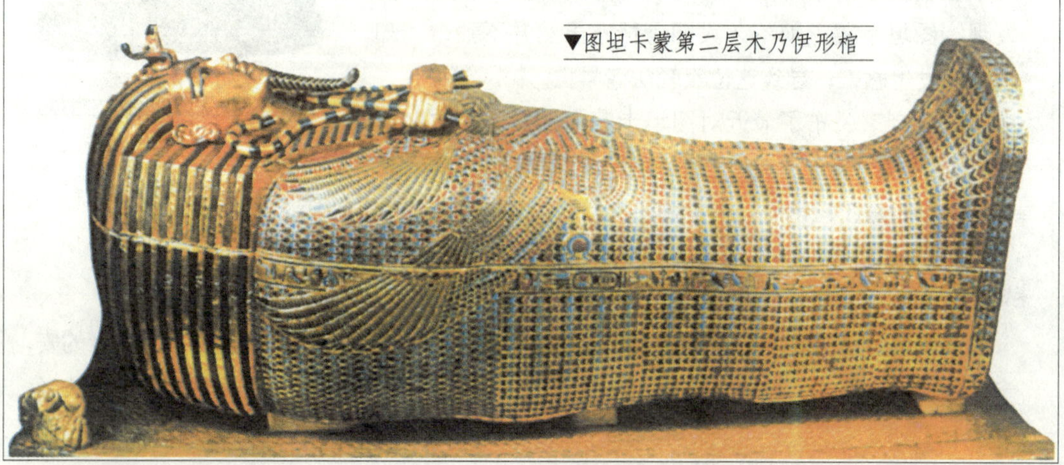

物委员会主席哈瓦斯披露，进行CT扫描的当天，发生了许多怪事。尽管这些也许纯属巧合，但却令他无法对流传了大半个世纪的“法老的诅咒”加以轻视。

埃及考古和医学界专家通过X射线先对古埃及18王朝时期的少年法老图坦卡蒙的木乃伊进行了CT扫描，再用电脑将这些扫描图合成三维立体影像，从而确定图坦卡蒙的死因，并确定他死亡时的实际年龄。

然而，在专家们为图坦卡蒙的木乃伊进行CT扫描的当天，负责这项任务的10人研究小组遇上了一连串的“怪事”：他们当天来回“帝王谷”的汽车差点遭遇了一场夺命的车祸，科学家们都被惊出了一身冷汗，而在进行CT扫描实验时，负责CT扫描的计算机却突然无缘无故“罢工”达两小时之久，最后科学家好不容易让计算机重新启动，进行了15分钟的扫描工作。此外，在为木乃伊进行CT扫描当天，埃及“帝王谷”中突然狂风大作，黄沙漫天，这突如其来的狂风让从不信邪的科学家们也感到“十分古怪”，不得不联想到“法老的诅咒”。

图坦卡蒙的木乃伊自1922年在“帝王谷”被英国考古学家霍华德·卡特发现以来，第四次被科学家进行详细的检查。从1922年以来，围绕图坦卡蒙的木乃伊发生了许多神秘的死亡事件，首先是卡特的赞助人卡那冯爵士在进入图坦卡蒙的陵墓后没多久，就突然暴毙，据称是被蚊虫叮咬，死于感染；随后参观陵墓者尤埃尔落水溺死；卡特的助手皮切尔也不明身亡，皮切尔的父亲则跳楼自杀，送葬汽车又轧死了一名8岁儿童。

但事实上，现在科学家已经证明了，第一批进入图坦卡蒙墓地的人员中非正常死亡的只占5%而已，如果说有什么异常的东西，大概是因为空间的密闭，墓穴中的病菌不能与外界的空气共同进化，从而形成了独立的进化体，是人类并未接触过的，并且也无法抵抗的。而其他所谓由“法老的诅咒”而引起的事件，有很大一部分是杜撰出来的。

图坦卡蒙墓中的神秘现象到底是什么原因，还有待于人们的探索。

▶法老图坦卡蒙的金棺

宏伟的摩索拉斯陵墓

摩索拉斯陵墓位于土耳其西南部的哈利卡纳素斯，其底部建筑为长方形，面积是 40 米 ×30 米，高 45 米，其中墩座墙高 20 米，柱高 12 米，金字塔高 7 米，最顶部的马车雕像高 6 米。建筑物被墩座墙围住，旁边以石像作装饰。顶部的雕像是四匹马拉着一架古代战车。此陵墓著名之处除了它的建筑外，还有那些雕塑。摩索拉斯陵墓的雕塑由四名著名的雕刻家制造，属于世界七大奇观之一。

摩索拉斯陵墓历史

摩索拉斯陵墓建造时间大约为公元前 353 年，建造地点是现在的土耳其西南地区。这座伟大的白色大理石陵墓是为摩索拉斯和他的妻子修建的。整座建筑高达 135 英尺，由两名希腊设计师设计，外面装饰以奇异的雕刻花纹。摩索拉斯陵墓一建成就声名远播。在 15 世纪初，哈利卡纳素斯被侵占，新的统治者为了建一座巨大的城堡，因此在 1494 年将摩索拉斯陵墓的一些石头用作建筑材料。时至今日，有不少的雕塑仍然幸存，并存放在英国的伦敦博物馆内。自从 19 世纪开始，摩索拉斯陵墓一直在进行考古发掘，这些发掘提供了不少有关摩索拉斯陵墓的资料，让人们对摩索拉斯陵墓的形状和外观有更多的认识。摩索拉斯陵墓坐落于小亚细亚西南部哈利卡纳素斯市中心的大广场。埋于陵墓内的人，是公元前 4 世纪中叶波斯帝国属地卡里亚的总督摩索拉斯。关于摩索拉斯王，他精力充沛，喜好战争，曾经征服罗德斯岛，短短时间就成为邦国的领主。

华丽的摩索拉斯陵墓

摩索拉斯陵墓共分 4 层，基坛为 6 阶，以希腊运来的白色大理石建造，底部为长方形，面积是 40 米 ×30 米，高 45 米，其中建筑物被高 20 米的墩座墙围住，四周放着骑在马背上的战士雕像，墩座上方，排列着 36 根高 12 米的爱奥尼式金白色大理石圆柱，在圆柱与圆柱间，以男神和女神的立像装饰，圆柱的上方，放着台轮；上方是高 7 米的金字塔，塔顶以镀金的青铜驷马二轮战车装饰；而墓内矗立着毛索罗斯王和阿尔特米亚女王的大理石雕像。据说所有雕塑均由四名

▼土耳其西南部风光

▲摩索拉斯陵墓想象图

著名的雕刻家伯亚克西斯、李奥查理斯、史卡帕斯和提莫西亚斯分别负责陵墓的一边。古代作家常说摩索拉斯陵墓，像银白云团高悬城市上空。摩索拉斯陵墓与阿尔特米斯月神庙不同，虽然历经1 500年以上，仍旧傲然立世。直至15世纪初，十字军认为哈利卡纳素斯是一个重要战略位置，决定建造巨大的圣彼德要塞，而建造要塞的材料就是陵墓的石材；将所有陵墓内外装饰嵌入要塞的城墙内，令整个陵墓几乎不留痕迹。

1859年，英国考古学家查理士·牛顿爵士对著名的摩索拉斯陵墓展开发掘，并将幸存的石狮雕像、圆柱及人像的碎片存放在英国伦敦的大英博物馆特别室内。曾经繁荣的哈利卡纳素斯城，现在是一个寂寞的小镇，人们已经不能指出那座美丽摩索拉斯陵墓的所在地，甚至没有人知道曾经有这么一座宏伟的建筑物矗立于此。虽然市内中央广场的遗迹依然存在，却没有任何痕迹确认此地曾有陵墓。

这座陵墓是非常有名的古建筑，按照希腊标准，陵墓并非大建筑，在希腊古文记载中，摩索拉斯那段铭文“我是摩索拉斯·卡里亚王，我躺在博德鲁姆坟冢下，装饰着独一无二的人与马大理石雕像”。其闻名之处是它的雕刻，存放在大英博物馆的摩索拉斯王陵遗迹中，有世界上古希腊像的雕刻碎片，是栩栩如生的真实人像，既高贵、又伟大，这是第一次活生生的男女雕像，而不是天神站在闪闪发光的大理石柱上；仿佛建造者在告诉访客，这些人就是你，这就是陵墓成为奇观的原因。这座陵墓是由摩索拉斯委托当时的建筑行业权威萨蒂洛斯和皮塞奥斯为自己修建的，由来自帕罗斯岛的雕饰华丽的白色大理石建成，堪称希腊古典时代晚期陵墓方面最有名的建筑。陵墓是一座神庙风格的建筑物，造型并不完美，但规模十分宏大。

整座建筑由三部分组成。底部是高大、近似于方形的台基，台基之上竖立着一个由36根柱子构成的爱奥尼亚式的珍奇华丽的连拱廊，高11米。最上层是拱廊支撑着的金字塔形屋顶，由规则的24级台阶构成，有人推测这一数字象征着摩索拉斯的执政年限。陵墓的顶饰是高达4米的摩索拉斯和王后阿尔特米西娅二世的乘车塑像，驷马战车疾驰如

▼土耳其特色古建筑

电掣，人物雕像惟妙惟肖，是典型的希腊作品，也是世界艺术史上著名的早期写实肖像雕刻作品之一。就这样，这座底边长约 39 米、宽 33 米的长方形陵墓一直向空中延伸至约 50 米，相当于 20 层楼的高度。抬头仰望，只见陵墓高耸入云，气势蔚为壮观，犹如悬在空中。有人说，这位太阳神赫利俄斯之子要效法高贵的埃及法老，去触摸太阳。

除了恢宏的外表之外，陵墓内部非常精美的装饰、雕塑和众多的雕像，也为这座宏伟的建筑物增添了不少光彩。史学家认为这些杰作均出自当时著名的艺术家之手，包括斯科巴斯、利俄卡利斯和提摩西阿斯等。内室的三处浮雕装饰尤为引人注目：第一处表现的是马车，第二处是亚马孙族女战士和希腊人作战的情景，第三处是拉皮提人在和半人半马的怪物争斗。由于岁月的侵蚀，如今游人只能欣赏到浮雕中亚马孙族女战士和希腊人作战场景的残片，仅此一点就足以令人想象得出这座宏大的纪念性建筑的非凡风貌。对于这座非凡的摩索拉斯王陵墓，有人竭尽赞美之能事，有人则嗤之以鼻。

公元前 1 世纪，罗马作家瓦列里乌斯 · 马克西莫斯用自己那支犀利的笔，借哲学家第欧根尼之口对摩索拉斯进行了一番口诛笔伐。古往今来，历代君王为自己建造辉煌的陵墓以图不朽，早已是司空见惯之举。但摩索拉斯充其量不过只是一个强大的波斯帝国任命的地方长官，为何要建一座只有埃及法老的金字塔才可与之媲美的安息之所。

有人对此作出了解释。摩索拉斯虽然在名分上低波斯帝王一等，但他毕竟是一方之主，即便波斯帝王也要让他三分。况且他也很怀念往昔埃卡多米尼迪王朝的凛凛雄风。尽管那已不可挽回地成为过去，但他每时每刻都在告诫自己：“我是太阳神之子（尽管没有人这样认为），我不能平庸！”然而，他很清楚地知道自己不会在军事上取得卓越成就，也不可能成为杰出的诗人和哲学家而青史留名。为了令别人对他的小国刮目相看，公元前 4 世纪他将都城迁往新建的哈利卡纳素斯，从此地中海岸边的一座美丽城市崛起了。紧接着他又下令在那里修建自己的陵墓，企图进一步展示自己的权力。

悲惨的命运

摩索拉斯陵墓以及显赫一时的陵墓主人，虽然名垂青史，但也遭受到世人与历史的嘲弄，至今还包含着许多解不开的谜团。一提到陵墓，恐怕绝大多数人都会有一种毛骨悚然的感觉。然而人们却禁不住要争先恐后地一睹一座土耳其远古时代的坟墓。“摩索拉斯陵墓”散发着一种神秘的气息，围绕它流传着许多似是而非的故事。陵墓的主人是古代小亚细亚

▼摩索拉斯陵墓的大殿复原图

▼摩索拉斯陵墓的大殿遗迹

▼石狮

加里亚国王摩索拉斯。加里亚是当时阿那托利高原西南部的一个小国，受波斯帝国的统治。公元前395年，摩索拉斯王下令动工兴建自己的陵墓，然而直到公元前353年国王驾崩陵墓尚未完工。王后阿尔特米西娅二世继承了摩索拉斯王的未竟事业。公元前351年陵墓竣工，终于完成了摩索拉斯王生前的愿望。这座陵墓刚一建成就声名远扬，让人惊叹不已。古希腊——罗马时代的旅行者安提巴特将其与古埃及的胡夫金字塔相提并论，一起列人“世界七大奇观”之列。

▲土耳其古城堡遗址

然而历史对人们的嘲弄始终没有停止。摩拉索斯不仅生前未能目睹耗尽24年心血建造的长眠之所，而且死后也未能如愿地安葬在那座高大雄伟的陵墓里。据说摩拉索斯王死后，深爱他的王后将他的骨头碾磨成粉末，溶解在葡萄酒里供自己饮用。此举对身体有何妙用不得而知，但国王和王后之间纯洁动人的爱情故事无疑因此传说而失色不少。英国考古学家查尔斯·牛顿从1856年起便在摩拉索斯陵墓内进行发掘工作，但时至今日，人们仍不清楚摩索拉斯的石棺究竟是在神像室里，还是放在建筑物下面地基内部的墓穴中。或许他真的没有被安葬在里面。

也有人指出，摩拉索斯陵墓是一座家族的坟墓。这些人猜想，这里可能并不只是一位国王的墓葬，而是为了纪念和缅怀整个埃卡多米尼迪王朝修建的陵墓。新近发现的雕塑又为这个新的推测增添了佐证。这些塑像大体有三种规格：与真人相仿的自然型、2米左右的英雄型和3米左右的巨型。摩索拉斯和阿尔特米西娅二世（已受损）的雕像属于最后一种，另外10座巨型塑像的残片也被辨认出来了。

1966—1977年，一支由土耳其和丹麦联合组成的考古队首次发掘出了陵墓的地下墓室，发现它是由一个位于中央的房间和前面两个门厅构成的。这个墓室并没有和建筑物中心连接在一起，而是位于地基的西北角，入口被一块几吨*重的巨石封闭。后来根据进一步调查研究，终于证实了这座陵墓原来是建在直到公元前6世纪还在使用的一片墓地里。这似乎又为上述猜测提供了证据。

建造之谜

为何将一座陵墓建在生机盎然的地中海城市的中心。对此，有人从古希腊人的价值

* 吨为非法定计量单位，1吨＝1000千克。

▲英国国家博物馆一角

观角度来解释。在古希腊的文化氛围里，这种坟墓并没有不体面与阴森之嫌。在希腊人看来，死者的世界黑暗而寂静，出没着可怖的幽灵，人死后就会过着暗无天日的生活。解脱之法只有一个：尽可能地为自己赢得死后的荣誉，这样亡灵就会依然存在于活着的人的意识之中；这样才能超越死亡，赋予生命永恒的意义。兴许摩索拉斯王就是这样做的，他也的确因此而名垂青史了。然而，他的躯体所依赖之物却在公元15世纪前的一次大地震中受损。但人祸甚于天灾，陵墓最终彻底毁于人类之手。1402年，汪达尔人圣·乔万尼率领的骑兵征服了哈利卡纳苏斯，征服者对于这座异教徒的艺术之殿非但毫无仰慕之情，反而深恶痛绝。后来，为了加固要塞，统治者们毫不留情地把陵墓当成了采石场，甚至连很小的碎片都被送进了石灰碾磨厂，用于大规模建造他们的堡垒圣·彼得堡。摩索拉斯的陵墓就这样渐渐被毁掉了。所幸有少量浮雕幸免于难，其中包括那件由大理石雕成的亚马孙族女战士的浮雕，现今仍保存在英国博物馆内供人们观瞻。

呼啸而过的历史之风会留住永恒吗？面对摩索拉斯陵墓的残砖碎瓦，不知人们会作何感想；面对褒贬不一的说辞，不知人们会如何评断；面对各种似是而非的断言，不知人们能否期待着谜底的解开。

摩索拉斯陵墓与世界七大奇迹

摩索拉斯陵墓被称为世界七大奇迹之一，其他五大奇迹分别如下。

1. 埃及吉萨金字塔

地点：埃及开罗附近的吉萨高原

相传，古埃及第三王朝之前，无论王公大臣还是老百姓死后，都被葬入一种用泥砖建成的长方形的坟墓，古代埃及人叫它“马斯塔巴”。后来，有个聪明的年轻人叫伊姆荷太普，在给埃及法老左塞王设计坟墓时，发明了一种新的建筑方法。他用山上采下的呈方形的石块来代替泥砖，并不断修改修建陵墓的设计方案，最终建成一个六级的梯形。

2. 奥林匹亚宙斯神像

地点：希腊奥林匹亚城

大约在公元前450年，在第一届奥林匹克运动会（公元前776年）的举办地——希腊奥林匹亚城，完工了一座巨大的雕像，这就是宙斯神像。这是一座装饰华丽的40英尺*高的雕像，宙斯是希腊雕刻家斐迪亚斯用象牙雕刻而成的，坐落在台阶之上，用黄金做成袍饰。宙斯头顶花冠，右手持胜利女神，左手持笏。后来，希腊人出于安全理由，决定把它移到君士坦丁堡（今伊斯坦布尔）。但那里也没能最终保全住这尊伟大的雕像。公元462年的一场大火彻底毁坏了雕像，而在奥林匹亚城只剩下残垣断壁了。

▲罗德港巨人雕像

3. 罗德港太阳神巨人雕像

地点：爱琴海，希腊罗德港

公元前的罗德岛是重要的商务中心，它位于爱琴海和地中海的交界处，罗德港巨人雕像于公元前408年建成。高10英尺，也就是说，和大家熟知的纽约自由神像的高度差不多。雕像是中空的，里面用复杂的石头和铁的支柱加固。但这个伟大的雕像建成仅仅56年后就被强烈地震毁坏了。传说中雕像两腿分开站在港口上，船只是从腿中间过去。想象一下那是多么壮观而有趣的场景啊。

4. 阿尔忒弥斯神庙

地点：希腊城邦埃斐索斯，现在的土耳其西海岸

神庙建筑以大理石为基础，上面覆盖着木制屋顶。整个建筑的设计师是Chersiphron父子，它最大的特色是内部有两排，至少106根立柱，每根大约高40～60英尺。神庙的底座大约有200英尺×400英尺。

5. 巴比伦空中花园

地点：巴比伦，现在的伊拉克巴格达附近

这座神话般的建筑是尼布甲尼撒二世为他的一个妃子修建的，大约400英尺见方，高出地面75英尺。据说它要由奴隶们转动机械装置从下面的幼发拉底河里抽上大量的水来灌溉花园里的花草。

---

*英尺为非法定计量单位，1英尺＝0.3048米。

金字塔——法老的重生之地

法老是古埃及的国王，金字塔是法老的陵墓。法老为什么要建造金字塔？巨大的金字塔是怎样建成的？有人说金字塔是外星人造出来的，事实究竟怎样？

金字塔的产生及其寓意

在古代埃及文中，金字塔是梯形分层的，因此又称作层级金字塔。这是一种高大的角锥体建筑物，底座四方形，每个侧面是三角形，样子就像汉字的“金”字，所以我们叫它“金字塔”。伊姆荷太普设计的塔式陵墓是埃及历史上的第一座石质陵墓。

左塞王之后的埃及法老纷纷效仿他，在生前就大肆为自己修建坟墓，从此在古埃及掀起一股营造金字塔之风。由于金字塔起源于古王国时期，而且最大的金字塔也建在此时期内，因此，埃及的古王国时期又被称为金字塔时代。古代埃及的法老们为什么要将坟墓修成角锥体的形式，即修成汉字中的金字形呢？原来在最早的时候，埃及的法老是准备将马斯塔巴作为死后的永久性住所的。后来大概在第二—第三王朝的时候，埃及人产生了国王死后要成为神，他的灵魂要升天的观念。在后来发现的《金字塔铭文》中有这样的话：“为他（法老）建造起上天的天梯，以便他可由此上到天上。”金字塔就是这样的天梯。同时，角锥体金字塔形式又表示对太阳神的崇拜，因为古代埃及太阳神“拉”的标志是太阳光芒。金字塔象征的就是刺向青天的太阳光芒。因为，当你站在通往基泽的路上，在金字塔棱线的角度上向西方看去，可以看到金字塔像洒向大地的太阳光芒。

《金字塔铭文》中有这样的话：“天空把自己的光芒伸向你，以便你可以去到天上，犹如‘拉’的眼睛一样”。后来古代埃及人对方尖碑的崇拜也有这样意义，因为方尖碑也表示太阳的光芒。古埃及所有金字塔中最大的一座，是第四王朝法老胡夫的金字塔。这座大金字塔原高146.59米，经过几千年来的风吹雨打，顶端已经剥蚀了将近10米。但在1888年巴黎建筑起埃菲尔铁塔以前，它一直是世界上最高的建筑物。这座金字塔的底面呈正方形，每边长230多米，绕金字塔一周，差不多要走一

▼金字塔全貌

▲金字塔侧面

公里的路程。

胡夫的金字塔，除了以其规模的巨大而令人惊叹以外，还以高超的建筑技巧而著名。塔身的石块之间，没有任何水泥之类的黏着物，而是一块石头叠在另一块石头上面的。每块石头都磨得很平，至今已历时数千年，人们也很难用一把锋利的刀刃插入石块之间的缝隙，所以能历数千年而不倒，这不能不说是建筑史上的奇迹。另外，在大金字塔身的北侧离地面 13 米高处有一个用 4 块巨石砌成的三角形出入口。这个三角形用得很巧妙，因为如果不用三角形而用四边形，那么，100 多米高的金字塔本身的巨大压力将会把这个出入口压塌。而用三角形，就使那巨大的压力均匀地分散开了。在 4 000 多年前对力学原理有这样的理解和运用，能有这样的构造，确实是十分了不起的。

狮身人面像

胡夫死后不久，在他的大金字塔不远的地方，又建起了一座金字塔。这是胡夫的儿子哈夫拉的金字塔。它比胡夫的金字塔低 3 米，但由于它的地面稍高，因此看起来似乎比胡夫的金字塔还要高一些。塔的附近建有一个雕着哈夫拉的头部而配着狮子身体的大雕像，即所谓狮身人面像。除狮是用石块砌成之外，整个狮身人面像是在一块巨大的天然岩石上凿成的。它至今已有 4 500 多年的历史。在古埃及神话里，狮子乃是各种神秘

▼金字塔群

▼金字塔前的狮身人面像

地方的守护者，也是地下世界大门的守护者。因为法老死后要成为太阳神，所以就造了这样一个狮身人面像为法老守护门户。

▲金字塔和狮身人面像

金字塔的建造之谜

第四王朝以后，其他法老虽然建造了许多金字塔，但规模和质量都不能和上述金字塔相比。第六王朝以后，随着古王国的分裂、法老权力下降、埃及人民的反抗以及一些人的盗墓，常把法老的“木乃伊”从金字塔里拖出来，所以埃及的法老们也就不再建造金字塔，而是在深山里开凿秘密陵墓了。如果说关于金字塔大胆而奇妙的设计传说还能为现代人所接受，那么它的规模如此巨大的建造过程就难以令人想象了。胡夫的金字塔是用上百万块巨石垒起来的，每块石头平均有 2 吨多重，最大的有 100 多吨重。这些巨石是从尼罗河东岸开采出来，既无吊车装卸，也无轮车运送。被称为“西方史学之父”的希罗多德曾记载，建造胡夫金字塔的石头是从“阿拉伯山”（可能是西奈半岛）开采来的。

不过我们现在知道，石头多半是本地开采的，修饰其表面的石灰石，是从河东的图拉开采运来。在那时开采石头并不容易，因为当时人们并没有炸药，也无钢钎。埃及人当时是用铜或青铜的凿子在岩石上打上眼，然后插进木楔，灌上水，当木楔子被水泡胀时，岩石便被胀裂。这样的方法在今天看来也许很笨拙，但在 4 000 多年前，却是很了不起的技术。从采石场运往金字塔工地也极为困难，古代埃及人是将石头装在雪橇上，用人和牲畜拉，为此需要宽阔而平坦的道路，修建运输石料的路和金字塔的地下墓室就用了 10 年的时间。

▼雄伟的金字塔

在建造胡夫金字塔时，胡夫强迫所有的埃及人为他做工，他们被分成 10 万人的大群来工作，每一大群人要劳动 3 个月。这些劳动者中有奴隶，但也有许多普通的农民和手工业者。古埃及奴隶是借助畜力和滚木，把巨石运到建筑地点的，他们又将场地四周天然的沙土堆成斜面，把巨石沿着斜面拉上金字塔。就这样，堆一层坡，砌一层石，逐渐加高金字塔。建造胡夫金字塔花了整整 20 年的时间。

无法解释的谜

对于希罗多德的说法，后人提出了许多的疑问。但是到今天仍然是一个没有圆满答案的难题。20 世纪来，随着飞碟研究活动越来越广泛，有人甚至把神秘的金字塔同变幻莫测的飞碟上的外星人联系起来。他们认为，在几千年前，人类是不可能有建造金字塔这样的能力，只有外星人才能有。他们经过推算还发现，通过开罗近郊胡夫金字塔的经线把地球分成东、西两个半球，它们的陆地面积是相等的。这种“巧合”大概是外星人选择金字塔建造地点的用意。然而，一位叫戴维杜维斯的法国化学家，提出了一个关于金字塔建造的全新见解，他认为，建造金字塔的巨石不是天然的，而是人工浇筑的。他从一位考古学家那里，得到 5 块从埃及胡夫金字塔上取下的小石块，对它们逐个加以化验。出乎意料的是，化验结果证明，这些石块由贝壳石灰石组成。尽管考古证明，人类在几千年前就已掌握混凝土制作技术，但这些贝壳石灰石浇筑得如此坚如磐石，以至很难将它们与花岗岩区别开来，实在使人难以相信。

戴维杜维斯由此推测，当时古埃及人建造金字塔是采用“化整为零”的办法，即将搅拌好的混凝土装进筐子，抬上或背上正在建造中的金字塔。这样，只要掌握一定的技术，就能浇筑出一块一块的巨石，将塔一层一层加高，这种做法既“省力”又省工，据他估计，当时在工地上劳动的人仅有 1 500 人，而不是像希罗多德所说的那样每批都有 10 万人。

更出乎意料的是，这位法国科学家还在石块中发现了一缕一英寸长的人头发。这缕头发可能就是他们辛勤劳动和灿烂智慧的见证，但上述这些说法都还是一些推测。但无论如何，修建金字塔，一定是集中了当时古代埃及人的所有聪明才智，因为它需解决的难题肯定是很多的。但是这些问题都解决了，金字塔修起来了，而且屹立了 4 000 多年，这本身就是一大奇迹。所以，金字塔是古代埃及人民智慧的结晶，是古代埃及文明的象征。

有的人不相信依靠简单的协作也可以创造出奇迹，不相信地球上的人类自身会创造出金字塔这样的奇迹，把它说成是天外来客的创造。这显然是不正确的，对人们探索自己的历史，认识自己的能力是没有帮助的。

▼已无从前的辉煌金字塔

▼世界的奇迹——金字塔

神奇的海底金字塔

20 世纪初，日本考古学家就在已经失落的与那国西海域发现了一座用岩石堆砌的巨大金字塔，举世震惊。1993 年，美、法等国一些科学家在大西洋中的百慕大三角区进行探测时，他们惊讶地发现：在那波涛汹涌的海水中，距百慕大群岛海域水下 360 米深处发现了一座巨大的水下金塔。这塔底边长 300 米，高 200 米，塔尖离海面仅 100 米。神秘的海底金字塔到底是什么呢？

海底金字塔的历史

我国台湾以东 110 公里*的与那国岛，其南面海底陆续发现古神殿的遗迹。经学者、专家长达 8 年的实地调查，发现该海底古城可能是 1.5 万年前琉球群岛与祖国大陆还连在一起时的古文明遗迹，是由于地震引起地质变化而突然沉入海底的。

根据木村教授领导的琉球大学海底调查队的最新报告，在古垣岛沿岸海底，最近两年又陆续发现各种不同的石砌建筑、柱穴、灵石、人头雕像、拱门及几何图形的海龟等，最后甚至发现了雕刻在石墙上的象形文字。木村教授指出，他确信该海底遗迹是古文明的遗物。

20 世纪初美国学者詹姆斯 · 柴吉吾德提出的消失了 MU 大陆也叫“MU 文明”。根

▼与那国岛海岸风光

* 公里为非法定计量单位，1 公里 = 1 千米。

▲与那国岛是旅游胜地

据柴吉吾德的说法，史前的太平洋全域，包括日本、冲绳及我国台湾等都还是整片相连的大陆，在这一块比南美洲大陆还大的土地上，曾有过高度发达的“MU 文明”。

依据詹姆斯·柴吉吾德的假设，“MU 文明”与“消失的 MU 大陆”由于地震引起的地质变动，一夜之间沉入了大海之中，由于该文明距今约 1.2 万年，因此，除了口头流传之外，并没有留下任何记载。

事实上，很早以前就即有渔民发现与那国岛的西南方海底有巨大的金字塔、古城堡；1986 年，当地的潜水专家把它取名为“遗迹潜水观光区”，因而吸引了不少摄影家及观光客潜入海底观察遗迹，也引起琉球当地学者的注意，并开始着手学术性的海底考古研究。

▲海底发现疑似城市的遗迹

几年前，位于与那国岛东南方的新川鼻海底神殿，即被海底考古调查队以电脑合成方式绘制成立体图，并依其中的海龟、灵石、广场等祭拜物的方位判断，该遗迹可能是古居民聚会祭拜的神庙。至于神殿北面 2 个半圆形的柱穴，有考古学家指出该低洼洞穴可能是女巫举行仪式前沐浴之处，也可能是让即将献给神的处女沐浴的水池。半圆洞穴东边近处的灵石摆设的方位及方式及冲绳与日本本岛的民间信仰类似。此外，神殿东方的拱形城门、巨石叠成的城门等，和在一万年后才兴起的琉球王国建筑类似。在城门附近发现的 2 块重叠巨石，有人推测是城门下方的基石，由 2 块巨石整齐重叠在一起，及其上方留有长方形入口雕孔等看来，该巨石显然是经过人力加工而成为城堡的一部分。

▲海底金字塔遗迹一角

除了神殿的种种发现外，位于与那国岛东南海岸的立神岩最近也有惊人的新发现。立神岩自古以来即是岛上居民的祭拜对象。当地传说，古时有一位青年坐在立神岩上，突然海上风浪汹涌而来，当人与石都即将没入海中时，青年开始在岩上闭目虔诚祈祷，他睁开眼睛时发觉已坐在陆地上安全的地方。立神岩因此成为岛上的守护象征，附近的海域因此也成为神灵出没的神圣海域。奇妙的是，最近琉球大学海底调查队于立神岩正下方发现了高达数米的人头雕像，以及明显的人工雕琢痕迹的石砌，甚至还有象形文字。这项新的发现，不但与美国学者詹姆斯·柴吉吾德提出的MU 大陆不谋而合，而且也显示当地传说所暗示的万年前地层下陷的事实。

▲海底考古遗物

新发现的人头雕像虽然经过漫长的岁月，但由于有高技术的海底摄影，其脸孔五官仍清晰可辨。此外，就在巨大人头像的附近，还发现了象形文字。依据调查队的整理分析，那些象形文字与古代与那国岛流传的象形文字很相似，只要解得出象形文字的意思，消失的 MU 大陆及 MU 文明可能就这样出土了！

事实上，除了与那国岛周边之外，在冲绳及日本本岛海域内都有类似MU 文明的遗迹，而且由巨大的石砌遗迹看来，彼此之间可能是由同一个文明衍生而来。譬如，在与那国最西端的西崎海域，最近发现了以岩石堆砌的巨大金字塔，这一重大发现使日本考古学界和日本历史学者都相当震惊。

这个巨大金字塔的最上方，有类似城门、回廊、瞭望塔等建筑物。此外，城门的上方还有清晰可辨的纹样，犹如图绘，也像是象形文字。由于西崎金字塔才被发现不久，因此有关的学术研究并没有详细公布。但一般认为，该海底金字塔的发现可能是解开“消失的 MU 大陆及 MU 文明”的关键。

▼潜水员在搜寻海底遗迹

又有相关的报道指出，在西崎金字塔附近已发现了古代石器和刻在石器上的文字。西崎金字塔的造型很像奈良飞鸟地区的益田岩船，但也很像远在太平洋对岸的墨西哥玛雅文明的金字塔。如果有证据说明西崎金字塔与玛雅文明是同一个根源，那么整个亚太文明的起源说就要全部改写了。

神奇的海底金字塔

海底金字塔比大陆上的古埃及金字塔更为壮观。塔上有两个巨洞，海水以惊人的高速从这两个巨洞中流过，从而卷起狂澜，形成巨大旋涡，使这一带水域的浪潮汹涌澎湃，海面雾气腾腾。上述发现令人们迷惑不解：在波涛滚滚的海底，人们怎样生存、怎样建造“金字塔”呢？西方有些学者认为，这座海底“金字塔”可能原本建造在陆地上，后来发生强烈的地震，随着陆地沉入海洋，这样就使“金字塔”落到海底了。有些学者猜测，这座海底“金字塔”可能是长期生活在海底的亚特兰蒂斯人建造的。几百万年前，百慕大三角海域可能曾经是亚特兰蒂斯人活动的基地之一，海底“金字塔”可能是他们的一个供应库。美国探险家拍摄到一张满是旋涡状白光影像的照片，有些人怀疑“海底金字塔”可能是亚特兰蒂斯人专门保护具有“宇宙能”奇特性质和力量的能量场，它能吸引和聚集宇宙射线、磁性振荡或其他未知的能量波，其内部结构可能是一个微波谐振腔体，对放射性物质及其他某些能源有聚积作用。海底“金字塔”真的具有这样神奇的作用吗？它真是远古时亚特兰蒂斯人建造的吗？至今仍是无法解释的一个奇谜。

海底金字塔的神秘现象

1963 年，美国海军在波多黎各东南部的海面下，发现一个不明物体以极高的速度在潜行。美国海军派出一艘驱逐舰和一艘潜水艇前去追寻。他们追踪了四天，还是让那东西跑脱了。这个水下不明物体，不仅行速快，而且有奇异的潜水功能，可以下潜至 8 000 米以下的深海，令声纳都无法搜寻。人们只看到它有个带螺旋桨的尾巴，却无法窥清其真实面目。

消息披露后，有人估计可能是前苏联的潜艇。然而，美国方面称，以现代的加工制造技术，莫说是前苏联，连美国都无法制造这种可高速行驶，又可下潜深海的物体。是什么？读者只能自己想象，因为美国海军部也没法解释。1979 年，由美国和法国科学家组成的一个联合考察组，意外地在这一带的海底，发现了一个水下金字塔。当然，这个水下金字塔绝非自然界的产物，而是件人工作品。考察队队长——美国迈阿密博物馆名誉馆长查尔斯·柏里兹闻讯后，立刻派人携水下摄影机再次下潜拍照。从照片上我们可以看见高大雄伟的水下大金字塔。塔身上有两个巨大的黑洞、海水高速穿过这两个洞，致使这里的海面波涛汹涌、水雾弥空。

▼水下金字塔遗迹

据称这个水下金字塔，比埃及胡夫大金字塔还要雄伟。它的发现使人推测这一带海难多系它引起。同时，它又给史学家带来一个新的难题——即由来已久的亚特兰蒂斯帝国是否存在的争论，再度掀起。

巨石阵之谜

巨石阵又称索尔兹伯里石环、环状列石、太阳神庙、史前石桌、斯通亨治石栏、斯托肯立石圈等名，是欧洲著名的史前时代文化神庙遗址，位于英格兰威尔特郡索尔兹伯里平原，约建于公元前4000—公元前2000年，属新石器时代末期至青铜时代。

巨石阵的奇怪排列

这个巨大的石建筑群位于一个空旷的原野上，占地大约11公顷*，主要是由许多整块的蓝砂岩组成，有的重达50吨。巨石阵不仅在建筑学史上具有的重要地位，在天文学上也同样有着重大的意义：它的主轴线、通往石柱的古道和夏至日早晨初升的太阳，在同一条线上；另外，其中还有两块石头的连线指向冬至日落的方向。因此，人们猜测，这很可能是远古人类为观测天象而建造的，可以算是天文台最早的雏形了。

巨石阵的主体由几十块巨大的石柱组成，这些石柱排成几个完整的同心圆，巨石阵的外围是直径约90米的环形土沟与土岗，内侧紧挨着的是56个圆形坑，由于这一些坑是由英国考古学家约翰·奥布里发现的，因此又叫“奥布里”坑。巨石阵最不可思议的是石阵中心的巨石，这些巨石最高的有8米，平均重量近30吨，然而人们惊奇地发现，有不少重达7吨的巨石是横架在两根竖着的石柱上的。

英国索尔兹伯里是一座历史古城，距英国首都伦敦120多公里，在这座古城的附近有一个小村庄叫阿姆斯伯里，史前巨石阵就坐落在这里。

巨石阵的建造方法

这样奇怪的阵势引来后人连绵不绝的猜测，这些巨大的石头阵究竟是如何搭建的呢？自从巨石阵被发现以来，人们对它的出现一直在猜测，但是至今意见没有统一。生产技术低下的古代人，费尽辛苦垒起这么一座“石头城”究竟想干什么？这个令人困惑不解的问题引起考古学家和每年数十万来自世界各地的旅游者们的注意。这么巨大的石头究竟是怎么搭建起来的呢？这成为长久无法破解的一大谜团。

▼令人深思的巨石阵

具有千年历史的巨石阵在古代英语的意思是高悬在天上的石头，几千

▲晨曦中的巨石阵

年前的人们究竟用什么方法建造了巨石阵呢？20世纪50年代，考古人员研究发现，史前巨石阵的建造期大概经历了三个阶段。第一阶段可追溯至公元前2 800年左右的新石器时代晚期。不过当时并没有巨石，只是建造了一个能容纳数百人的圆形土堤，在土堤内挖出了56个圆形坑，据考证，坑内当时很可能埋入了木桩，而木桩的作用是用来测量季节变化的。

公元前2 000年，铜器时代初期，人们对巨石阵的进口进行了改造，当时铺设了壕沟和两道500米长的人行道，被称作“斯泰申石碑”的四座石柱，竖立在了巨石阵内侧，在这个阶段，似乎曾决定在中央竖起两圈蓝砂岩石柱，大约竖起3/4圈石柱之后，可能由于计划改变，这项工程突然停止，于是石柱被搬走，坑被填平。

大约在公元前1 000年，巨石阵进入了建筑的第三个阶段，人们运来了100多块巨大的砂粒岩，并且建成了有30多个石柱的外圈，在外圈里侧布置了马蹄形。在第三阶段中期，在这5座石碑坊的里侧布置了许多蓝砂岩石柱，其中蓝砂岩的石柱残存到了今天。

巨石阵的主要材料是蓝砂岩，小的有5吨，大的重达50吨。但在索尔兹伯里地区的山脉中并没有蓝砂岩。最后，考古学家在南威尔士普利赛力山脉中发现了蓝砂岩。考证结论说明，数千年前的人们，不仅能将坚硬的蓝砂岩从山体中开凿下来，还能轻松地将原本粗糙锐利的表面打磨光滑。考古人员在普利赛力山脉的采石场发现了一些废弃的石斧和金属工具，这些工具至少有两千多年的历史，考古人员推测，当时的建造者已经掌握了凿刻巨石的技术，巨石就是被这些工具从山体中开凿下来的。在找到需要的石块后，还要将这些较大的石块分割成预定尺寸的小石块，专家们从石块的开凿痕迹中判定，当时的人们用的是一种木楔断口的方法，接下来用非常硬的沙砾连续打磨石块，来完成巨石最后的修整工作。

▼巨石阵全貌

从普利赛力山脉到达巨石阵，陆地行程将近40多公里，

当时的人们又是如何在陆地上运输这些巨石的呢？研究人员认为，运输巨石并不像想象的那么困难，运输的工具很可能是利用撬杠、滚木和绳子。古时候巨石阵周围的山谷里有茂密的树林，人们利用坚硬的树木充当滚木和撬杠，而一种椴树的树皮可以制造出绳子，考古学者首先将树皮放在湿泥里浸泡 6 个星期，树皮就变成了富有韧性的纤维，把它们绞在一起，就成了简单结实的绳索。

没有起重设备的条件下，古人又是如何准确地将横梁放到石柱顶部的呢？专家们认为，架置石块横梁很可能用的是“土屯法”。专家介绍说，土屯法就是利用斜面原理，用很多的土把两个柱子埋起来，形成一座山形，高度就是这个石头要到的高度，做成一个斜坡，然后从斜坡上把石头拉上去，下面用撬杠，很可能要铺原木，就位之后把土挖掉。事实真是如此吗？可能永远无法核实了。

巨石阵的用途

1997 年，英国科学家在一次实验中发现，巨石阵具有令人惊异的声学特性。科学家们在一些巨石中放入先进的录音器材进行实验，发现组成巨石阵的巨大扁平石块能非常精确地放射巨石阵内部的回声，并将其集中于巨石阵的中心，形成共鸣效应。

▲巨石阵

科学家们推测，巨石阵很可能是古代祭祀的场所。早在 17 世纪，英国考古学家奥波雷就认为，巨石阵是罗马统治时期德鲁伊教的祭祀场所。相传德鲁伊教在英国索尔兹伯里平原上建造了巨石阵，目的是用来献祭太阳神，从此在巨石阵的故事里出现了德鲁伊教。德鲁伊教是公元前 5 世纪—公元前 1 世纪，散居在不列颠、爱尔兰等地的凯尔特人信仰的一种宗教。据说德鲁伊教的形式和教义非常神秘，凯撒远征高卢时说，德鲁伊教士精通物理、化学，他们在树林中居住，甚至用活人献祭。在英国除了索尔兹伯里巨石阵外，还有 900 多座圆形巨石阵，这些巨石阵分布在英国不同的地区。

关于神秘的巨石阵，人们仍旧继续做着各种各样的推测和解释。2003 年，考古学家在巨石阵不远的地方发现了一座古墓，墓中出土的陪葬品有 100 多件，包括金、银、铜等装饰品，陪葬品的数量要比同年代墓葬多达 10 倍，经专家考证，墓中的主人地位非常显赫，他就是阿彻。阿彻大约生活在公元前 2 300 年，而这个阶段恰好是巨石阵形成的时期，考古人员发现，阿彻墓中的陪葬品大部分来自阿尔卑斯山，从阿彻遗留下的牙齿形状和损坏的程度检测来看，他的童年是在阿尔卑斯山区度过的，他很有可能是来自瑞士或者是奥地利一带。如果是阿彻建造了巨石阵，那么被视为英国古老象征的史前

▲巨石阵

巨石阵将会是一名外来人的作品。考古学家们推测，几千年前的维赛克斯人和阿彻都有可能参加了巨石阵的建造，但从他们分别生活的时代可以看出，巨石阵的建造经过了一个漫长的时期。

巨石阵的诸多谜团

有一些专家提出，当时的人们可能利用到了冰川特殊的地貌，使这些石块运送到了巨石阵，但是在索尔兹伯里平原没有任何冰川的痕迹。专家们经过初步考证认为，这些蓝砂岩确实是通过人力从南威尔士被搬运到现在的位置，至于它们如何被搬运到此处，至今仍是个谜。

公元1130年，英国的一位神父在一次外出时，偶然发现了巨石阵，从此这座由巨大石头构成的奇特古迹，开始引起了人们的注意。早在20世纪50年代，考古工作者就推断，巨石阵至少已有几千年的历史。几个世纪以来，没有人知道巨石阵的真正用途，也没有人知道是谁建造了巨石阵，而古老的传说和人们的种种推测，让巨石阵更增加了神秘的氛围。

12世纪初期，英国流传着这样一个传说，公元5世纪，亚瑟王的宫廷巫师墨林用神力从爱尔兰运来了巨石阵，而建造巨石阵的目的，是墨林准备用一座永恒的纪念碑来纪念亚瑟王的部下。考古工作者并不相信是神力搬运来的巨石，他们根据搜集的一些资料认为，早在17世纪史前巨石阵就引起了人们的兴趣。最近一种流行的说法是巨石块有天文现象的功用。巨石块与一年中白昼最长一日的日出相吻合。这可能意味着，巨石阵的建造者们是太阳的崇拜者。巨石块肯定不是德鲁伊特（古代凯尔特人中一批有学问的人建造的。在巨石阵被废弃后很久他们才在这里生存。

▼巨大的石块让人惊叹

巨石阵所在的地区有许多坟墓和神庙，它们都已有好几百年的历史了。许多世纪以来巨石阵本身就是一个圣地，但不知道该圣地在什么时候或为什么废弃了。不幸的是，几个世纪以来有些石块已搬走去造房子，而另一些已经倒下。

巨石阵在史前时代分为三个时期建造，前后将近一千年。第一期大约从公元前2 750年开始，考古学家称之为“巨石阵第一期”。在这一时期中，最令人

▲巨石阵

费解的事是被称为“奥布里洞”的遗迹。这些洞是17世纪时一位古文物学家约翰奥布里发现的。这些洞位于环状沟的内缘，同样围成一圈，总共有56个。这些洞是挖好后又立刻填平，并且确定洞中未曾有石柱竖立过。为何当初要挖56个？这是研究学者极伤脑筋的。根据牛津大学亚历山大·汤姆教授的研究指出，在综合英国境内其他环状石遗迹的研究后他发现，这些洞的排列与金字塔的构造有相同的地方，就是它们同样运用了“黄金分割比”。

汤姆以英国环保局所绘制的标准地图为准，将第4号、20号和36号洞穴连接后，便出现了一个顶端指向南方的金字塔图形。其后两个建造期的技术层次及规模都提高了，显见建造石柱群的人绝非未开化的原始民族。

霍金斯认为，巨石阵中几个重要的位置，似乎都是用来指示太阳在夏至那天升起的位置。而从反方向看刚好就是冬至日太阳降下的位置。除了太阳之外，月亮的起落点似乎也有记载。不过月亮的运行不是像太阳一样年年周而复始，它有一个历时19年的太阴历。在靠近石阵入口处有40多个柱孔，排成六行，恰巧和月亮在周期中到达最北的位置相符，所以6行柱孔很有可能代表6次周期，也就是6个太阴历的时间，观测及记录月亮的运行有一百多年的时间。是惊人的巧合还是史前人们的智慧，还不得而知。

在漫长的年代里，巨石阵犹如强劲的磁铁，一直吸引着人们的目光。许多人更愿意相信，这是远古祖先有意留给后人的一个巨大谜题。

最新考古发现

2008年3月31日—4月13日，英国考古队对巨石阵展开新一轮考古发掘。

英国伦敦文物工作者协会主席杰弗里·温赖特和伯恩茅斯大学教授蒂姆·达维尔在2008年4月22日向外界展示首批考古发现时说，考古界一直不解古人为何把“巨石阵”中的青石从约250公里外的南威尔士普利赛力山运到那里。根据这次发掘结果，他们推测原因可能是古人认为这些石头具有治病“神力”。

科学家在巨石阵内找到了很多石头碎片。这些石头因含有硫酸铜而略呈蓝色，被称为“青石”。科学家推测，古人认为这种石头是“神石”，巨石阵拥有治疗或康复的功能，而一些体积较小的石头碎片则被当成是护身符或幸运符。达维尔说：“这些石头对史前人类而言意义非凡，足以让他们甘愿投入时间、人力和资源把它们从普利赛力山搬到这里。”

考古学家温赖特和达维尔还说，他们对巨石阵周围的坟墓进行挖掘考古，发现了大批人类骸骨，并推断死者都是患了重病或受伤致死的。专家们对骸骨的牙齿进行化验和分析，显示不少死者来自远离史前巨石阵的其他地区，这说明他们是从其他地区特意来巨石阵治病或治疗伤势的。

达维尔在伦敦古物专家学会举行的发布会上说，其中有两副出土的骸骨提供证据，证明死者生前曾经动过手术。相信他们进行的是远古时代英国少有的手术。

▲巨石阵全景

巨石阵的有关传说

1. 巨人传说

传说中沙利斯伯利平原上原本住着一群善良的巨人，他们最喜欢的活动便是手牵手围成圆圈唱歌跳舞，他们的喜悦神情与滑稽动作，为人们带来许多欢乐，巨人们也成为当地人的开心果。然而，在毫无预警的一瞬间，巨人们突然僵化变成大石，手舞足蹈的动作也刹那间凝结，就此成为伫立平原上的巨石群。曾有一段时间，人们相当支持此一说法，因为由某一角度观看巨石群，确实与牵着手的巨人形象颇为吻合。

2. 恶魔传说

相传恶魔向一名爱尔兰老妇买了这堆石头，运用魔法让这些石头漂洋过海，来到索尔兹伯里平原，堆栈出类似的模样。恶魔召集村民，要人们猜测石块的数量，当大伙议论纷纷毫无头绪、而恶魔因自己的聪明而沾沾自喜时，一名修士走出人群对着恶魔说："That is more than thee canst tell. (That is more than we can tell.)" 意为这些石头多得无法胜数。原来，这就是标准答案。当恶魔听到修士的回答后，发现人类竟然也有智慧而非常生气，顺手举起一颗大石朝修士丢去；没想到，修士非常强壮，丝毫不为大石所伤，反倒是撞到修士脚踝的大石，竟然凹了个小洞，恶魔因而愤愤然离去，留下巨石群，而巨石群就此被当地人称为脚踝石。

▼巨石阵的巨大石块

3. 外星人传说

当地传说巨石阵是外星人建立的秘密基地。据说，1986 年一名飞碟研究者在巨石阵附近看到了相似的飞行物。十几年后，一位参观者用摄像机拍摄到了飞碟正从巨石阵上空列队飞过的镜头，不久，英国电视台播放了这一事件的影片。飞碟研究者认为，这些现象证明了史前巨石阵很有可能是飞碟光临地球的一个秘密基地。

马耳他巨石庙

除了神秘莫测的英格兰巨石阵外，20世纪初以来在地中海上的马耳他岛也陆续发现了多处规模宏大、设计独特的史前巨石遗迹。这些不可思议的巨石遗迹的建造者是谁？在蛮荒落后的石器时代，他们为何耗费如此巨大的精力来建造这些巨石建筑？这些巨石遗迹究竟何时建立？是庙宇、坟墓，还是所谓的古代“计算机”？学者们上穷碧落下黄泉，始终无法找出一个合理的解释。

▲马耳他巨石遗址

意外发现马耳他神庙

作为古文明的一部分，巨石遗迹遍布世界各地。例如埃及的金字塔，复活节岛上的巨石建筑，英格兰的巨石阵，法国布列塔尼半岛的巨石遗迹……。据考证，这些巨石遗迹约建造于公元前3 500年—公元前1 500年间的石器时代。自从有文字记载以来，关于这些古怪巨石建筑的来历和用途就引起了人们的种种猜测。中古时代的人们普遍相信，是魔鬼或巫师建造了这些巨石建筑，或者它们是由大洪水前地球上出现的巨人所建。也有人认为它们是古代塞尔特人的督伊德教祭司所建。另外一些人则认为，欧洲的巨石建筑是由失落的亚特兰蒂斯帝国所建。

在所有的远古巨石遗迹当中，马耳他岛上的巨石建筑独具特色。与目标明显的英格兰巨石阵不同，马耳他岛巨石建筑的发现纯属偶然。马耳他岛是地中海上的一个小岛，面积246平方公里，位于利比亚与西西里岛之间。就在这个小岛上，20世纪以来人们却接二连三地发现了30多处史前巨石建筑遗迹。其奇特的设计和宏大的规模，引起了人们强烈的兴趣，在欧洲掀起了“史前巨石建筑研究热”。

1902年，马耳他岛繁荣兴旺的佩奥拉镇发生了一起轰动世界的大事。当时一群建筑工人正在为一家食品店盖房，其中有几个工人为建造一个蓄水池正满头大汗地凿着地下的岩石。突然，脚下的岩石露出1个洞口，待凿开一看，竟是一个通过凿通硬石灰岩而建成的宏伟的地下室。起初，工人们并没有在意，只是把凿下来的碎石、废泥以及垃圾堆放在洞穴里面，但其中一个颇有头脑的工人认为此事非同寻常，便向当地有关部门作了汇报。闻讯赶来的考古学家们对洞穴仔细地进行了挖掘和清理，一个规模宏大、设计独特的史前建筑逐渐清晰地呈现在世人面前。沉寂的马耳

▼马耳他巨石遗址

他岛由此一时名声大噪。

▲马耳他巨石遗迹

这座巨大的石制地下建筑共分3层，最深处距地面12米，错综复杂，仿佛一座地下迷宫。它由上下交错、多层重叠的多个房间组成。里面有一些进出洞口和奇妙的小房间，旁边还有一些大小不等的壁孔。中央大厅耸立着直接由巨大的石料凿成的大圆柱、小支柱，支撑着半圆形的屋顶。整个建筑线条清晰、棱角分明，甚至那些粗大的石架也不例外，没有发现用石头镶嵌补漏的地方。它的石柱、屋顶风格与马耳他其他许多古墓、庙宇如出一辙，但别的庙宇都建在地上，这座建筑却深藏于地下的石灰岩中。由于构造奇特，人们借用希腊文“地窖”一词来形容它，意为“地下建筑”。

庙宇还是坟墓

这座“地下建筑”是“庙宇”还是“坟墓”？在生产力极其落后的石器时代，马耳他的岛民为何耗费如此巨大的精力来建造这座庞大的地下建筑？

有人认为它是一座地下庙宇。在这座地下建筑中，有一个奇妙的石室，人们称之为“神谕室”。由于设计独特，石室内产生了一种神奇的传声效果，因此石室又被称为“回声室”。这个石室的其中一堵墙被削去了一块，后面是状似壁龛、仅容一人的石窟，一个人坐进去照平常一样说话，声音会传遍整个石窟，并且完全没有失真。由于女人声调较高，不能产生同样的效果，设计者就在石室靠顶处沿四周凿了一道脊壁，女人的声音就沿着这条脊壁向外传播。正是因为有这个石室存在，考古学家断定这座地下建筑是一个在宗教方面有着特殊用途的建筑物，说不定它就是祭司的传谕所。此外，考古学家在发掘过程中发现了两尊侧身躺卧的女人卧像，还发现了几尊丰乳肥臀也许以孕妇作为蓝本的女人卧像。据此，考古学家推测，这里或许是崇拜地母的地方。由于整个建筑埋在地下，不见天日，因而显得阴森怪异。设想一下，当一个虔诚的原始人置身于这样一个诡秘幽玄的地

▼马耳他巨石屋遗迹

▲遗留下来的马耳他巨石

下石室时，突然传来隐身人的说话声，他能不毛骨悚然从而对其产生敬畏之情吗？

然而，这座建筑真的就是一座地下庙宇吗？事实并非如此简单。越往地下深层发掘，考古学家发现它越不像是庙宇所在，尤其是在一个宽度不足12米的小石室里竟然发现埋藏有7 000具骸骨。这些骸骨并不完整，骨殖散落在狭小的空间中，说明是以一种移葬（即初次土葬若干年体腐烂成了骷髅后，捡拾骨殖到别处重新安葬）的方式集中起来的，这种埋葬方式在原始民族中很普遍。地下室难道是善男信女们的永久安息之地吗？

根据挖掘出来的牛角、鹿角、凿子、楔子、两把石槌以及做精工细活用的燧石和黑曜石判断，再根据其建筑风格推测，此地下建筑约建于公元前2 400年前后，当时岛上正处在石器时代。那么，岛上居民什么时候把骨殖放到这个地方来的？马耳他的居民又为什么要如此安放骨殖？没有人知道。也没有人知道这座地下建筑在什么时候变成了墓地。兴许初建时它就兼有庙宇和坟墓的双重用途。也许这是一座仿效地上建筑而建的一座地下庙宇，也许它就是死者的安息之地。这些问题均无从回答，难以确定。很多解释也都在两可之间。

精美的神庙

在马耳他神庙中规模最大也最著名的要属塔尔申神庙。很久以来，岛上塔尔申村附近的农民在犁地时就常遇到犁被地下的大石块碰坏的情况。但朴实的农民们并未想到刨根问底，直到1913年，当地有个人才将此报告了岛上的有关部门。考古学家经过挖掘发现，这里竟然是欧洲最大的石器时代庙宇的遗迹之一。

由于年代久远，塔尔申神庙只有较低的外围墙和地基还基本保持完整。但通过艰难细致的考证，考古学家们终于把这座约建造于5 000年前的庙宇的原貌重新拼砌出来。这座神庙遗迹占地达8万平方米，已挖掘出来的有几间厅房，包括一座庙宇的两个大厅，另一座大殿的一个大厅以及第三个大殿的进口。站在这座庙宇的废墟面前，首先映入眼帘的是一道宏伟的主门，通往宽敞的厅堂和有着错综复杂走廊的各个房间。整个建筑布局精巧，雄伟壮观，好多个祭坛上都刻有精美的螺纹雕刻。

通过反复考证，考古学家认为，塔尔申神庙的顶盖似乎是用横梁加树枝再覆以黏土或者石灰石造成的。神庙的大厅前有个前院通往庙内。神庙厚厚的外墙嵌有石灰石板。有关人员发现，石墙上的石头与石头之间没有灰浆黏合，墙顶上砌有石砖及其楣石。那么，马耳他岛上的这些巨石神庙到底是什么人建造、又是如何建造的呢？再进一步追问，那些远古时代的人们为什么要投入巨大的人力物力建造如此巨大的建筑，它的目的和用途又是什么呢？

自从中世纪起，人们就开始绞尽脑汁地追究这些巨石建筑的由来和用途。几百年过去了，神庙遗迹和资料又发现了不少，具体的考证和研究也有许多进展，但这些关于神庙的根本问题却始终在困扰着人们，至今无法弄清。马耳他，这个小小的地中海岛国，因为出现了这么多巨石建筑遗迹，给全世界的考古学家们出了一个巨大的难题。

疑雾重重的神庙

这种精心设计的巨石建筑遗迹在马耳他岛上不止一处。在哈加琴姆、穆那德利亚、哈尔萨夫里尼，考古学家们也发现了几座经过精心设计的庞大建筑物。它们都用石灰石建成，有的雕琢粗糙，有的琢磨光滑，有的建筑物的墙上有粉饰，有的则精雕细刻，各有特色。哈加琴姆的庙宇用大石块建造，里面发现了一些石桌，它们排列在通往神殿门洞内的两侧，有些石桌至今未能肯定究竟是祭台还是柱基。考古学家在神殿里还发现了多尊母神的小石像。这座建筑是最复杂的石器时代遗迹之一，许多谜团有待进一步考证。

▲俯视神庙

穆那德利亚的庙宇又是另一番景象。它大约建于4 500年前，由于建在海边的峭壁上，可以在上面俯瞰苍茫无际的地中海。它的底层呈扇形，是典型的马耳他巨石建筑的特征。那些大石块由于峭壁的掩护，很少受到侵蚀风化，保存得相当完好。

最令人感到神秘莫测的是名为“蒙娜亚德拉”的一座神庙。这座庙宇又被称为“太阳神庙”，它的结构很奇特，人们在惊叹之余又觉疑雾重重。一位名叫保罗·麦克列夫的马耳他绘图员曾对这座庙宇进行了仔细的测量，根据测量出来的数据，他提出一个惊人的假设：这座庙宇实际上是一座相当准确的太阳钟！保罗·麦克列夫指出，根据太阳光线投射在神庙内祭坛和石柱上的位置，可以准确地显示夏至、冬至等一年中的主要节

▲马耳他山麓

令。而且，更令人震惊的是，这座神庙是在公元前10 205年建成的，也就是说离现在已经12 000多年了。在那个遥远的年代，神庙的建造者居然有那么高深的天文学和历法知识，能够周密地计算出太阳光线的位置，设计出那么精确的太阳钟和日历柱吗?

考古学家认为，总的来说，马耳他巨石神庙建造的年代约在公元前3 500～公元前1 500年，也就是距今5 500～3 500年前。但人们至今在马耳他没有发现任何建造这些神庙使用的工具。不论从建筑规模、工程技术上还是从它所体现的科学内涵上，马耳他巨石神庙都使考古学家们感到惊异和难以理解。这些神庙大多数比金字塔建造的年代还要久远，根据历史学的常识，那时的人们应该还没有文字和轮子，对机械和金属的使用也一无所知。它们如何搬运、挪动、竖立起来这些庞然大物般的巨石，又如何精确地规划和设计这些巨大的建筑？另一方面，不少研究却显示这些神庙的建造者在数学、建筑学、天文学和历法等方面都具有极高的造诣，而且他们还应该拥有深思熟虑的社会组织，这才能使他们不依赖外力完成这些巨大的建筑。

马耳他的神庙

马耳他巨石庙亦称为“马耳他巨石文化时代的神殿”或“属于巨石文化时代的马耳他的神殿”，是马耳他在戈佐岛等地的著名历史古迹。在众多的神殿中，尤以杰刚梯亚神殿和哈格尔基姆神殿闻名于世。其中杰刚梯亚神殿是现存世界上最古老的神殿，其建筑结构之复杂，工艺之精湛，堪称奇迹。

杰刚梯亚神殿形成于公元前24世纪以前，是马耳他神殿中最著名的神殿，它面向东南，背朝西北，用硬质的珊瑚石灰岩巨石建成，是属于新石器时代晚期的古迹。杰刚梯亚神殿的庙宇大门和墙壁都是用巨石垒成的，庙外至今散落着曾经用来搬运这些巨石的滚石球。神殿外墙的最后部分所用的石材高达6米，最大的巨石重达几十吨。在那久远的年代，人们就能用原始工具将这些巨石用于建筑之中。如何将这样巨大的石块运送到工地，至今还是一个不可思议的奇迹。神殿的内部装饰使用的是软质石灰岩。神殿最早只有南庙后部的3个穹顶，公元前2 200年左右又增建了两个小穹顶，使之更加美观典雅。

大门内的宰牲台，凿有盛血的坑穴，据说是用来祭神的。一条走廊从大门处延伸至内殿，两对相对称的半圆形配殿分列在走廊两边，形成一个完整的建筑体系。各殿内均设有神龛，还供奉有妇女的石雕像，她们体形肥硕，象征生育旺盛的大地之母。各殿中的石雕神像都没有头部，专家推断，可能由于头部是用木雕成的，现在已经腐朽风化，故荡然无存。

▲马耳他巨石神殿遗迹

到目前为止，马耳他群岛上已发现了30座神殿。除杰刚梯亚神殿外，还有5座神殿于1992年被扩展为世界文化遗产。其中的哈格尔基姆神殿，坐落在马耳他群岛南部的克雷蒂，建筑年代晚于杰刚梯亚神殿，因而技术更先进，巨石之间吻合得天衣无缝，令人叹为观止，是当时建筑技术的极品。在该庙宇中的很多石头的位置都被精心地调整过，其中一块长达660米用作铺路石的大石板，是马耳他群岛中最令人瞩目的巨石块。

奇迹与疑惑

布列塔尼东南数千公里，沿着巨石文化时代留下的圆弧遗迹，在马耳他群岛的岛屿上，以及在马耳他和戈佐岛上，都可以看见巨大的岩石结构，这些岩石结构堪称巨石文化中最为复杂、结构最为奇特的古代岩石建筑。该建筑属于纯粹的土著文化，迄今为止，它们没有掺杂一点外部文化。最初，这些建筑物被用作葬礼仪式举办之地，但后来，人们在此建立了专门进行朝圣的地方。

在姆纳耶德拉，马耳他岛屿的海岸线上，有三个庙宇废墟形如船只的残骸。三个庙宇的房顶都遭到了破坏，其建造模式是根据废墟推断出来的。其中一个庙宇的围墙被建筑成托臂的模式，每一块巨石都叠放在前一块巨石的上面，最终形成了圆屋顶的结构，顶端盖着一整块石头。另一个庙宇中巨大的石灰石由很大体积的泥土支撑着，然后被更大的巨石墙所支撑。

▼马耳他巨石遗迹

马耳他石器时代的巨石建筑遗迹使人们对马耳他岛刮目相看，同时又疑窦丛生：石器时代的马耳他岛居民真有这么高的智慧吗？如果真是这样，那么他们是怎样获得这些知识的？为什么他们在其他领域却没有相应的发展呢？是什么原因激发了他们建造巨石建筑的热情？这些“知识”又为什么莫名其妙地中断了？这一切至今仍没有人能够圆满回答。

揭秘亚历山大灯塔

亚历山大灯塔是世界著名的七大奇迹之一，亚历山大灯塔大约建造于公元前 270 年；亚历山大灯塔的名气远远超过了金字塔，古代人们一提到埃及，首先想到的是雄伟神奇的灯塔，而不是法老的陵墓——金字塔。这座 135 米高的巨型灯塔屹立了 1 000 多年之久才被地震所毁，沉入汪洋大海。它日夜不息地燃烧了上千年，这是人类历史上火焰灯塔所未有过的。

灯塔的建造原因

公元前 280 年秋天的一个夜晚，月黑风高，一艘埃及的皇家喜船，在兴冲冲地驶入亚历山大港时，触礁沉没了。船上的皇亲国戚及从欧洲娶来的新娘，全部葬身鱼腹。

这是一件震动埃及朝野上下的悲剧，埃及国王托勒密二世，为此下令在最大的港口入口处，修建导航灯塔，经过建设者的艰苦努力，一座雄伟壮观的灯塔，屹立在法罗斯岛的东端，立于距岛岸 7 米处的为巨浪所冲刷的礁石上，它就是亚历山大法罗斯灯塔，简称“亚历山大灯塔”。当然，大多数人都只把它当作一个动人的传说，亚历山大灯塔的由来同当时亚历山大城的贸易活动有关。

战略地位十分重要的亚历山大，曾作为埃及的首都，是世界上最繁华的都城之一，是地中海东部地区最大最重要的国际转运港。频繁的贸易往来，各国商船云集大港，迫切需要有一座灯塔，来指引船只夜间进进出出。于是，标志古埃及人聪明才智的世界伟大奇迹——亚历山大灯塔，便应运而生了。

▼亚历山大灯塔复原图

雄伟的灯塔，由古希腊著名的建筑师索斯特拉特设计的，总面积 930 平方米。塔身用白色大理石砌筑，石缝之间用熔化的铅水弥合。塔柱、塔基为花岗岩石料，并用玻璃片充填。据说，经当时科学学和建筑学家试验鉴定，玻璃最耐海水腐蚀。灯塔这个浩大的工程，据说整整花去 20 年时间。

雄伟的灯塔

亚历山大灯塔高 120 米，加上塔基，

▲亚历山大港

▲古灯塔想象图

整个高度约 135 米。塔楼由三层组成：第一层是方形结构，高 60 米，里面有 300 多个大小不等的房间，用来作燃料库、机房和工作人员的寝室；第二层是八角形结构，高 15 米；第三层是圆形结构，上面用 8 米高的 8 根石柱围绕在圆顶灯楼。灯楼上面，矗立着 8 米高的太阳神赫利俄斯站立姿态的青铜雕像。整座灯塔都是用花岗石和铜等材料建筑而成，灯的燃料是橄榄油和木材。整个灯塔的面积约 930 平方米。聪明的设计师还采用反光的原理，用镜子把灯光反射到更远的海面上。这座无与伦比的灯塔，夜夜灯火通明，兢兢业业地为入港船只导航，它给舵手带来了一种安全感。

方形塔基高 14 米，实质上是覆盖在大岩礁上的一座 3 ~ 4 层高的大棂。在塔基正中拔起的下层塔身有高 71 米，同样为方形，上端四角各有一尊《波赛东之子吹海螺》的青铜铸像，朝向四个不同的方向，用以表示风向和方位。中层塔身又缩成细柱形，高 9 米。在中层塔身的八角方位上立起 8 根石柱，共同支起一个圆形塔顶。这个洋葱头形的圆塔顶，成了后来伊斯兰清真寺建筑的重要参考借鉴物。上层塔身之上是一圆形塔顶，其中一个巨大的火炬不分昼夜地冒着火焰。塔顶之上铸着一尊高约 7 米的海神波赛东青铜立像，为这座建筑增添了神话与艺术的风采。

▼亚历山大灯塔

亚历山大灯塔的外部造型非常美观考究，内部结构也十分严密复杂。

塔基的几层有 50 多个房间，估计这些房间是值班人员住宿、办公或操作各项业务，也可能是天文学家、气象学家观察天象的专用房间。三层塔身本不适用，为克服单调感，求得整体建筑具有艺术性的视觉造型，因而建有许多相当于楼房的层层窗口。一些研究者们认为塔身下层内部宽阔，从这里修筑了通到塔顶的倾斜的螺旋式上升的通路。在通到中层和上层的倾斜梯上还分别筑有 32 个和 18 个台阶。正中间有一个相当于现代电梯的人工升降装置，用以运送火炬燃料及各种物品，保证火炬长年日夜不熄。

据传，火炬的作用除本身的火焰光芒外，还设有一个凹面金属镜，反射出的耀眼的火炬火光，使 60 公里以外的航船能遥望到灯塔的方位，从而不会迷失方向。可径直向亚历山大港驶来。但究竟为什么能有这么强的光，考古学家仍无法解释。

灯塔的毁灭

公元 700 年，亚历山大发生地震，灯室和波赛东立像塌毁。关于此事，传说东罗马帝国一位皇帝企图攻打亚历山大，但惧于其船队被灯塔照见，于是派人向倭马亚王朝的哈里发进言，谎称塔底藏有亚历山大大帝的遗物和珍宝。哈里发中计下令拆塔，但在黎民百姓的强烈反对下，拆到灯室时便停止。公元 880 年，灯塔修复。公元 1100 年，灯塔再次遭强烈地震的洗劫，仅残存下面第一部分，灯塔失去往日的作用，成了一座瞭望台，在台上修建了一座清真寺。公元 1301 年和公元 1435 年两次地震，塔全毁。

▼亚历山大灯塔这个庞然大物在海上起到了重要的作用

寻找亚历山大灯塔

1996 年 11 月，一组潜水员在地中海深处发现了据说是亚历山大灯塔的遗留物。但经过专家鉴定只是早期的一些建筑残垣。

最近，法国和埃及组成了联合考古队，即

▲埃及古建筑遗迹

将对亚历山大灯塔展开考古勘探和探索发掘，试图让“历史真相浮出水面”。

首次以水下作业为主的考古活动将集中在埃及北部城市亚历山大一带的海域进行。埃法两国抽调了顶尖科学家，并配备齐全的潜水设备，以应对变幻莫测的海上气候和四处密布的暗流。值得一提的是，这次考古活动将使用最先进的高技术设备，如水下摄像机、水下照相机、水下机器人、声呐遥感水下探测仪、地磁仪、浅地层剖面仪、GPS全球定位仪等，从而保证不遗漏任何一处可能的遗迹。

此外，埃及还做了大量的前期准备工作。如多方整理有关亚历山大灯塔的历史资料，调查研究有关海域的气象条件和地质资料、海流速度、水文状况以及潜水可能遇到的技术限制等。

埃及对通过考古找到灯塔寄予厚望。埃及文化部长在批准这项计划时说，能够找到亚历山大灯塔，将是对整个人类文明的贡献。他还提出了具体目标，即希望考古队能够发现具有托勒密王朝设计风格的灯塔塔基石板，并对海底历史文化遗存及分布状况进行研究。

相对于陆地古墓挖掘来说，水下考古更需借助尖端科技，有业内人士甚至认为，其难度和复杂性不亚于探测外太空。但是，法埃两国科学家对这项将历时3年的工程充满信心，他们希望通过坚持不懈的努力而有所收获。

也有人认为，这个灯塔并不存在，是人们想象出来的。因为除了文字记载，并没有人见过它的实物。好在埃及有关部门根据考察资料绘出了亚历山大灯塔的复原图，法埃学者联合水下考古也证明了亚历山大灯塔是“确实存在”的。

希望亚历山大灯塔能早日被找到，让人们目睹一下以前的雄伟。

▶黑夜中的亚历山大灯塔为人们指明了前进方向

庞贝古城一夜消失

▲现代与古代的结合

庞贝古城位于意大利南部那不勒斯附近。始建于公元前6世纪，公元79年毁于维苏威火山大爆发。庞贝在当时属于中小城镇，但由于被火山灰掩埋，街道房屋保存比较完整，从1748年起考古发掘持续至今，为了解古罗马社会生活和文化艺术提供了重要资料。

一锄掘出千古奇观

随着岁月的流逝，庞贝古城渐渐淡出世界。后来，从罗马南下和希腊、西西里北上的移民们发现火山山脚一带已经长满茂密的森林。当人们伐去树木之后，便裸露出黑油油的黑土地，于是大家就在这上面开发种植葡萄。

公元1748年春天，一名叫安得列的农民在深挖自己的葡萄园，他高举锄头"哐啷"一声，好像掘到了一块巨石，但怎么使劲也拔不出锄头。他连忙喊弟弟、弟媳帮忙。众人扒开泥土和石块，发现锄头穿透了一个金属柜子，于是大家七手八脚把柜子挖出来，打开一看，里面竟是一大堆熔化、半熔化的金银首饰及古钱币。消息传开，在这片土地上种植葡萄的农民突然想起祖辈相传的关于庞贝失踪的传说，于是盗宝者蜂拥而至，而后也引来一批历史学家与考古专家来这里考古。

后来意大利政府根据专家们建议，于1876年开始组织科学家进行有序发掘庞贝古城。经过百余年七八代专家的持续工作以及数千名工作人员的辛勤维护，终于将庞贝古城这一惊心动魄的一幕真实地再现于世人面前。参与发掘庞贝城的历史学家瓦尼奥说："那是多么令人惊骇的景象啊！许多人在睡梦中死去，也有人在家门口死去，他们高举手臂张口喘着大气；不少人家面包仍在烤炉上，狗还拴在门边的链子上；奴隶们还

庞贝古城风格

古城略呈长方形，有城墙环绕，四面设置城门，城内大街纵横交错，街坊布局有如棋盘。重要建筑围绕市政广场，有朱庇特神庙、阿波罗神庙、大会堂、浴场、商场等，还有剧场、体育馆、斗兽场、引水道等罗马市政建筑必备设施。作坊店铺众多，都按行业分街坊设置，连同大量居民住宅，构成研究罗马民用建筑的重要实物。富裕之家一般均有花园，主宅环绕中央天井布置厅堂居室，花园中有古典柱廊和大理石雕像，厅堂廊庑多施壁画（见庞贝壁画），是古典壁画重要的遗存。这些壁画都有较高水平，它们的被发现，对欧洲的新古典主义艺术影响甚大。

▲庞贝古城建筑遗迹

◀雄伟壮丽的庞贝宫殿

带着绳索；图书馆架上摆放着草纸做成的书卷，墙上还贴着选举标语，涂写着爱情的词句……”这些景象，充分展示了当时古城的数万生灵是怎样突然被活生生地扯断了生活链！在庞贝看到现场用密封玻璃装着展出的各种形态的男女老少尸体时（多已成化石），不觉一阵阵发怵。在永恒的宇宙与自然界面前，人，首先得尊敬自然，保护生态；跟大自然抗衡，人们显得多么渺小无力啊！

古城消失之谜

早在公元前8世纪，依托于地中海天然良港的一座小渔村庞贝，逐渐发展为城市。几百年之后，它商贾云集，成为仅次于意大利古罗马的第二大城。它北距罗马300公里，西接著名的西西里岛，南通希腊与北非。庞贝城内那神奇的太阳神庙、巨大的斗兽场、恢宏的大剧院、灵验的巫师堂以及新奇的

▼庞贝古城的壁画包罗万象

▲庞贝古城街道遗迹

◀庞贝古城民居遗迹

蒸气浴室和众多的商铺以及娱乐场馆，不知吸引了地中海周边国家（城邦）多少富商和贵族。加上亿万年来城北那维苏威火山因多次喷发而带来的奇异岩浆土、火山石以及地热温泉，更使庞贝城声名远播：那一大片略带焦味的肥沃岩浆土，使庞贝出产的葡萄个大汁甜，酿酒绝佳，成了各地贵族争购的上品；那昼夜不绝的地热温泉，不但诱人入浴，更吸引许多贵族、富商纷纷来到庞贝造花园、建别墅，并连片开发娱乐场馆，使庞贝很快成为烟柳繁华之地。尤其是黑中透着亮红的火山石，因有止痛、安神、止血的神奇功效，人人争相拥有。然而谁能料到庞贝身旁的这座沉睡千万年的火山，突然会在某一天苏醒过来，张开血盆大口瞬间吞下了闻名遐迩的庞贝城！

维苏威火山海拔 1 277 米，据地质学家们考证，它是一座典型的活火山，数千年来它一直在不断喷发，庞贝城就是建筑在远古时期维苏威火山一次爆发后变硬的熔岩基础上的。可是，生活在当时著名的地理学家斯特拉波根据维苏威火山的地形地貌特征断定它是一座死火山，当时的人们完全相信他的这一论证，对火山满不在乎。火山的两侧种上了绿油油的庄稼，平原上到处遍布着柠檬林和橘子林，还有其他果园和葡萄园，他们万万没料到这座“死火山”正在酝酿着一场毁灭性的大灾难。公元 62 年 2 月 5 日，一次强烈

▼庞贝城壁画对研究庞贝古城起到了关键性的作用

的地震袭击了这一地区，造成了许多建筑物的毁塌，人们今天在庞贝城看到的许多毁坏的建筑都是那次地震造成的。地震过后，庞贝人又重建城市，而且更追求奢侈豪华，然而，庞贝城还没来得及从那次地震中复苏过来，在公元 79 年 8 月 24 日这一天，维苏威火山突然爆发了。

▲庞贝古城里的角斗场

瞬息之间，火山喷出的灼热的岩浆遮天蔽日，四处飞溅，浓浓的黑烟，夹杂着滚烫的火山灰，铺天盖地降落到这座城市，空气中弥漫着令人窒息的硫磺味。很快，厚约 5 ~ 6 米的熔岩浆和火山灰毫不留情地将庞贝城吞噬了。

公元 79 年 8 月的第一个星期天，正在祈祷的古罗马一位大酒商之妻突然胸口剧痛，咯血不止，女儿索菲亚急得呜呜直哭。正在此时未婚女婿卡洛闻讯赶来，他自告奋勇地骑快马去庞贝老家拿取止血石。罗马去庞贝城 300 余公里，树木森森山道崎岖，强盗出没，充满险情，这令多情的索菲亚抉择两难。卡洛明白未婚妻索菲亚的担忧，他说：“已有十几年的骑术，又是强壮的武士，轻车熟路，两昼夜时间一准赶回来！”未等索菲亚应诺，一身戎装的卡洛带着几名助手绝尘而去！

母亲两天来咯血不止，索菲亚两夜不眠，她心中一直在盘算着卡洛的归程。第 2 天开始她一直倚门远望，盼着熟悉的马蹄声在她的耳边响起，但不知为什么直到第 4 天、第 5、第 6 天未婚夫还是没有出现在她眼前。待

▼角斗场带来的是更多的腥风血雨

▲庞贝古城布局复原图

◀庞贝城虽然难以再现，但是它依然是世人瞩目的焦点

到圣诞节之后，她才隐隐听到一则凶讯：8 月的一夜，维苏威神山张开火口，喷发出冲天的血红岩浆，方圆几百里顿时成了一片火海！

千年名城庞贝从此一夜消失了！火山喷发后好长时间才冷却下来。大劫后牧马人发现：过去非常熟悉的几十万顷林场、草场以及与林地接壤的繁华庞贝城都不见了，眼前只有火山岩浆冷却后留下的一条一条像河流的长长焦土地带，周围一片死寂。

算算灾难发生的时间，正是卡洛赶到庞贝取止血石的那一夜。未婚夫一去不返，从此地中海四处响起了《伤心欲绝的索菲娅》民歌声……

曾经的繁华

如今的庞贝古城已被联合国教科文组织定为世界文化和自然遗产，游客们称这里是“天然的历史博物馆”，它每天吸引着数以万计的来自世界各地的人们来这里参观。穿梭在古城废墟的大街小巷，进出于半毁的民宅、别墅、贸易市场、商铺、面包房、温泉澡堂、仓库以及剧场、斗兽场、运动场，不觉心潮起伏，浮想联翩。

▼庞贝古城遗迹

尽管庞贝古城如今还只向游人开放 1/3，其余部分还埋在地下。但从 1.8 平方公里的土地上，看到了用白色、青色巨石铺筑的大街小巷已达几十条。街巷方正整齐，小的宽 2 米，大的宽 4~5 米，仿佛是中国唐代的长安城。发现这里的每条人行道都比马路要高出 10 ~ 20 厘米，仔细察看，原来古罗马马车非常发达，中间的路面都留下了一道道很深的车辙。在所有的交叉路口，没想到与如今的斑马线一样，每条路口都设置着一块块凸起的约 30 厘米高的“隔车石”，当飞奔而来的马车临近交叉路口看到“隔车石”，自然放慢速度，车辆只能从巨石夹缝中缓缓驰过。也许马路上的斑马线，就是古罗马人发明的。

在许多街口和交叉巷口，还看到刻有浮雕的大石槽。石槽上的浮雕或神面、或兽头、或鱼嘴，它背后都连接着青铜管子，并有旋钮龙头。一旋，便有汩汩山泉流出，供行人饮用或洗涤。如今不少发达国家的车站、码头、机场、公园、运动场及大街小巷也设有可供直接饮用的自来水龙头。现今许多大城市的这种设置，是否也是 2 000 多年前庞贝古城对他们的启发呢？

庞贝城除了民宅、商铺、别墅所遗留的各类壁画与精美的马赛克镶嵌画、那些造型奇异的各类陶器与玻璃器皿让人陶醉和浮想连连之外，更是那大理石筑就的有 5 000 座位的圆形剧场、3 000 座位的斗兽场及有 4 万个座位的大型体育场让吃惊不浅。古罗马人的人文素养与社会发展眼光，就是在 2 000 年后的今天，依然让人敬佩不已。

▼庞贝城留给后人的是一连串的谜

颜料之谜

什么原因使得庞贝古城的城墙墙体的红色 2000 多年后，依然能保持色彩绚烂，这是科学家长期以来的一个疑问。

今天，当人们再看到它时，壁画中闪亮的红色依然感人至深。其中的一些仍然完好地保留在墙上，像是留给人

▲曾经显赫一时的庞贝，而今只剩废墟一片

们一个灿烂的谜。

最近的一项研究找到了庞贝古城“青春永驻”的原因，柏林 Staatliche 博物馆的研究员丹尼拉·丹尼尔说：“尽管庞贝古城的红色颜料只用辰砂作原料，但明显优于一般的辰砂。”

为了揭开庞贝古城红色颜料之谜，丹尼尔将庞培壁画中的红色颜料样本与同时期其他古罗马壁画的红色颜料成分进行了分析：辰砂是汞的硫化物，庞贝古城壁画中所用的辰砂是经过精心处理的，丹尼尔把这一加工过程概括为“净化、研磨，然后以三维的手法进行艺术表现。”

那不勒斯大学伯纳德·马切斯说，作为颜料的辰砂确实需要精心的加工。“颜料的媒介物是石灰，因此它必须呈液体状才能被用作壁画的原料。壁画完成之后，还要经过一个打蜡磨光的过程，以使得壁画保存得更加持久。”

丹尼尔说：“颜料的颗粒越细，就越鲜亮，覆盖力也越强。但庞贝城的颜料不单单如此。用显微镜观察之后，发现颜料颗粒的矩阵中加入了细小的晶体作为闪光颗粒。”

▲雕梁画栋的庞贝城早已湮灭在火山灰中

通常，古罗马将 2 ~ 3 微米的微粒加入研磨好的辰砂粉中，这样可以使画的表面闪闪发光，又能保持颜料自身饱和鲜艳的红色。

丹尼尔的分析显示，庞贝古城的壁画与一般的古罗马壁画确实不同，因为里面掺有 10 ~ 25 微米的结晶物，这种大小的结晶物显得更加透明，同时使色彩更加柔和深沉，它使得庞贝古城壁画中的红色接近红赭色。他说：“庞贝古城的红色显示了古罗马高超的颜料制作技术。”

考古学家发掘庞贝古城时，发现了许多遇难者的遗体，他们有一部分竟奇迹般地“复活”了。原来，他们的身体被火山熔岩包裹，人体腐烂了，在凝固的熔岩中留下了人体的空腔。考古学家把石膏液灌进空腔中，等石膏液凝固后，再剥去外面的熔岩，一具具遇难者临终前的石膏像就出现了，一个母亲倒下时与她的女儿紧紧抱在一起，一个乞丐手里拿着一个装满小钱的钱袋，还有几个用铁链锁着的角斗奴隶蜷缩在墙角……

◀庞贝城的湮灭留给后人无尽的遗憾

庞贝古城的发掘，使人们仿佛走进梦中，也像逆着时间往回走，来到了公元一世纪古罗马帝国的城市观光。也让看到了古城曾经的辉煌与繁华。

神秘“天书”——纳斯卡线条

▲奇怪的巨图——蜂鸟图案

秘鲁南部的纳斯卡地区，存在着一个2 000年的迷局：一片绵延几公里的线条，构成各种生动的图案，镶刻在大地之上，这些线条沉默无言，似乎在耐心等待后人的破解。

发现“天书”

1939年，美国人考索克夫妇来到秘鲁南部的纳斯卡高原上，看到绵延数英里*的一片标记，它看起来像是涂画在一本巨大而神秘的便笺上。在广阔的沙漠上，上千条苍白的线条指向各个方向。他们被纳斯卡沙漠这些像机场跑道一样的线条深深地吸引住了，“对于这些奇异的遗迹，我们心里涌起千百个疑问，突然我们发现夕阳的降落位置几乎正好位于其中一条长线的尾端。过了一会，我们才想起那一天是6月22日，正是南半球的冬至，一年中最短的一天。”他们兴奋地说，发现了世界上最大的天书。

考索克夫妇的发现，震惊了全世界的考古学界，考古学家们陆续来到纳斯卡高原，他们不仅发现了更多的直线条和弧线图案，在沙漠地面上和相邻的山坡上，人们还惊奇地发现了巨大的动物形体，这使得那些图案变得更加扑朔迷离：一只45米长的细腰蜘蛛，一只长约300米的蜂鸟，一只108米长的卷尾猴，一个巨大的蜡烛台在俯视着大地。到今天，考古学家们共发现了成千上万这样的线条，它们有些绵延8公里，还有数十幅图形，包括18只鸟。

▼疑似人物图案

纳斯卡和朱马纳大草原在利马以南约400公里，位

*英里为非法定计量单位，1英里≈1.61千米。

▲巨型蜘蛛图案

于秘鲁海岸的干旱的草原上，占地约 450 平方公里。这些线条图大约刻于公元前 500 年到公元 500 年之间，就其数量、自然状态、大小以及连续性来说，它们是考古学中最难解开的谜团之一。有些线条图描述了活着的动物、植物，想象的形象，还有数公里长的几何图形。这些被认为是用于与天文学有关的宗教仪式。

纳斯卡线条图是一种巨型的，镂刻在纳斯卡山谷的潘帕 · 因哈尼奥荒漠中的一些奇怪的超大图形。有直线形、几何图形，还有飞禽走兽等各种各样的图形。在地面上，它们似乎像在暗红色的砂砾上一条条弯弯曲曲的小径。只有从高空往下观望时，这些线条才能呈现各种兽类的巨大图形。自人们发现了这些图案后，众说纷纭，然而对这些图案想表示的意图，至今仍是个不解之谜。艾尔弗雷德 · 克鲁伯和米吉亚 · 艾克斯比以为，这些是灌溉用的水渠。后来，艾克斯比认为这些小径与印加帝国的“神圣之路”相似，那些圆锥形石堆是“聚焦”（即这些线条的聚合相交点），也可能是举行礼仪活动的场所。

纳斯卡线条的分布位置

▲奇怪图案

在发现“纳斯卡线条”隐藏巨型图案的消息公布后，即引起了世界各地的专家前往展开研究工作。专家们发现大部分的线条和图形，都分布在秘鲁南部一块完整地域上，北由英吉尼奥河开始，南至纳斯卡河，面积达 200 平方英里。

由于图案巨大，只能在 300 米以上的高空，才能看到图案的全貌，所以一般人在处于地面的水平角度上，只能见到一条条不规则的坑纹，根本无法得知这些不规则的线条所呈现的竟是一幅幅巨大的图案。根据研究人员的发现，这些图案是将地面褐色岩层的表面刮去数厘米，从而露出下面的浅色岩层，而所形成的坑道线条，线条的平均宽度为 10 ~ 20 厘米，而当中最长的则达约 10 米。所以由这些长度不一的线条所组成的图案，其面积也有所不同，例如其中的一幅动物图案就长达 200 米。

外星人的“杰作”

人们的探索似乎已经走到了尽头。问题的答案或许就在这些神奇的线条后面，可现在它已经流失在时光之中了。但是，人类探索的热情依然没有止步。如果无法解释这些线条是怎样制造的，或许，可以回过头来，再去考察一下这些神秘线条的意义，会对研究它的制造有所帮助。冯 · 丹尼肯为纳斯卡线条赋予了神秘的光环，这位旅馆经理出身的作家在他的《众神的战车》一书中，提出纳斯卡线条是外星飞行器使用的跑道。他认为，不明身份的天使在远古某时降落在纳斯卡高原，在那里为自己的飞行器修建跑道，而他的证据就是那些酷似机场跑道的线条。

冯 · 丹尼肯的作品在 1968 年问世后，立刻成为国际畅销书，同时也使纳斯卡线条获得更高的知名度。但是，科学家们却不假思索地抛弃他的看法，他们认为这个疯子根本就没有科学常识，因为不仅航天器不需要跑道，而且，纳斯卡柔软的沙土根本不适合任何沉重的飞行器降落，假如那样的话，恐怕这些宇宙飞行员会陷进土里拔不出脚来。

尽管冯 · 丹尼肯的“外星人假说”受到科学界普遍嘲笑，但是却启发了一些人。人们把注意力投向天空，古纳斯卡人会不会参照天上的星座来绘制地面上的图案呢？从考古学的发现可以看出，远古人们对于天象是极为崇拜的。中国濮阳的一座新石器时代墓葬里曾出土了用贝壳做成的北斗七星图案。但星象是不断变化的，而且在星空下，是无法产生投影的。

1983 年，一支意大利的考古队来到这里，他们在纳斯卡地区的南端发现了一座名叫卡华赤的古城，这里有宽阔的广场，雄伟的石级，还有几十座大约有 30 米高的金字塔。

然而，令考古者迷惑不解的是，卡华赤城中并没有发现繁忙的市镇中心和军事活动的遗迹，相反，这座城市似乎只用于宗教仪式和节日庆典。

经过专家们将镶嵌在线条上的陶器碎片作详细研究后，证实“纳斯卡线条”已存在千年。他们推测这些“图案”是分为两个阶段完成的，当中最短的也至少拥有1 400多年历史。这些巨型图案能够保存千年而没遭受到大自然的破坏，其实是和纳斯卡平原的气候有关。纳斯卡平原是一个气候干旱而贫瘠的高原，由于遍布高原的碎石，将阳光的热能吸收及保留，从而散发出一股温暖的空气，在空中形成一个具有保护作用的屏障，令到高原上的风不像平地般强劲。再加上其长年不下雨的干旱气候，令纳斯卡平原成为地球上最干燥的地区之一，有专家便推断，这块无风无雨、面积达200平方英里的辽阔高原，便是因为这种气候条件而成为当年绘画“纳斯卡线条”的理想地点。

“纳斯卡线条”是谁画的?

德国女数学家玛利亚·赖歇将自己的一生献给了纳斯卡线条。作为一个数学家，她特别想知道那些纳斯卡人在设计和刻画线条时是否依据了几何学原理。她发现，许多线条爬坡穿谷，绵延很长距离却能保持笔直，很可能是在木桩间拉线作为画线的标准，只要三根木桩在目测范围内保持一条直线，那么，整条线路就能保持笔直。

20世纪80年代，纳斯卡镇的学生们在赖歇的带领下，向人们演示了古人是如何制

▼纳斯卡线条图案鸟瞰

造一条纳斯卡线条的：首先，用标杆和绳索标出一条笔直的线，然后，再把表面的黑石拿走，漏出下面闪光的白沙，反衬着周围富含铁矿的岩石，于是，一条线就出现了。也许，这就是纳斯卡线条的本来面目。

赖歇用尽自己的一生来解答纳斯卡的秘密，在她生命的末期，终于找到了她认为最合适的答案。那些弧线是通过把线的一头固定住，另一端像用圆规画图一样在地上旋转，就能画出每一条弧线。赖歇的研究还表明，古代纳斯卡人会事先在约 1.8 米的小块地皮上设计图案。她在几片较大图案的旁边发现了这些泥土草稿，设计者们在小型草稿上确定弧线、中心点和辐射线的适当比例后，再作适当的放大。赖歇一生的核心就是那片静止不动的沙漠和它的居民。逐渐地，这个身着简朴的棉质衣服、脚穿橡胶拖鞋，瘦削而结实的女性成了秘鲁的英雄，纳斯卡全镇庆祝她的生日，并以她的名字命名了一所学校和一条街道。直到 20 世纪 80 年代，这位老太太在临终前，依然念念不忘纳斯卡的秘密。

尽管赖歇论证详细，但是，她那些关于巨型线条是如何刻制出来的解释并未得到普遍接受。赖歇理论中一个致命的问题，就是无法解释那些不规则图案是如何制作的。比如那只巨大的蜘蛛和那个神奇的牧羊人。很显然，蜘蛛和牧羊人的图案，不是古纳斯卡人随意或者是无意中在广阔的地面上绘制出来的，而肯定是先有了设计蓝图，然后再制作出来的。

1983 年，一支意大利的考古队在纳斯卡地区发现了大量的陶器，这些陶器上都装饰有一些动物图案。而这些图案在荒漠上又以更大的规模重复出现。这些图案的相同使人们相信神秘的线条是古纳斯卡人所为。根据纳斯卡制陶风格的不同，考古学家们把纳斯卡文明分为 5 个时期。考古学家在线条所处的地层里，找到了那些陶器，由于处于同一地层，因此纳斯卡线条的年代与陶器的年代是非常接近的。而通过对陶器的碳 -14 测定，人们得出了陶器的年代，从而也就间接得出纳斯卡线条的制作年代为公元前 200 年—公元后 300 年。

▼纳斯卡奇怪的三角形和文字

纳斯卡平原上最常见的是黄沙和黏土，上面铺着一层薄薄火山岩和砾石，长期的风吹日晒使它们发黑变暗。在这些所谓天然黑板上画线条，不过就是古纳斯卡人刮去几厘米的岩石层，让下面苍白的泥土显露出来。如果是在另外一种气候条件下，也许剧烈的外界侵蚀会在数月内磨蚀掉这些线条，但纳斯卡是地球上最干燥的地区之一，再加上那里几乎没有强风，因此风蚀也微乎其微。纳斯卡高原是如此贫瘠，如此与世隔绝。这些都为纳斯卡线条保留至今提供了条件。然而，纳斯卡线条太巨大了，人们在地面上根本无法识别，以至于直到20世纪40年代才被人们从飞机上全部发现。但是，这些线条是在2 000年前创造的，那时的人们不可能掌握现代飞行技术。

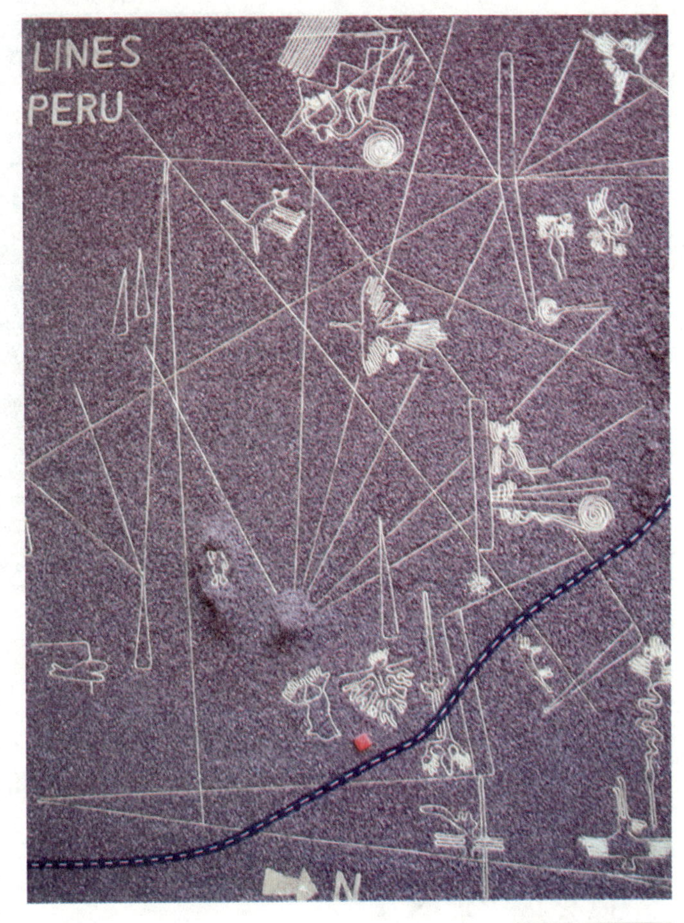

▲巨型鸟类图案

纳斯卡线条吸引了越来越多的游客前来参观，而要想欣赏到线条的全貌，就必须乘坐当地提供的一种轻型飞机。在众多的游客当中，不乏对未知事物持有浓厚兴趣的探索者。伍德曼就是这样的人。他不仅是美国佛罗里达航空公司的总裁，还是国际探险协会的会员。当他乘坐飞机飞过纳斯卡上空时，灵光突然出现在他脑中，古代纳斯卡人是否乘坐一种飞行器来监督制作出线条的。

更多的证据使伍德曼相信自己的结论：纳斯卡人在秘鲁山区的后代印加人至今还流传着会飞的物体的传说，而且，在许多纳斯卡陶器和织物的残片上都饰有飞行的图案，包括气球风筝和鸟一样的飞人。兴奋不已的伍德曼开始采用一种实验性考古方法来证明自己大胆的假设。他决定仿照古纳斯卡人制造一个热气球，并将其命名为“兀鹫一号”，这是安第斯山一种高飞的巨鸟。为了令人信服，伍德曼清楚，制造兀鹫一号的材料，必须尽可能接近古纳斯卡人所用的材料，而气球的样式则与纳斯卡陶器上的飞行图案一样。

1976年11月，26米高的兀鹫一号终于完工。人们在地面上建起一个炉灶，以生产出足够的热气灌入气球。几天后的凌晨5点半，伍德曼和一名热气球飞行冠军乘坐它飞上天空，在短短几秒钟的时间里，他们在沙漠上迅速攀升了122米。地面上一阵欢呼，实验成功了，古代纳斯卡人的确可以乘坐热气球飞上空中，但是，接下来的事情却令人沮丧，因为气球只在空中停留了短短的3分钟，这短短的3分钟，对于修建庞大的纳斯

▲荒芜的纳斯卡高原

卡线条相比，显然是远远不够用的。

人们在纳斯卡线条范围的北端一个叫文蒂拉的地方发现了大量生活痕迹，虽然它已经被农业耕作破坏了一部分，但有足够的证据表明这里是一个真正的都市城镇。而在文蒂拉这个古纳斯卡人的生活区，到卡华赤这个祭祀区中间，就是著名的纳斯卡线条的区域。在2 000年前，古代纳斯卡人每到节日，他们都会来到卡华赤，进行大规模的朝圣和祭祀，而在他们到达那里之前，必须要经过的，就是广阔的纳斯卡线条所在地。纳斯卡线条就是位于这样一个重要的位置，这些神秘的线条和祭祀活动有着紧密的关联。

原来是“水渠”

现代民族学的观点认为，对于一个原始民族来说，对生存最重要的，往往就是他们所要祭祀和祈求的。现代纳斯卡人生活和农耕用水的可靠来源，是雄伟的安第斯山脉。从卡华赤以下的地区，干旱年年有规律地出现。河流只在短短的两个季节流过这些山区。在古代的某个时期，纳斯卡人修建了一个庞大的灌溉系统，150公里的沟渠纵横交错，遍布这个地区。这些沟渠大部分都深埋于地下，有入口也有出口。而这些沟渠所在的范围恰好就是纳斯卡线条的区域。

美国麻省大学研究员戴维·约翰逊，多年来一直在研究纳斯卡地区古代灌溉系统，远古时期火山活动导致的地下岩石断层，成为古纳斯卡人引水的天然渠道。1997年的一天，戴维正在山上探察一个岩石断层，他走过一座小山脊，摆在他面前的就是那个宏伟的纳斯卡体型体系和线条群落，它们正好指向戴维要去的那个断层。这时，他突然意识到他的下面有一个水源，戴维后来回忆道，“我当时一下子就坐了下去，抬起头说，‘我的上帝，我想我知道它是什么意思了。’”

戴维认为这些巨大的图形，还有它们之间数公里长的线条，是纳斯卡人用来记录地下水源地位置的标记。正像今天，我们城市中供水系统图纸一样，这些神秘的线条正是古纳斯卡人所绘制的自己的供水系统图。而在它下面，就是古人用来饮用和灌溉、对于纳斯卡人最为宝贵的水利体系。

根据戴维和其他科学家的发现，可以推想，古代纳斯卡地区的社会是由许多不同的家族组成。关于这一点，纳斯卡地区出土的陶器和织物上的图案，可以提供足够的证据——研究者发现，那些陶器和织物上的动植物图案，恰巧就是不同家族所崇拜的图腾，也就是他们各自的族徽。而此刻，安第斯山上珍贵无比的水正缓缓地顺着纳斯卡地区下面的天然断层流淌，家族之间为了争夺水源，曾经发生了很多惨烈的战争。

最终，大家意识到，靠战争来解决水源的办法是徒劳而又白费鲜血的，于是家族们终归于好，人们开始坐下来，商量如何有秩序地利用这些公共水源，一个合理的方案最后被家族们所接受。结果，大家都退回了文蒂拉的居住地，纳斯卡地区的水渠被分割为不同的家族所有。为了区分各自的水源地，每个家族根据水流的方向和范围，在地面上绘出自己家族所独有的族徽来，于是，陶器上的蜘蛛、猴子、巨鸟等等，从此出现在纳斯卡高原上。

尽管戴维的纳斯卡线条与水有关的理论被越来越多的学者所接受，但是，人们依旧不能回答纳斯卡线条是如何制造的这个问题，正像那位德国女科学家赖歇在临终前所说，“我们将无法知道所有的答案”。

▼航拍巨大的三角形图案

失落的伟大文明——玛雅文明之谜

玛雅文明是中美洲古代印第安文明的杰出代表，以印第安玛雅人而得名。主要分布在墨西哥南部、危地马拉、伯利兹以及洪都拉斯和萨尔瓦多西部地区。中美洲的玛雅文化是世界文明史上的奇葩，它是拉美三大古代文化中绽开最早的一枝。它起始于公元前后，兴盛于公元3世纪，到公元10世纪，不知何故中断了。但玛雅人在农业、文字、天文、数学和建筑等方面的辉煌成就是永远磨灭不了的。他们培育的玉米、土豆、番茄等，后来传遍整个世界。

璀璨的玛雅文明

说到玛雅，人们就会想到丛林深处的神秘，其实玛雅文明有着辉煌的历史，有雄伟的建筑，有系统的文字（因为有文字记载，所以玛雅本不该神秘，只可惜大量书都被毁了，只剩下了四本和历法，先进的天文知识，血腥的习俗，动人的神话传说，他起始于公元前1 500～公元250年间，称为前古典期。公元前1 500年前后，村落大量形成，标志了前古典时期的开始，公元前1 000年前后，库艾罗的村民就开始制作陶器。玛雅文明在古典期（黄金时期）发展至巅峰，多座城市矗立在茂密的中美洲密林之中，包括三座最宏伟的玛雅城市蒂卡尔、帕伦克和科潘。

玛雅跟大多其他古文明有些不同之处：首先是玛雅没有出现一个集权国家，在她的高峰期，也只是几座像帕伦克和蒂卡尔等强大城邦各据一方；其次是很多主要古文明都诞生于大河流域，但玛雅文明则源于密林。

玛雅在天文学和数学方面有很高的成就，他们的太阳历的误差和现代计算的误差只有23秒，数学引入了零的概念。而和其成就一样不可否认的是玛雅人嗜血，玛雅人不仅给自己放血，还用俘虏和奴隶当人祭，他们用鱼的脊骨刺破耳垂或舌头。在尤卡坦奇钦，伊策萨的祭井里就发现了42具尸骨，有些还是孩子，一些人，甚至是贵族为了表示虔诚而献出了自己的孩子。

▼玛雅遗迹

放血和人祭祀在我们现代人眼里可能十分野蛮，但对玛雅人来说却十分重要，他们深信宇宙间充满了危险和毁灭，只有举行仪式才能

▲玛雅文明遗迹

阻止他们发生，星球被认为代表了诸神的意愿，他们在宇宙间的运行可能带来福音，但也可能带来灾难，比如日食变黑被认为是一种死亡的形式，金星换季时的首次出现预示战争的来临。耀眼的金星在太阳前升起，随太阳落下，玛雅人视其为太阳的兄弟和战神，并准确地算出了金星的周期是584天。而放血则是家常便饭，任何重大的事件，从生老病死到播种玉米（玛雅人的主食），国王即位都要放血，它不仅仅有象征的意义，也是人类在向诸神奉献他们最贵重的礼物。

玛雅文明是中美洲古代印第安文明的杰出代表，以印第安玛雅人而得名。主要分布在墨西哥南部、危地马拉、伯利兹以及洪都拉斯和萨尔瓦多西部地区。约形成于公元前2500年，公元前400年左右建立早期奴隶制国家，公元3—9世纪为繁盛期，15世纪衰落，最后为西班牙殖民者摧毁，此后长期湮没在热带丛林中。

18世纪末开始引起学术界注意，19世纪末发掘一批重要遗址，开始了玛雅文明的现代考古学研究。20世纪50年代后，研究进展较快，形成专门的玛雅学，是世界考古学及历史学研究的重要领域。玛雅文明的发展阶段，学者间说法不一。据美国考古学家N·哈蒙德的划分，可分为前古典期、古典期、后古典期3个阶段。

前古典期即玛雅文化形成期，年代约公元前2500—公元250年。在尤卡坦半岛中央佩滕盆地及其周围山谷已出现定居的农业生活，玉米和豆类是主要的作物；由土台、祭坛等组成的早期祭祀中心也已建立，此后出现国家萌芽，并出现象形文字。

▼玛雅水车复原图

古典期（约公元250—900）玛雅文化进入盛期，各地较大规模的城市和居民点数以百计，都是据地自立的城邦小国，尚未形

▲玛雅雕塑

成统一国家。各邦使用共同的象形文字和历法，城市规划、建筑风格、生产水平也大体一致。主要遗址大多分布在中部热带雨林区，蒂卡尔、瓦哈克通、彼德拉斯内格拉斯、帕伦克、科潘、基里瓜等祭祀中心已形成规模宏大的建筑群。蒂卡尔遗址由数以百计的大小金字塔式台庙组成，气象宏伟，城区面积达 50 平方公里，估计居民有 4 万左右。此时出现大量刻纪年碑铭的石柱，一般每隔 5 年、10 年或 20 年建立一座，成为独特的记时柱。公元 800—900 年左右，这些祭祀中心突然废弃，玛雅文明急剧衰落。11 世纪以后，玛雅文明中心开始逐渐移向北部的石灰岩低地平原。

古典期（约公元 1000—1520）的文化有浓厚的墨西哥风格。从墨西哥南下的托尔特克人征服尤卡坦，并以奇琴伊察为都城。建筑中出现石廊柱群及以活人为祭品的“圣井”、球场，还有观察天象的天文台和目前保存最完整的高大的金字塔式台庙，崇拜羽蛇神魁扎尔科亚特尔。此后北部的玛雅潘取代奇琴伊察成为后古典期文化的中心。这一时期的陶器和雕刻艺术都较粗糙，世俗文化兴起，并带来好战之风。玛雅潘的统治者与其他城邦结成联盟，用武力建立起自己的统治。公元 1450 年，大概由于内部叛乱，玛雅潘被焚毁，此后百年中文化趋于衰落。公元 1523—1524 年，西班牙殖民者乘虚而入，从墨西哥南下，占领尤卡坦半岛，玛雅文明被彻底破坏。

▼玛雅时期工艺品

玛雅文明基本上属新石器时代和铜石并用时代，工具、武器全为石制和木制，黄金和铜在古典期之末才开始使用，一直不知用铁。农业技术简单，耕作粗放，不施肥，亦无家畜，后期有水利灌溉。手工制品有各种陶器、棉纺织品等。不同村落和地区间有贸易交换关系。玛雅人的建筑工程达到古代世界高度水平，能对坚硬的石料进行雕镂加工。建筑以布局严谨、结构宏伟著称，其金字塔式台庙内以废弃物和土堆成，外铺石板或土坯，设有石砌梯道通往塔顶。其雕刻、彩陶、壁画等皆有很高的艺术价值，著名的博南帕克壁画表现贵族仪仗、战争与凯旋等，人物形象千姿百态，栩栩如生，是世界壁画艺术的宝藏之一。

玛雅文明的另一独特创造是象形文字体系，其文字由复杂的图形组成，一般刻在石建筑物如祭台、梯道、石柱等之上，刻写需经长期训练。现已知字符约 800 个，但除年代符号及少数人名、器物名外，多未释读成功。当时还用树皮纸和鹿皮写书，据推测内容主要是历史、科学和仪典，至今尚无法释读。

玛雅文明的早期阶段围绕祭祀中心形成居民点，古典期形成城邦式国家，各城邦均有自己的王朝。社会的统治阶级是祭司和贵族，国王世袭，掌管宗教礼仪，规定农事日期。公社的下层成员为普通的农业劳动者和各业工匠。社会最下层是奴隶，一般来自战俘、罪犯和负债者，可以自由买卖。玛雅诸邦在社会发展上与古代世界的初级奴隶制国家相近，但具体情况尚无详细资料说明。

玛雅人笃信宗教，文化生活均富于宗教色彩。他们崇拜太阳神、雨神、五谷神、死神、战神、风神、玉米神等神。太阳神居于诸神之上，被尊为上帝的化身。另外，行祖先崇拜，相信灵魂不灭。玛雅国家兼管宗教事务，首都即为宗教中心。

▲精美的玛雅陶器

现存遗址

在查找资料的过程中看到了许多精美的燧石制品，而实际上玛雅没有或说极少使用金属工具，工具大部分是石制的，可玛雅那些宏伟的建筑真的靠石头工具就可以建成吗？在玛雅遗址中已经发现了采石现场，甚至还找到切割至一半的石块。真正的奥秘在于尤卡坦半岛富藏的石灰岩。原来，天然石灰石相对来说比较软，较容易切割，而一旦暴露于地面上之后，它会逐渐变硬。还有一种当地多产的砂岩，也具有这种特征，甚至在刚采出不久一段时间内，仍然易于凿刻。玛雅的高大石建筑都是用这些石灰岩和沙岩制造的。

寻找文明

公元1502年，哥伦布最后一次远航美洲，距离他第一次发现“新大陆”恰好10年。船在洪都拉斯湾靠岸，哥伦布和他的船员们兴奋地踏上久违的葱茏陆地。在当地的市场上，一种制作精美的陶盆吸引住他的目光，卖主告诉他，这漂亮的陶盆来自“玛雅”。这个神奇的名字，第一次传入了欧洲人的耳朵。

差不多又过了10年，一艘海船从巴拿马前往圣多明各，途中遭遇海难沉没，12个幸存者登陆尤卡坦（Yucatan）半岛。

两周之后，他们与玛雅人不期而遇，其中5人成为玛雅人祭坛上的牺牲，幸存者心有余悸地讲述着他们的历险。欧洲人与玛雅人的首次相遇，就这样定格成为历史的画面。

1519年，西班牙探险家科尔特斯（Hernan Cortez）率领西班牙军队横扫墨西哥，征服了正处于文明鼎盛时期的阿兹特克帝国，“铲除一个文化，如同路人随手折下路边一朵向日葵”。此时，玛雅文明已近尾声，但在尤卡坦半岛上，还残存着一些玛雅小邦。1526年，一支西班牙探险队前往尤卡坦，试图用暴力建立西班牙殖民地，并强制推行基督教信仰。不肯屈服的玛雅人展开了长达百余年的游击战，直到1697年，最后一个玛雅城邦在西班牙人的炮火中灰飞烟灭。

16世纪的欧洲人，双眼被无知、偏见和贪婪所蒙蔽，除了闪闪发光的金子，他们什么也看不到。在狭隘的宗教感情的驱使下，入侵者四处搜罗历史文物，然后堆成一堆儿烧掉，用这种野蛮无比的方式，有系统地消灭“异教”文化。1562年7月，在曼尼城中心广场上，西班牙神父狄亚哥·迪兰达（Fr Diego de Landa）亲手烧毁了成千上万的玛雅古籍抄本、故事画册和书写在鹿皮上的象形文字书卷。此外，他还砸碎了无

▼玛雅建筑遗迹

▲玛雅石雕

数神像和祭坛。他得意洋洋地记录道："我们搜查到大批书籍，记载的全是迷信的玩意儿和撒旦的谎言，我们干脆放一把火把它们烧掉。当地土著眼睁睁在旁观看，心痛极了，难过极了。"

心痛的岂止是"土著"！后来想探知古代文化和历史真相的人，无一不为这场文化大浩劫感到揪心之痛！

无限灿烂神奇的玛雅文明沉落在幽黑的历史深处，从此世人栏杆拍遍，也再难唤回它寂寂的足音。只有少数几部玛雅手抄本，由于流落国外，侥幸逃脱厄运。这也许是古老的玛雅终不甘沉寂，而留给世人的最后一眼得以窥其文明圣殿的"匙孔"吧。

16 世纪殖民征服的烽烟渐渐平息之后，古代玛雅和其他的印第安文明一道被世人完全遗忘了。此后将近 200 年间，自居为美洲新主人的欧洲人一面大肆宣扬"印第安人无文明"的谎言，一面又把自己毁灭文明的殖民罪行美其名曰"履行文明传播的使命"。直到 18 世纪末，由于启蒙运动的开展和历史眼光的提高，西方人才又对 200 年来他们视而不见的美洲文明产生兴趣。玛雅沉睡的密林深处回荡起陌生人的脚步，旅行者到这里寻找传说中的神奇和美丽，探险家到这里寻觅藏匿千年的珍宝，诗人来这里追怀一个杳然的世界，而考古学家想要寻回一段失落的文明。

从南到北，一系列文明遗迹不断被发现：帕连克、科潘、蒂卡尔……一座座举世皆惊的千年古城被唤醒；20 层楼高的金字塔、遍饰精美浮雕的巨石祭坛、观测天体运行的天文台……一处处不可思议的宏伟建筑呈现在世人面前。

近两个世纪的玛雅考古成就斐然，虽仍有无数谜团，但一个失落的玛雅世界，终于在被一点一滴地寻回。

玛雅文字

玛雅文字最早出现于公元前后，但出土的第一块记载着日期的石碑却是公元 292 年的产物，发现于提卡尔。从此以后，玛雅文字只流传于以贝登和提卡尔为中心的小范围地区。5 世纪中叶，玛雅文字才普及到整个玛雅地区，当时的商业交易路线已经确立，玛雅文字就是循着这条路线传播到各地。

玛雅人所使用的800个象形文字，已有1/4左右被语文学家解译出来。被破译的文字主要代表一周各天和月份的名称、数目、方位、颜色以及神祇的名称。大多记载在石碑、木板、陶器和书籍上。书籍的纸张以植物纤维制造，先以石灰水浸泡，再置于阳光下，因而纸上会留下一层石灰。虽然现代还有200万人在说玛雅话，而且其文字中一部分象形和谐音字很像古埃及文字和日本文字，也许可以比较探讨出其中的异同来，但我们对整个玛雅文字的解译，依然力有未逮。然而，1963年，苏联语言学者瑞·克洛鲁夫，成功地将碑文分门别类，以统计学的方式来处理和分析，从这些不同的类别中，归纳出相同的象形文字。玛雅文字不像英文那样由26个字母组成，而是文字每个字都有4个音节。克洛鲁夫终于成功地看懂了几个文字。接着，苏联数学研究所的斯尔·索伯夫和巴基·由斯基洛夫，使用电脑，利用庞大的资料文字（约10万字）成功地解读了一篇文章。德勒斯基的古文书有月食、星星的运行、结婚等记载；马德里的古文书中有农耕、狩猎和雕刻等记录；巴黎的古文书则记载历史的真相。总之，基本的内容有宗教仪式、气象现象和农作物等。

▲玛雅文明珍品

▼玛雅遗迹

超越时代的天文、历法

玛雅人的天文台常常是一组建筑群。从中心金字塔的观测点往庙宇的东面望去，就是春分、秋分的日出方向；往东北方的庙宇望去，就是夏至的日出方向，往东南方的庙宇望去，就是冬至日出的方向等等，像这样的天文台有好几处，最负盛名的是奇钦伊查天文台。

奇钦伊查天文台是玛雅文化中唯一的圆形建筑物。一道螺旋形的梯道通向 3 层平台，顶上有对准若干星座的天窗。从上层北面窗口厚达 3 米的墙壁所形成的对角线望去，可以看到春分、秋分落日的半圆；而南面窗口的对角线，又正好指着地球的南极和北极。

奇怪的是，他们天文台的观察窗并不对准夜空中最明亮的星星，却对准肉眼根本无法看见的天王星和海王星。我们知道：天王星是 1781 年由赫歇尔发现的；海王星是 1846 年由柏林天文台发现的。千百年前，玛雅人怎么知道它们的存在？

通过长期观测天象，已掌握日食周期和日、月、金星等运行规律，约在前古典期之末已创制出太阳历和圣年历两种历法，前者一年 13 个月，每月 20 天，全年 260 天；后者一年 18 个月，每月 20 天，另加 5 天忌日，全年 365 天，每 4 年加闰 1 天。每天都记两历日月名称，每 52 年重复一周，其精确度超过同代希腊、罗马所用历法。数学方面，玛雅人使用“0”的概念比欧洲人早 800 余年，计数使用二十进位制。

他们测算地球年是 365.2420 天，现在的准确计算是 365.2422 天，一年的误差不过 0.0002 天，也就是说，5000 年的误差也不过一天。他们测算的金星年是 584 天，和现代的测量相比，50 年内的误差只有 7 秒。

他们保留着的宗教纪年法，每年 13 个月，每月 20 天，称为卓尔金年。这种纪年法不是以地球上所观察到的天体运行情况为依据测算出来的。有人怀疑，这种纪年法来自他们的祖先，而他们的祖先很可能来自另一个星球。

玛雅人还准确地推演出这几种历法的神秘的关系，地球年 365 天，金星年 584 天，隐藏着一个公约数：73．365 除以 73 等于 5，584 除以 73 等于 8。而卓尔金年、地球年、金星年，又隐藏着一个神秘的公倍数，从而推导出有名的金星公式：

▼玛雅金字塔

卓尔金年 260 天 ×146=37 960 天

地球年 365 天 ×104=37 960 天

金星年 584 天 ×65=37 960 天

这就是说，所有的周期在 37 960 天之后重合，玛雅人的神话认为，那时，神将回到他们中间来。

神秘的玛雅金字塔

在墨西哥及尤卡坦半岛上，耸立着许多气度非凡的金字塔，它们是玛雅人留下的作品。其规模之宏伟，构造之精巧，乃至于情景之神秘，完全可以与埃及金字塔媲美。

以太阳金字塔为例：塔基长 225 米，宽 222 米，和埃及的胡夫金字塔大体相等，基本上是正方形，而且也正好朝着东南西北四个方向，塔的四面，也都是呈“金”字的等边三角形，底边与塔高之比，恰好也等于圆周与半径之比。

它们的天文方位更使人惊骇：天狼星的光线，经过南边墙上的气流通道，可以直射到长眠于上层厅堂中的死者的头部；而北极星的光线，经过北边墙上的气流通道，可以直射到下层厅堂。

他们高超的建塔技术也是惊人的。以库库尔坎金字塔为例：塔基呈四方形，共分 9 层，

▼仿古玛雅建筑

奇怪的现象

1968年，一些科学家在探测金字塔内部时，发现了一种令人费解的现象：他们在每天同一时间，用同一设备，对金字塔内的同一部位进行X线探测，但所摄得的图形竟无一类同。这到底是什么原因呢？为了进一步弄清这一问题，科学家现在正在有激光来探测和解释这一现象。

由下而上层层堆叠而又逐渐缩小，就像一个玲珑精致而又硕大无比的生日蛋糕。塔的四面共有91级台阶，直达塔顶。四面共364级，再加上塔顶平台，不多不少，365级，这正好是一年的天数。九层塔座的阶梯又分为18个部分。这又正好是玛雅历一年的月数。

玛雅人崇信太阳神，他们认为库库尔坎（即带羽毛的蛇）是太阳神的化身。他们在库库尔坎神庙朝北的台阶上，精心雕刻了一条带羽毛的蛇，蛇头张口吐舌，形象逼真，蛇身却藏在阶梯的断面上，只有在每年春分和秋分的下午，太阳冉冉西坠，北墙的光照部分，棱角渐次分明，那些笔直的线条也从上到下，交成了波浪形，仿佛一条飞动的巨蟒自天而降，逶迤游走，似飞似腾。类似的奇观还出现在南美丛林。这种融天文知识、物理知识、建筑知识于一体所造成的艺术幻觉，即使用现代水平来仿制，也是非常困难的。

1968年，一批科学家试图探测这些金字塔的内部结构，令人费解的是：他们在每天的同一时间，用同一设备，对金字塔内的同一部位进行X射线探测，得到的图形竟无一相同。

美国人类学家、探险家德奥勃洛维克和记者伐兰汀，对尤卡坦进行考察时，发现有许多地道连通的地下洞穴，地道的结构与金字塔内的通道十分相似。他们拍摄了9张照片。但是，能印出来的只有1张，而且，这1张所拍摄到的也只是一片旋涡形的神秘的白光。他们想起了埃及陵墓中令人毛骨悚然的法老的诅咒，只好乖乖地停止了探测。

金字塔内和尤卡坦地道内的这种神秘的能场，不禁使人联想起使飞机和船只经常莫名其妙地失踪的百慕大的三角区。在那里遇难的船只和飞机一片残骸碎片也没有留下，甚至海面上连一点油星也没有。遇难前，它们差不多都向基地发出已经接近海岸，全部仪器失灵的报告和看到一片“白水”的惊呼，随后一切联系都中断了。那么，在百慕大三角区是不是也存在着和尤卡坦地道中一样的能场呢？特别是近年人们在百慕大三角区海面下发现了一座金字塔，有人就推测玛雅后人可能潜居在水下的金字塔内，或许他们就是这个魔鬼三角区的肇事者。

螺旋塔

奇琴伊萨有一个被称为“螺旋塔”的天文观象台，以此为中点，在奇琴伊萨南北向的轴线上有两眼巨大的天然井，南井为饮水井，北井则为玛雅人祭神用的圣井。传说每逢旱灾之年，玛雅人便在祭司带领下前往圣井，祈求井底诸神息怒，献上丰盛的祭品，甚至包括活生生的美丽少女，酷似中国的“河伯娶亲”。1877年，美国探险家爱德华

▲玛雅人物陶俑

·H·汤普森打捞了这口圣井——一眼装满脏水、石块和千百年积下的烂草枯木的黑洞。结果他大获全胜！从井底臭气熏天的淤泥里，一件件期盼已久的珍宝露面了，有玉石、金饰、花瓶、翡翠碗和黑曜石等，伴随着它们的，是一具具少女骸骨，证明那古老的传说其实是千真万确的史实。

奇琴伊萨的兴盛时代约在11、12世纪，1224年，这个城邦的伊查人王朝被科康人推翻，从此一蹶不振。科康人另建玛雅潘城，但它也在1450年左右因战争衰落了。玛雅的落日，缓缓熄灭了它最后的余晖。

文明的起源

玛雅文明从公元9世纪开始逐渐失去光彩，西班牙殖民者的入侵又给了后古典期支离破碎的玛雅世界最后一击，支撑文明体系的精神世界和记载它们的书籍双双失落。现在，仍有将近200万玛雅人生活在祖先的土地上，使用着近25种玛雅语，然而他们对过往的历史几乎一无所知。他们和丛林深处的废墟一同缄默着，共同构成了失落文明的遥远背影。

没有文献参考的考古学家们只好依据文明的蛛丝马迹，对玛雅文明的来与去，进行了种种推测。以色列“失亡的十族”、《圣经》里亚当的子孙、北欧海岛人、匈奴人、中国人、印度人、古埃及人、叙利亚人、腓尼基人、斯基太人、澳洲人、马达加斯加人、鞑靼人都曾被当作玛雅人可能的祖先。不过，现代体质人类学的研究发现，包括玛雅人在内的北美印第安人体质上与亚洲东北部人最为接近，都属蒙古人种。

大约在距今4万～2万年之间，第四纪冰川的作用使得美洲与亚洲之间的白令海峡由于海平面下降、海面冰冻而连接在一起，成为海上陆桥。人们推测，可能是亚洲猎人在追逐猎物的足迹时，无意间跨上了另一片大陆，并在此后的几万年中逐渐遍布南、北美洲。人种的问题解决了，那么文明的起源呢？

著名史学家张光直先生提出了“同源异质”说，认为美洲古代文化和中国古代文化的相似性是“同一祖先的后代在不同时代、不同地点发展的结果”，他将之称之为“玛雅－中国文化连续体”；也就是说，太平洋两岸的蒙古人种“平行而独立”地发展起各自的文明。

▲古玛雅建筑模型

中美文明起源说中还有一种观点，就是非洲人在史前曾到过美洲，并且创造了文明，因为在奥尔梅克人活动的区域内发现了多个30～50吨重的巨大头像，每一个都用整块巨石雕成。奇就奇在这些石像的面部特征与非洲的黑种人非常接近，而不像美洲的任何土著民族。由此一些学者推断，启动中美洲史前文明的就是雕像所表现的非洲人，但是却没有其他的任何证据。

当然最大胆的设想，是所谓的“玛雅文明外星说”，即外星人曾像神一样降临中美洲，创造了不可思议的玛雅文明。有人说他们是来采矿，那些金字塔就是他们的仓库。

那么古老的玛雅又向哪里去了？西班牙入侵后，璀璨的文明虽几经糟蹋，但玛雅的余晖至今仍在坚定地绽放。尽管欧洲天主教和现代工业文明对他们的物质生活和精神世界产生了极大的冲击，但时至今日，我们仍可在某些细微之处，发现玛雅文明的踪迹。玛雅人宇宙观的核心，所有的装饰、浮雕和雕像，无一不同某具体日期直接相关。所有的玛雅建筑都是石头做的一个巨大日历的一部分。

▼玛雅建筑遗迹

古隧道之谜

20世纪70年代，人们在南美洲发现了一条玛雅人的古隧道，据估计它至少有5万多年的历史，而实际上它的年代更为古远。这条隧道离地面250米深，仅在秘鲁、厄瓜多尔境内就有数百里长。隧道的秘密入口由一个印第安部落（古代玛雅人的后裔）把守着。他们说，这里是“神灵”居住的地方，他们遵守祖训，世世代代守在这里。

在古隧道里，考古学家发现了许多远古文物，这些物品放在隧道里的许多洞穴中。更使考古学家们兴奋的是一些刻有符号和象形文字的金属叶片以及不同形状和色彩的石器和金属制品。遗憾的是直到现在还没有人能破译这些文字。

隧道的穴壁光洁平滑，似乎经过磨光，与地面成直角。穴顶平坦，像涂了一层釉，不像是天然形成，而像是某种机械削切的结果。隧道中有个“大厅”长164米，宽153米，里面放着像桌子、椅子似的“家具”。奇怪的是这些物品的材料很特殊，既不是钢铁、石头，也不是塑料和木材，而它又有钢铁和石头那样坚硬和笨重，在地球上至今没有发现过这种材料。“大厅”里面有许多金属叶片，大多在长约100厘米，宽50厘米之间，厚度约2厘米，一片一片排列着，像是一本装订好的书。金属片上都写有很多符号及象形文字。据专家认定那些符号是机器有规律压印上的结果，目前已发现3 000多片。

隧道里还有许多用黄金制作的图案，其中有两块雕刻的是金字塔。每个金字塔旁边都刻着一排符号，还有一个用黄金雕刻的柱子，这个柱子长52厘米，宽14厘米，厚3.8厘米，柱子上刻有56个方格，每个方格里都有奇怪的符号。

据考古探测和远古文献记载，考古学家推断地球上很可能有一条穿越大西洋底，连接欧、亚、美、非的环球地下隧道，这些古隧道又很可能是古代玛雅人的杰作。

为什么弃城而去

古玛雅人为何弃城而去？火山爆发？地震？飓风？瘟疫？还是农民起义？内战频发？外敌入侵？商路转移……各种各样的推测被提出，却又都没有充足的证据。近年来“生态危机论”被提出，看上去似乎很像这道谜题的最终答案。

玛雅文明虽然是城市文明，却建立在玉米农业的根基之上。自古以来，玛雅农民采用一种极原始的“米尔帕”耕作法：他们先把树木统统砍光，过一段时间干燥以后，在雨季到来之前放火焚毁，以草木灰作肥料，覆盖住贫瘠的雨林土壤。烧一次种一茬，其后要休耕1～3年，有的地方甚至要长达6年，待草木长得比较茂盛之后再烧再种。当古典期文明繁盛、人口大增时，农业的压力越来越大，人们更多地毁林开荒，同时把休耕时间尽量缩

▼玛雅古城遗迹

▲玛雅房屋遗迹

短，然而这样一来，土壤肥力下降，玉米产量越来越少。玛雅文明在人口大发展之后，面临着生态环境恶化、生活资源枯竭的严重问题，作为人口主体的农民食不果腹，社会状况一落千丈。

更为严重的是，在神权政治的体制下，玛雅王族和祭司将这种种“衰败之象”都归结为神的不满。他们更多地建神庙，更频繁、更隆重地祈祷，期盼能借神力扭转乾坤。当然，这样做的结果是浪费了更多的人力和已十分贫乏的资源，直至陷入不可救药的恶性循环。随着农业生产供应的严重匮乏，玛雅古典期高度发达的文化也开始崩溃。当城市周围贫瘠的荒地连成一片，饥饿就迫使玛雅人弃城而去了。经过百年衰败动荡之后，中央低地各城邦都湮没在热带丛莽之中，绿色植物悄悄覆盖起一切，像掩藏起一个久远的秘密。

玛雅古典期文明衰落了，中央低地各邦都已是明日黄花。然而在北部尤卡坦半岛干旱的石灰岩平原上，一些新的玛雅城邦再度兴起，构成了后古典期的玛雅文明，不过它们再也没有达到过古典期那样的辉煌。玛雅人的一个族系——蒲冬玛雅人，建起了后古典期最著名的城邦奇琴伊萨和乌斯马尔。

奇琴伊萨位于尤卡坦半岛北部，意为“伊萨部族的圣泉”。该邦最初为玛雅人于10世纪前建立，公元987年左右，北方的托尔特克人夺取了该地的控制权，力图把它变成托尔特克人首都图拉的翻版。现在我们所见到的奇琴伊萨的大片遗迹，是糅合了玛雅和托尔特克两种文化模式的综合体，其建筑既表现出玛雅人的节制、冷静，又不乏托尔特克人的彪悍、雄壮。在外来文化的刺激下，正在走向衰落的玛雅文明的中心，矗立着一座占地3 000余平方米的金字塔神庙，名曰库库尔坎神庙。“羽蛇神”库库尔坎是托尔特克传统文化中的主神，由奎特查尔凤鸟羽毛和响尾蛇组合而成。它被视为伟大的组织家、城市的建立者、数学、冶金学和天文学之父，传说是它给百姓带来了文明和教化。此外，它还掌管农业、丰收与降雨，这在干旱的尤卡坦半岛自然意义非凡。

玛雅人与中国人

以下从几个角度，我们可以看出玛雅人与中国人关系的蛛丝马迹。

文字：玛雅人使用象形文字，文字的发展水平与中国的象形文字很相近，但符号组合比汉字还复杂，至今尚未有人能完全解读。

艺术：以袋足彩陶罐袋为例，罐上的乳状袋足和鲜艳的色彩，以及对比强烈的红、黑色几何图案非常醒目。目前考古学家发现，乳状袋足是中国史前陶器中最有特色的器形，但它竟然在美洲多支印第安民族的陶器上可以看到。

▲玛雅遗址公园

玉器：玛雅文物中有很多是玉器，在世界上只有中国人和美洲玛雅人两个民族，喜爱玉石并且具备精巧的玉器雕琢能力。更为巧合的是这两个民族都有把玉与生命、繁衍联系起来的信仰，有些玛雅玉器竟与江南史前文化——良渚文化的玉饰惊人地相似。

信仰：玛雅文化中的羽蛇神形象与中国腾云驾雾的龙有些相像。玛雅壁画上的羽蛇神头像、玛雅祭司所持双头棍上的蛇头雕刻也接近龙头的造型。除此以外，玛雅人对于羽蛇神，和中国人对于龙的祭拜，都与祈雨有关。

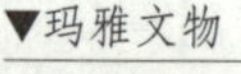

▼玛雅文物

人种：从人种学上来看，玛雅人和中国人都有明显的蒙古人种的独有特征，而且研究证明玛雅人与中国人的掌纹线极为近似。

太极图：在玛雅的废墟中，竟发现与中国一样的太极图，也就是我们所熟知的“阴阳鱼”。

玛雅文明湮灭之谜新探

1839年，探险家史蒂芬斯率队在中美洲热带雨林中发现古玛雅人的遗迹：壮丽的金字塔、富有的宫殿和用古怪的象形文字刻在石板上的高度精确的历法。

考古学界对玛雅文明湮灭之谜，提出了许多假设，诸如外族入侵，人口爆炸，疾病，气候变化……各执己见，给玛雅文明涂上了浓厚神秘的色彩。为解开这个千古之谜，20世纪80年代末，一支包括考古学家、动物学家和营养学家在内的共45名学者组成的多学科考察队，踏遍了即使是盗墓贼也不敢轻易涉足的危地马拉佩藤雨林地区。这支科考队用了6年时间，对200多处玛雅文明遗址进行了考察，结论是：玛雅文明是因争夺财富及权势的血腥内战，自相残杀而毁灭的。

玛雅人并非传说中那样热爱和平的民族，相反，在公元300 ~ 700年这个全盛期，毗邻城邦的玛雅贵族们一直在进行着争权夺利的战争。玛雅人的战争好像是一场恐怖的体育比赛：战卒们用矛和棒作兵器，袭击其他城市，其目的是抓俘虏，并把他们交给己方祭司，作为向神献祭的礼品，这种祭祀正是玛雅社会崇拜神灵的标志。

玛雅社会曾相当繁荣。农民垦殖畦田、梯田和沼泽水田，生产的粮食能供养激增的人口。工匠以燧石、骨角、贝壳制作艺术品，制作棉织品，雕刻石碑铭文，绘制陶器和壁画。商品交易盛行。但自公元7世纪中期开始，玛雅社会衰落了。随着政治联姻情况的增多，除长子外的其他王室兄弟受到排挤。一些王子离开家园去寻找新的城市，其余的人则留下来争夺继承权。这种“窝里斗”由原来为祭祀而战变成了争夺珠宝、奢侈品、王权、美女……战争永无休止，生灵涂炭，贸易中断，城毁乡灭，最后只有10%的人幸存下来。

▲玛雅人的神秘洞穴

公元761年杜斯·彼拉斯城的王宫覆灭可视为玛雅社会衰落的一个起点。杜斯·彼拉斯是方圆1 500英里内的中心城邦。它遭到从邻近托玛瑞弟托城来的敌人的攻击。一个装有13个8岁至55岁的男人的头颅的洞证明该城被攻占时遭到了斩草除根的大屠杀。8天后(这些精确的细节被记录在石头刻板上)，胜利者举行了“终结典礼”，砸烂了王座、神庙和刻板。一些贵族逃到附近的阿瓜迪卡城——这是一个巨大裂缝环绕的天然要塞。他们在那里苟延残喘了40年，最后还是遭到了敌人的攻占，陷入了灭顶之灾。公元800年，阿迪卡已是一座鬼城。公元820年以后，玛雅人舍弃了这片千年间建立了无数城市的佩藤雨林，再也没有返回这片文明的发源地。玛雅文明的毁灭已成为历史，但它提供的警示，值得人类永远记取。

今日，仍有200万以上的玛雅人后裔居住在危地马拉低地以及墨西哥、伯利兹、洪都拉斯等处。但是玛雅文化中的精华如象形文字、天文、历法等知识已消失殆尽，未能留给后代。

2007年，考古学家通过对宇宙的观测和对当地的岩石变化进行了研究，发现在那个时期，每两个世纪就会有一次强烈的干旱，这和天文学家发现的太阳振动波有着惊人的吻合。太阳受宇宙的影响，每二百年就会发生一次振动波，出现比往年要高出很多倍的高温天气。由于当时的政治情况也在每况愈下，而不能解决干旱的问题，最终导致玛雅文明的消亡。当然，这只是考古学家的猜测。不过，大家都知道，玛雅人是精通于天文学的。如果是因为太阳的振动让他们的文明消亡，这就有点带有讽刺的意思了。

▲玛雅文明遗迹

玛雅文明是否与外星人有关

面对着玛雅遗址异常灿烂的古代文明，谁都会情不自禁地问：这一切是怎么来的？史学界的材料表明，在这些灿烂文明诞生以前，玛雅人仍巢居树穴，以渔猎为生，其生活水准近乎原始。有人甚至对玛雅人是否为美洲土著表示怀疑。因为，没有证据表明，中美洲丛林中这奇迹般的文明，存在着一种渐变，或称过渡阶段的迹象。没有一个由低而高的发展过程，难道玛雅人的这一切是从天而降的吗？

也许，这一切真的是从天而降的！地面考古没有发现文明前期过渡形态的痕迹，分析在此之前的神话传说，也无线索可言。玛雅文明仿佛是一夜之间发生了又在一夜之间轰轰烈烈地向周边陆地扩展。

所有的玛雅文明全笼罩一层谜，就像是拒绝我们去解析般地，闭锁于黑暗之中。的确，至目前为止是已有许多关于 9 世纪时，玛雅灭亡一事的假设说法。如洪水、地震、飓风等等的天变地异说；传染病说、人口膨胀、反复从事火田工作引发农地贫瘠等的经济问题说；外敌入侵，都市间的战争、农民叛乱等等的社会问题及集体自杀说等等不胜枚举，但却无一种说法有充足的证据予人采信。

因此，我们想就美国的艾力克和哥雷克两兄弟所宣扬的“玛雅＝外太空人起源说”，从其他的面来探索几则有关玛雅之谜。他们宣称“玛雅人＝外太空人”说的重要根据是在于玛雅的“卓金历”，是将一年定为 260 日。

亦即，他们认为具如此高水准天文学的玛雅人，并非要编造公转周期中毫无根据的“卓金历”，此历只是玛雅人用来表明从自己的“故乡”“地球外的行星”到此地的历法。如果“卓金历”是玛雅人故乡的行星历法，那么就也可得知这颗行星是什么形态的行星了。

▼玛雅遗址纪念碑

公转周期为 260 日的行星，应是位于金星和地球中间，且此行星上也十分温暖。故古典期的玛雅人之所以选择地球上最酷热的热带雨

林居住，也可印证此点。

据他们兄弟所言，“外太空人＝玛雅”是数十万年前，为采矿而离开故乡的行星，来到X行星的。但由于X行星发生大事故爆炸，所以才到地球上避难。他们最初住的地方是温暖的南极，但其后因冰河期来临，故移至北方，最后所抵达之处就是中美的密林。

▲玛雅建筑遗迹

他们所宣扬的说法中，有几点能对目前为止的问题提供暂时解答。如下：

1. 诚如旧时代的文明在那儿兴盛一样，他们故乡的行星供给他们食物，也有太空船。所以玛雅族不必居住于肥沃河川的流域。

2. 文明时代的玛雅，因拒绝和当时还原始的地球人相接触。所以虽然建造了深具文化水准的都市，但仍采封闭的政策。

3. 为了建造石造都市群，他们也使用当时还未有的种种工艺技术，及利用原住民为其原动力。

4. 大部分被视为“奉献给神的祭品”的宗教仪式，其实是地球人的人体解剖及医学手术。这些牲品的场面也残留在雕刻及壁画中。

5. “外星人＝玛雅人”之所以于9世纪时一起离开地球，是因为墨西哥高原的印第安人发动战争，欲将玛雅文明占为己有。于是玛雅人就将所有的设备、器具放在太空船上，飞向外太空。

总之，有关在人迹湮没的热带丛林地带建造世界最大的超文明，又在不为人知的情况下，消失黄金时代的玛雅人之谜，是太过于深奥了。究竟何时才能查明出其全貌呢？也许只有后人才能知道。

蒂瓦纳科——神秘的山城

蒂瓦纳科是一座建立在高山上的石城，从残存的遗迹还可看出，那原是一座坚固而庞大的城池，建筑宏伟而又谨严，四面有巨大石块砌成的高高的城墙，宽阔的石阶通向雄伟的城门，每个城门都用整块的巨石凿成。如今，城门之内空寂荒凉，庙宇和宫殿也早成废墟。但那些每一块都大得惊人的巨石，仍然不能不唤起人们的惊叹与困惑：这座宏伟的石城是谁建造的呢？

"从天而降"的城市

印加人对这些他们到来之前就已经消失的蒂瓦纳科居民毫无所知。他们唯一记得的一个古老的传说：蒂瓦纳科是在洪水退去之后，由来历不明的巨人在一夜之间建造起来的。因为这些巨人不听太阳会升起的预言，所以遭到太阳光线的毁灭，连他们的宫殿也被摧毁。

另一个传说则说：很久以前，一场大洪水持续了60个昼夜，淹没了所有的城市和村庄。洪水过后，安第斯世界的造物主维拉科查来到蒂瓦纳科，他是个长着胡须的白人。人们在蒂瓦纳科找到了造物主维拉科查的石像，他睁着一双大眼睛，嘴唇周围留着浓髭，与下巴尖削的胡须连在一起。然而南美的土著居民都是不留胡须的。因此，这个维拉科查到底是谁，他从哪儿来，也就成为令考古学家们无法解释的难题之一。

无法解释的建筑

从20世纪50年代起，玻利维亚政府在著名的考古学家庞塞·桑金斯主持下对蒂瓦纳科进行了大规模的发掘和研究。发掘和研究表明，蒂瓦纳科的建造和发展，大体经过了五个时期，时间大约从公元前200年—公元1200年，前后经历了1 400年的时间。5座城市的遗迹重叠交错，十分紊乱。经过多年考察和研究，但仍有许多疑问无法解决。

▼蒂瓦纳科建筑遗迹

其中最大的疑问，就是那种不可思议的巨石建筑技术。这种巨石建筑，在史前的南美洲屡屡出现。如马丘比丘、皮沙克和萨克塞胡阿曼。但最突出的还是蒂瓦纳科。这座古城使用的巨型石块每块都重达数十吨以上，切割得非常完美，棱角磨圆，甚至表面都做了抛光。在整个巨石建筑中。没有一处使用过灰浆或水泥之类的黏合剂，石块之间拼接得天衣无缝，给人的印象是这些施工者们切割这些巨石就像切割黄油一样容易。要说古代印加人用简陋的石镐就能完成这一切，实在令人无法相信。

▲印加古城遗址

“飞来的石头”

在蒂瓦纳科的西南端，有一处废墟，名叫普玛·普库。它是蒂瓦纳科的最大建筑之一，但已彻底倾颓。今天的人们已不知道它原来是宫殿还是庙宇，但它的废墟仍非常宏伟．其中最大的一个巨石平台，长 40 米，宽 7 米，高 2 米，估计巨石重达 1 000 吨！这些巨石加工得非常精细，全部经过打磨和抛光，如同用最先进的机器、硬钢铣刀制作出来的一样。更令人难以想象的是，在这里还发现了一些大石块制成的预制建筑构件，这些构件上有多处精确的凹槽、轨道和孔洞，几何形状非常复杂。有人曾做过一个模拟实验，将其中 3 块预制构件的准确数据输入电脑，很快就可以看到，这些凹槽和轨道相互咬合得天衣无缝，不用任何灰浆，就能筑起一道没有缝隙的围墙。

今天，制作这样的精密产品，也必须使用钢铣刀。必须有预先精确设计的图纸和模具，任何细微的误差都会使构件报废。而史前的印加人不懂得任何金属，也没有文字。那么，这些构件的设计者和施工者又是谁呢？

还有，蒂瓦纳科附近并没有采石场。据考古学家检测，这些巨石是从 200 公里以外运来的。采石场与蒂瓦纳科之间的道路非常简陋，即使是当今最杰出的工程师，使用最现代的科学技术，恐怕也没法搬运这些巨石，何况我们可以肯定，当时的印加人即使有可以负重的家畜，也没有发明车轮。

在西班牙人刚刚到达这里时，一个教士听印加人说：“蒂瓦纳科的巨石，是应着号角的响声，由一些天赋异禀的生物，从空中运到这里来的。”这当然是一个神话传说，但它是否也曲折地反映了某些历史呢？

蒂瓦纳科西北不远就是的的喀喀湖，60 年代，潜水员在湖底发现了一些建筑和石块铺成的道路。这些石块琢磨精细，就像一种巨型的智力测验拼图。据印加人的传说。湖底淹没的宫殿是大洪水前的建筑。的的喀喀湖的芦苇岛上住着乌罗人。他们自称，当世界还处于黑暗中时，他们就已存在了。的的喀喀湖也被称为“世界的肚脐”，与另一个谜一样的地方——复活节岛的称呼一模一样。这又是怎么回事呢？

▼用石块磊起的房屋基石

考古学家和史学家们不得不承认，对于蒂瓦纳科的一切，我们还知道得很少很少。

土耳其的地下乐园之谜

土耳其卡帕多基亚的格尔里默谷地，看起来和月球表面很相似。这里的火山沉积物上玉立着奇形怪状的石堡。石堡是由火山熔岩硬化后，经风蚀雨侵而最终形成的。

▲卡帕多基亚石林

神秘的地下城

1963年，卡帕多基亚高原上的德林库尤村爆出一条大新闻：一个名叫德米尔的农民掘地时在自家院子底下发现一个洞口。在村民协助下，他架着梯子进入井口似的入口，穿过8层过道，见到一个无所不包的地下城镇。纵横交错的隧道两旁，像蚁冢一样排列着无数住宅、厨房，有礼拜堂、作坊、水井、食物贮藏室，还有专作墓地的洞室。52个通风管道通向地面隐蔽处。几条供逃生用的地道造得尤其巧妙。据估算，这样规模的地下城可供20 000人安身。在纯粹手工劳动的情况下，从坚硬的熔岩层中掏出这么大的空间，有可能吗？单从地下清运出那么多的石渣，就要克服多少困难啊。人们只能这样设想：或者是建设者的坚韧精神战胜了大自然，用几代人的工夫把它挖成；或者是地下存在着火山熔岩隧洞（大规模的火山喷发很可能形成隧道式的溶洞），再加人工展拓改造而成。

这世外桃源——“土耳其地下迷宫”是历史上哪一代人所建？他们为什么住在地下？是躲避天灾？还是外敌的侵入？这些尘封于地下的废城埋藏了怎样的文明呢？

▼卡帕多基亚的石窟

早在公元8世纪和公元9世纪的时候，卡帕多基亚已经发现过成千座岩洞教堂和地下教堂。它们凿在小岩山内或悬崖上，有的相当富丽堂皇。在当地的一个山谷里，几乎每座小尖岩都被挖空了。每一座岩山，就是一座教堂。踏上损缺的石阶，可以爬进礼拜大厅。岩石被巧妙地琢成拱门、圆柱、拱顶，每一寸壁面和柱体都装饰着线纹和图案；壁画栩栩如生，再现着《圣经》故事或东方宗教、民间传说。

▲卡帕多基亚的地上石屋与地下入口

在泽尔弗峡谷两侧的悬崖上，修道士们耐心地打出一个个窟窿，修成教堂、修道院、斋堂、厨房、卧室等等；里面的祭坛、餐桌、座椅、床铺、家具，全是石头制品。

在南部幽静的伊拉拉谷地，河流两岸的崖壁高达150米，壁面密布着神龛、小教堂、修道室，里面供奉着色彩鲜明的圣像，全部就壁凿成，与我国的敦煌、大足的佛像洞窟构造相似。

对于卡帕多基亚人狂热的宗教献身精神，对于他们的穴居和消失，史书全无记载。考古学家费尽心机，迄今未得出明确答案。最早发现“神道”和地下教堂的，是法兰西国王路易十四的一位密使，时为17世纪后期。他回欧洲宣布这个重大发现，但没有人相信他的“神话”。人人说他是疯子，世界上哪有这样美妙的地方？不到一个世纪，发现的人多了，卡帕多基亚才渐渐出名，慕名朝圣者不绝于途。

▼卡帕多基亚的地下雕塑

然而，真正引起轰动的是埋藏于地下的可居住成千上万人的卡帕多基亚地下城市的发掘。其中最著名的一座坐落在今天德林库尤村附近。通往地下城市的通道隐藏在村子各处的房屋下面。人们在这里一而再、再而三地碰到通风洞口，这些通风洞口从地下深处一直延伸到地面。

整个卡帕多基亚地带布满了地道和房间。地下城市是一种立体建筑，分成许多层。德林库尤村的地下城市仅最上层的面积就有4平方公里；上面的5层空间加起来可容纳1万人。今天人们猜测，当时整个地区可能有30万人逃到地下躲藏起来，仅德林库尤的地下城市就有52口通气井和1.5万条小型地道。最深的通风井深达85米。地下城市的最下层建有蓄水池，用以储藏水源。整个地下城市规划相当完整，使居民的地下生活有足够的设施保障。

留存的公元 8 世纪和 9 世纪的文献记载了有关开凿空石堡，将其改装成居室的现象。人们甚至在凝灰岩体上砌出富丽堂皇的教堂，在其中供奉色彩绚丽的圣像。然而卡帕多基亚的地下城市可能并不是当时所建。

到今天为止，人们在这一地区发现地下城市不下 36 座。其中并不是所有的都像卡伊马克彻或德林库尤附近的地下城市那么大，但都称得上城市。现在，人们已经绘制出了这些城市的俯视图。熟悉这一地带的人认为，地下城市的数量远不止这些。现在所发现的地下城市相互间都通过地道连接在一起。连接卡伊马克彻和德林库尤村之间的地道，足有 10 公里长。

地下城的来历

不可思议的地下城市确确实实存在着，可谁是建造者呢？它们是什么时候建成的？用途又是什么？对此，人们有着不同的见解和推测。当然也有人举出具体的史实加以考证。史实之一是在基督教早期，这一新生宗教的信徒寻求避难并最终选中了这里。最早的一批大约在公元 2 世纪或公元 3 世纪，以后一直延续到拜占庭时期，也就是阿拉伯军队围逼坚固的君士坦丁堡（今伊斯坦布尔）的时候。当时的基督教徒确曾在这里避过难，然而他们并不是真正的建造者。地下城市在他们到来之前就已存在。地下城市到底是谁在何时修建的呢？推测如下：有一点可以肯定，那就是这一带的地基是由凝灰岩构成的，因为附近就竖立着火山。只要有黑曜岩，即火石，地基就很容易被凿空，而火山在这一地区并不鲜见。就这样，也许花了不仅仅一代人的时间，地基被掏空了。地下城市大多是通过 13 层的立体建筑。在最低的一层，人们甚至发现了闪米特时代的器物。

▼卡帕多基亚地道入口

闪米特人是一支古老的神权民族，大约在公元前 1 000 年以前，他们曾在这一地区生活过。其都城哈图沙离德林库尤大约有 300 公里。闪米特人曾一度占领了古老的皇城巴比伦。最初的时候，闪米特的国王被看成是神灵，地位大致相当于古埃及的法老。闪米

▲卡帕多基亚悬崖

特人原本没有姓名，只是到后来才有了姓名。他们经常戴高帽子来装扮自己，这种帽子今天称作地精帽。戴这种帽子的人，全世界范围都能见到，可见其传统之深远。这是人类想以此模仿外星文明使者和肢体不成比例的硕大头颅,称得上是一种爱美的表现。长期以来，对这种戴高帽的现象一直存在着许多曲解，其实，这在当时是一种世界范围内的时尚，并在一些地方，例如古埃及，通过雕塑和绘画被永久记录下来。

古代飞行器

有人一直思考的一个问题，人类为什么要把自己隐藏起来？最明显的原因是由于对敌人的恐惧。谁会是敌人呢？

首先，假设地面上有敌人军队，他们肯定能看到耕种过的土地和空空如也的房屋。地下城市里建有厨房，炊烟将通过通气井冒出地面，而被敌人发觉。人们无不知道，把待在鼠洞般的地下城市里的人们饿死或者封死通气口憋死他们，都是轻而易举的事。所以，人们恐惧的不仅仅是地面上的敌人，他们在地下岩石中开凿避难之所，是因为他们害怕能飞行的敌人。这个猜想是否有道理呢？

当然有。闪米特人在他们的圣书《科布拉·纳克斯特》中就已描述过，所罗门大帝怎样利用一辆飞行器把这一地区搞得鸡犬不宁。不仅他本人，他的儿子，所有恭顺他的人，也都曾乘坐过飞行器。阿拉伯历史学家阿里·玛斯乌迪曾描述到所罗门的飞行并大致介绍了他的部族。当时的人类对于飞行现象产生恐惧，我们认为这是完全可以理解的。也许他曾被剥削、奴役过，所以每当报警的呼喊“他们来了”响起来的时候，人们就逃进地下城市。这和我们今天挖筑地下掩体防护自己的情形是一样的。

▼闪米特人记载中的飞行器

上述说法虽然只是一种猜测，但人们完全可以持这种看法。此外还有大量有关飞行器的古代传说，详细地描述了古代的统治者们怎样带着家眷在空中飞行。如果想证实这些传说，恐怕只有慢慢等待了。

古巴比伦奇迹——“空中花园”

提到巴比伦文明，令人津津乐道、浮想联翩的首先是“空中花园”。它被誉为世界七大奇迹之一。令人遗憾的是，“空中花园”和巴比伦文明其他的著名建筑一样，早已湮没在滚滚黄沙之中。要了解“空中花园”，只能通过后世的历史记载和近代的考古发掘。不过也有些记载，虽然提到了“空中花园”，但认为传说中的“空中花园”并不是由尼布甲尼撒二世建造的，而是一位叙利亚国王为取悦他的一个爱妃而特意修筑的。有些记载甚至认为传说中的“空中花园”实际上指的是亚述国王辛那赫里布在其都城尼尼微修筑的皇家园林。众说纷纭，究竟如何也不得而知了。

“空中花园”的传说

千百年来，关于“空中花园”有一个美丽动人的传说。新巴比伦国王尼布甲尼撒二世娶了米底的公主米梯斯为王后。公主美丽可人，深得国王的宠爱。可是时间一长，公主愁容渐生。尼布甲尼撒不知何故。公主说：“我的家乡山峦叠翠，花草丛生。而这里是一望无际的巴比伦平原，连个小山丘都找不到，我多么渴望能再见到我们家乡的山岭和盘山小道啊！”原来公主得了思乡病。于是，尼布甲尼撒二世令工匠按照米底山区的景色，在他的宫殿里，建造了层层叠叠的阶梯形花园，上面栽满了奇花异草，并在园中开辟了幽静的山间小道，小道旁是潺潺流水。

工匠们还在花园中央修建了一座城楼，矗立在空中。巧夺天工的园林景色终于博得公主的欢心。由于花园比宫墙还要高，给人感觉像是整个御花园悬挂在空中，因此被称为“空中花园”，又叫“悬苑”。当年到巴比伦城朝拜、经商或旅游的人们老远就可以看到空中城楼上的金色屋顶在阳光下熠熠生辉。所以，到公元2世纪，希腊学者在品评世界各地著名建筑和雕塑品时，把“空中花园”列为“世界七大奇观”之一。从此以后，“空中花园”更是闻名遐迩。

▼古巴比伦的精美建筑

“空中花园”地理位置

巴比伦“空中花园”在幼发拉底河畔。新巴比伦王国国王尼布甲尼撒二世（公元前604—公元前582）曾以兴建宏伟的城市和宫殿建筑闻名于世，他在位时主持建造了这座名园。此园采用立

▲西方人在油画中描绘了尼布甲尼撒和王后在空中花园尽情享乐的情景

体叠园手法，在高高的平台上，分层重叠，层层遍植奇花异草，并埋设了灌溉用的水源和水管，花园由镶嵌着许多彩色狮子的高墙环绕。

空中花园是上古时代巴比伦人的卓越成就，带给人民无比的骄傲，来到巴比伦的旅游人们经常记录下这个伟大的奇观。空中花代表了工程学上的惊人表现，层层叠叠的花园中栽种了各式各样的树、灌木以及藤蔓。据说空中花园本来看起来像是由泥砖塑成的绿色高山，由城市中央升起。

因为新巴比伦人学会了用色彩明快的上釉砖建造主要纪念物，所以巴比伦城的色彩令人吃惊。著名的例子是“世界七大奇迹”之一的巴比伦城墙。城墙以亮丽的蓝色为底色，由白、黄两色组成的狮子；公牛和龙的图案散布在城墙各处，由上到下一层一层地排列着，昂首阔步，栩栩如生。令人遗憾的是，“空中花园”和巴比伦文明其他的著名建筑一样，早已湮没在滚滚黄沙之中。

“空中花园”巧妙的供水系统

巴比伦“空中花园”最令人称奇的地方是那个供水系统，因为巴比伦雨水不多，而空中花园的遗址亦远离幼发拉底河，所以研究人员认为空中花园应有不少输水设备，奴隶不停地推动连着齿轮的把手，把地下水运到最高一层的储水池，再经人工河流返回地面。另一个难题，是在保养方面，因为一般的建筑物，要长年抵受河水的侵蚀而不塌下是不可能的，由于美索不达米亚平原没有太多石块，因此研究人员相信空中花园所用的砖块是与别处不同，它们被加入了芦苇、沥青以防止河水渗入地基。

▼人们想象中的巴比伦空中花园的复原图

19世纪末，德国考古学家发掘出巴比伦城的遗址。他们在发掘南宫苑时，在东北角挖掘出一个不寻常的、

▲巴比伦遗址

半地下的、近似长方形的建筑物，面积约1 260平方米。这个建筑物由两排小屋组成，每个小屋平均只有6.6平方米。两排小屋由一走廊分开，对称布局，周围被高而宽厚的围墙所环绕。西边那排的一间小屋中发现了一口开了3个水槽的水井，1个是正方形的，2个是椭圆形的。根据考古学家的分析，这些小屋可能是原来的水房，那些水槽则是用来安装压水机的。

因此，考古学家认为这个地方很可能就是传说中的“空中花园”的遗址。当年巴比伦人用土铺垫在这些小屋坚固的拱顶上，层层加高，栽种花木。至于灌溉用水是依靠地下小屋中的压水机源源不断供应的。考古学家经过考证证明，那时的压水机使用的原理和我们现在使用的链泵基本一致。它把几个水桶系在一个链带上与放在墙上的一个轮子相连，轮子转动一周，水桶就跟着转动，完成提水和倒水的整个过程，水再通过水槽流到花园中进行灌溉。这种压水机现在仍在两河流域广泛使用。而且，考古学家也的确在遗址里发现了大量种植花木的痕迹。

“空中花园”的毁灭

国王尼布甲尼撒在位期间（公元前605—公元前562），巴比伦的国力最为强大。他率兵攻打叙利亚，出兵巴勒斯坦，夺占耶路撒冷，灭掉犹太王国，强迫犹太人迁居巴比伦当奴隶，成为“巴比伦之囚”。在晚年，他还侵入埃及。在这几十年里，巴比伦城人口达到10多万，还有来自亚洲各地的商人，奴隶制经济有了很大发展。但是，在强盛的背后，已经埋伏了

▼空中花园想象图

▲巴比伦“空中花园”的复原图一角

危机，被征服的外族人对巴比伦奴隶主心存仇恨，不断反抗，本族的贫民和农民因破产沦为奴隶，加剧了国内的阶级矛盾，奴隶主阶级内部争权夺利的矛盾也越来越激烈。尼布甲尼撒死后，国内政局立即动荡起来，6 年中 8 个国王被废，其中 2 个被杀。在东面，力量越来越强大的波斯帝国征服了巴比伦的盟邦米底，对巴比伦形成了大军压境的局面。

巴比伦的奴隶主们忙于争权夺利，纵情享乐，他们以为他们的城墙是那样高大而坚固，谁也攻不破。他们万万没有想到，敌人会利用穿过城墙的幼发拉底河打进来。一天晚上，巴比伦的一个年轻王子正在举行狂欢宴会。波斯王居鲁士利用在幼发拉底河中修筑的一座水坝，把河水放到坝的一边。他的军队从放干水的河床中偷偷进到城里，未经交战就占领了巴比伦。据说，有一些巴比伦商人做了波斯人的内应。这件事发生在公元前 538 年。

存在仅 88 年的新巴比伦王国灭亡了。巴比伦的繁华、巴比伦的奇迹、巴比伦的高墙铜门和它的“空中花园”，都变成了一堆一堆的荒丘废土。巴比伦遗址从 1899 年开始逐渐发掘出来，使人们能够更准确地研究它的过去。但是，挖掘工作碰到了难题，地下水的冲击使古巴比伦城有完全被毁的危险。如何降低河水水位，成为许多国家的专家们研究的课题。

到目前为止，在所发现的巴比伦楔形文字的泥版文书，还没有找到确切的文献记载。因此，考古学家的解释是否正确仍需进一步研究。总之，传说中的“空中花园”，它的真实面目依旧隐身于历史的迷雾之中。

空前绝后的太阳神巨像

太阳是一直古人崇拜的对象，因此我们不难理解罗德斯岛上的太阳神巨像的含义，然而我们难以理解的是，如此空前绝后的巨人像是用怎样复杂的方法雕成的，古人又如何做到这点？

罗德斯的由来

在欧亚和非洲两个古老大陆之间，在爱琴海与地中海交界处，有一个小岛名叫罗德斯岛。优越的地理位置、肥沃的土壤和良好的气候促成了这一地区的繁荣。在很长一段时间里，它分割成三个部分，北部受爱利色斯的控制，东部和西部分别受琳达斯和凯米诺斯的控制。

后来，由于一些人们至今还不太清楚的原因（可能是由于商业的繁荣），三个分裂的城邦联合起来了并且在岛的北端建立了自己的联邦首都，取名罗德斯，他们在那里至少建造了 5 个港口。

新城市发展得非常快，很快就拥有了 6 ~ 8 万的居民，城市的规模可以从米勒提斯的汉普达缪斯设计的著名的“铁栅”计划中清晰地看到。尽管由于中世纪和现代建筑的层层覆盖，原有的古城今天已所剩无几，但是由于近几年来对古迹进行的拯救性挖掘和空中照相技术的运用，人们仍可以复原出古城的大部分原貌。

战争中造就太阳神像

公元前 377 年，罗德斯加入了雅典组织的第二次提洛同盟（第一次在公元前 477 年）。但是，在凯瑞亚的毛索罗斯的煽动下，罗德斯在公元前 356 年退出了同盟。由于在亚历山大围攻泰尔 (Tyre) 的时候，罗德斯是站在波斯人的一边，因而在公元前 332 年城池陷落的时候，它收容了一支马其顿的部队。不久之后，当亚历山大已

◀罗德斯岛的雕像

▲罗德斯岛神庙复原图

明显地成为那个时代的巨人以后，罗德斯明智地调整了自己的位置，从而避免了一场灾难。

公元前323年，亚历山大去世，他的将军们为了争夺继承权而产生内讧，最后，他们瓜分了他的领土。起初，罗德斯还勉强地维持其不稳定的独立状态。但是，它的条件太优越了，不可能逃避群雄的手掌。起初，由于商业的原因，它站在埃及国王托勒密一边反对安泰哥那斯。安泰哥那斯和托勒密一样是亚历山大部下的将军，这个独眼将军曾经是佛瑞加的统治者，后来成为马其顿的国王，安泰哥那德王朝的创始者。亚历山大死后，他是亚洲的势力最大者，拥有一支6万人的精锐部队，并占有亚历山大金库中的黄金。安泰哥那德王朝在地中海不断袭击托勒密一世，他们在塞浦路斯的塞拉密斯大败托勒密的兄弟梅那劳斯，又在公元前306年击败前去救援的托勒密一世本人。之后，安泰哥那斯又在埃及的前沿防线皮勒休姆再次袭击托勒密，但被迫撤退。

公元前307年，安泰哥那斯要求罗德斯与他一起去攻打埃及，但由于罗德斯欲维持其与埃及成功的贸易关系而拒绝，拒绝的结果导致了公元前305年罗德斯遭受围困，指挥这场围困的是安泰哥那斯的儿子达摩瑞斯，他以“围城者”而著称于世。但是，这场围困最终却以自由城邦反对君主暴政并取得了胜利而名垂史册。达摩瑞斯率领了4万名士兵，3万名工匠，200艘战船和170艘运输船。他的围城器械中还有一个装满弹弩和弓弩手的包铁甲巨塔，名叫海勒波雷斯（意思是攻取城池者）。但是这一次，“围城者”遇到了对手，尽管使用了当时世界上最先进的武器，一年之后，达摩瑞斯最后还是被迫放弃了进攻。安泰哥那斯命令他的儿子与罗德斯人达成协议，其中第一条就是罗德斯是自由的，它是安泰哥那斯的盟友，反对除埃及以外的安泰哥那斯的所有敌人。

在这一场围困中，罗德斯人民英勇顽强的反抗精神（甚至奴隶们在围城过程中都坚守在城墙下）是如此强烈地震撼了达摩瑞斯，以至于他在撤退时留下了他全部的围城器械。发射弓弩所用的巨大的石球一直保留至今。罗德斯人卖掉了所有的器械，得到一大笔钱，他们用这笔钱建造了他们的守护神——太阳神赫利俄斯的巨大雕像，他们挑选的雕塑家是琳达斯的查瑞斯，他是著名雕塑家李塞迫斯的学生。从公元前 294年—公元前282年，查瑞斯和他的雕塑模型工们努力工作，终于制成了这座雕像。

▼罗德斯岛太阳神像复原图

另一说法是罗德斯岛居民为纪念这次胜利，把马其顿军队丢弃的铜制枪械收集起来，统统予以熔化，由雕刻大师哈列塔斯负责铸造一座太阳神阿波罗（罗德斯岛居民也称为赫利阿斯）神像，因为传

说中阿波罗是罗德斯岛的保护神，当地居民以此来感谢阿波罗对他们的保佑。哈列塔斯用了整整12年时间（公元前294—公元前282）才把巨像建成。

据记载，此神像高约33米，重12.5吨，手指比人高，大脚内部可作居住的窑洞。雕像是中空的，里面用石头和铁的支柱加固，外包青铜壳。传说太阳神雕像头戴太阳光芒的冠冕，左手执神鞭，右手高擎火炬，两脚站在港口的石座上，船只可以从其胯下进出。

太阳神的台座上镌刻着一首赞美诗：

我们竖起你，赫利阿斯。
直达奥林匹亚山巅。
多利斯山区的罗德人敬仰太阳神，
你使小岛免遭横蛮。
世界如此瑰丽，
自由不容涂炭。

在古希腊，建造10米左右高的雕像并不罕见，但建造如此巨大的神像却是空前绝后的。怪不得巨像建成之初，便被同时代的罗马哲学家安蒂培特誉为“世界七大奇迹之一”。

如此巨大的雕像是如何铸成的？在缺乏起重设备的远古时代又如何把它竖立起来的？这些都是令人难以想象的事，也是太阳神巨像让人迷惑惊奇的原因之一。

巨神像体积太大，无法像建造一般雕像那样，先制出模型，然后分成几部分铸造，最后再进行整合和竖立。据文献记载，巨人像是分步建造起来的：首先，在建好白色的大理石基座后，把已铸好的脚到踝关节这一部分安装固定好。由于神像体积高大，所以神像的脚设计得比较大，使它能承受上部神像的压力。完成这一步后，雕像家指挥工匠在已完成部分的周围堆起巨大的土堆，然后站在上面接着做下一部分工作，这样一步一步向上发展。在每一步进行之前，雕塑家都先用一种铁制的框架和一些方形的石块从内部加固雕像，以保证雕像的稳定。就这样，在耗费大量人力、物力、财力后，哈列塔斯

太阳神巨像的记载

普林尼在《自然历史》中写道：在提及其他别的奇迹以前，我们首先要赞颂的是罗德斯岛的太阳神巨像，它是由李塞迫斯的学生，琳达斯的查瑞斯塑造的。雕像有70腕尺高(33米)；在建成的56年以后，它在一场强地震中倒塌了，但即使躺在地上，它也仍是个奇迹。很少有人能用胳膊环绕住雕像的大拇指，其余的手指也比大多数的雕像要大。它手臂折断的地方是一个巨大的洞穴，从里面可以看到许多很大很重的石块，这是雕刻家在竖立雕像时为了使它固定好而放置的。据载这座雕像花费了12年的时间才最终完成。耗资300泰伦(约150万英镑)，这笔钱来自原属于达摩瑞斯的围城器械，他在围困罗德斯城失败后的极端疲惫中遗弃了这些器械。

创造了一座巨大的神像，“给了世界第二个太阳”。

▲罗德斯岛上的石雕

巨像揭秘

人们对于巨人像的了解比较少。但学者们发现把所有现存的证据收集起来进行分析并不是没有收益的，并以此为基础在两个基点上进行了猜测：

首先是巨人像这个词词源上的含义。它原本是用于古希腊、西亚的一个词，意思是雕像或小雕像。这种意思在公元前 1 000 年左右被迁入到得肯萨斯和小亚细亚西南方的道瑞雅的希腊人所接受，所以这应该是查瑞斯所塑的太阳神像的原意，虽然自这个雕像建造起来，列入世界七大奇迹以后，这个词的意思才变成了巨大的雕像。

尽管巨人像曾被古代学者提及 16 次之多，但其中只有 3 位作者论述得比较详细，即使在他们那里，所提出的问题也比所作的解答要多。这 3 位作者是斯特伯、老普林尼和巴赞休姆的非娄。关于巨人像的第四个资料来源是一首希腊诗文，它被认为是题献给雕像的铭文。

从 15 世纪开始，尤其在最近一些年以来，越来越多的人开始著文描述巨人像。1932 年，法国学者盖保瑞尔在一篇文章里详确地总结了这些观点，并且提出了许多富有成果的看法。从此以后，在很长一段时间里，关于这个问题学术界一直没有什么进展，直到 1954 年，一篇署名赫伯特 · 马瑞恩的文章提出了许多新奇的观点，尤其是在技术方面。尽管这些观点中的大部分很快就被戴那斯 · 海那斯推翻，但是，它们却促使海那斯发表了第一篇关于巨人像是如何建成的令人信服的科学报告。

对于巨人像的外观人们所知道的太少了，不过人们可以参考一些普林尼和斯特伯的有关描述，虽然他们的描述也是不完全的。

那场致使巨人像（以及罗德斯城的大部分建筑）倒塌的大地震发生在公元前 226 年。据斯特伯记载它是从膝盖处折断的，埃及国王托勒密三世马上送来了修复巨人像的资金，但是，罗德斯人为了遵守一个不得使巨人像重新立起的神谕而谢绝了他的好意。从此，巨人像就躺在那里将近 900 年，路过的人都能看到里面巨大的石头和起固定作用的铁架。

公元 654 年，阿拉伯人袭击罗德斯，抢走了巨人像的碎片。他们通过小路将它运往小亚细亚，卖给了一个从依米萨来的犹太人。传说他用 900 头骆驼将它运往了叙利亚。这就是罗德斯岛的巨人像——目前人们所知最少的世界七大奇迹之一的最终结局。

揭秘底比斯古城

▲尼罗河风光

底比斯位于埃及南部的尼罗河畔，是古埃及帝国中世纪和新王朝时代（约公元前2040～1085）的首都，迄今为止已有四五千年的悠久历史，是世界上屈指可数的最古老的都城之一，是供奉阿蒙神之城。“没有去过卢克索就等于没有到过埃及。”这是埃及人经常讲的一句话，用来说明卢克索的灿烂古迹在埃及文明史上的重要地位是毫不过分的。凯尔奈克和卢克索的神庙和宫殿，国王陵墓谷地和王后陵墓谷地是著名的遗迹。底比斯城是古埃及高度文明的历史见证。

璀璨的神庙

底比斯古城是古埃及帝国第18～25王朝的都城。位于尼罗河东西两岸，北距开罗726公里的卢克索镇一带。古城面积约15.5平方公里。主要部分在东岸。最北部分称卡纳克，集中了从公元前20世纪—公元1世纪的许多巨大建筑群。其中最大的是卡纳克神庙，又称阿蒙·赖神庙，始建于公元前1870年。阿蒙神和赖神是古埃及两个太阳神，相传后来两神合为一体，成为埃及主。神庙平面略呈梯形，面积约25公顷以上，全部由巨石建成，由殿堂、塔门、庭院和柱厅等不同历史时期的17个建筑物组成，是目前世界上现存的规模最大的神庙。西面1.6公里是卢克索城，有极著名的卢克索神庙，公元前14世纪阿孟霍特普三世在位期间建成，献给阿蒙神，后经法老们多次改建。考古学家估计在卢克索地区约有500座古墓。

▼卢克索神庙遗址

卡纳克神庙和卢克索神庙是古埃及建筑艺术上两块璀璨的瑰宝。两庙南北相峙，相距约2公里。卡纳克神庙由许多庙宇组成，是当今世上现存的神庙群中规模最大的一个，占地面积达80多英亩，其中的主体建筑物是用

▲古埃及人在尼罗河上生活的雕刻

来供奉底比斯主神——太阳神阿蒙的大庙。该庙始建于 3 000 多年前的十七王朝，在以后长达 1 300 多年的时间中，经历了不断的增建。神庙有十重巍峨的门楼，三座雄伟的大殿。庙内最蔚为壮观、令人感叹不已的是一座密林似的柱厅，竖立着纵横排列整齐的 136 根 6 人才能合抱的巨柱，每根高 21 米，柱顶的圆盘据说可站立百人。石柱和殿堂墙垣上刻有生动精致的浮雕和色彩鲜艳的彩绘，记载着神和人的生动故事。庙内还有闻名遐迩的方尖碑和许多法老后妃的塑像。卢克索神庙是底比斯主神阿蒙的妻子穆特的庙宇，规模与建筑物仅次于卡纳克神庙，但建筑同样雄伟壮观。公元前 14 世纪神庙建成，献给阿蒙神。公元初期，神庙曾经被改建为教堂。神庙包括一个围有列柱廊的庭院和一个大厅与侧殿。神庙北部入口处是雄伟壮观的柱廊，共有 14 根近 16 米高的石柱。公元前 13 世纪，古埃及法老拉美西斯在神庙围墙外又增建了一个庭院，在其柱廊的柱子之间安放了法老的雕像。法老还修建了一个塔门，门上有描绘当时的节日盛况以及他在叙利亚作战情景的浮雕。

底比斯古城皇陵

尼罗河西岸群山是古埃及帝王后妃和达官贵族墓葬集中之地。这些墓穴依山开凿，国王谷的法老墓室有的洞穴入地下 100 多米，墓道起伏曲折，左右各有厅室、墙壁和拱形的天花板绘着彩色壁画并配有文字。有各种动物形状的神明肖像，也有古代耕耘、狩猎情景、宫廷欢乐歌舞的场面。尤其以贵族塞瑙法尔墓的壁画，保存

▼卡纳克神庙遗迹

最为完整。这些壁画反映古代埃及人生活和信仰，有极高的历史价值。

在尼罗河西岸的卢克索有公元前1550—前200年间古埃及第十八至二十王朝的王室陵墓。在著名的帝王谷已发现64座陵墓。陵墓依岩石开凿而成，其中规模最大和装饰最华丽的是1817年发现的塞提一世墓。从“帝王谷”往东数公里是第十八王朝著名女王哈奇舍普苏在位时兴建的巴哈利庙。庙宇分为 3层，虽经历3 000多年，大殿上的浮雕还保存完整。丧仪殿和墓室内绘有大量壁画，反映出当时的信仰、历史事件和日常生活。

底比斯地区的神庙建筑、雕刻、雕像、方尖碑等，被看成是石头的历史文献，对研究新王国时代的埃及历史具有重大价值。联合国教科文组织已将底比斯古城一带列为世界文化遗产之一。底比斯古城面积约15.5平方公里。古埃及国王都试图通过建筑把自己的权力载入史册。为此，历代法老们大兴土木，在底比斯建造了无数神庙、宫殿和陵墓。

底比斯的建筑规模浩大、工艺精湛，堪称世界古建筑艺术最为璀璨绚丽的瑰宝。虽然随着几千年岁月的流逝，宏伟的殿堂庙宇大多已湮没无闻，但硕果仅存的庙宇遗址和帝后陵寝、贵族墓葬，仍不难使人想见底比斯鼎盛时期的风采。如今看到的底比斯古城，一半给生者，一半给死者，东部是神殿林立的生者之城，西部则是安置法老和贵族陵墓的来世之都。它既是生者与死者共享的圣地，又是古代文明的舞台。

底比斯古城雕像

神庙除有雄伟的建筑外，还有许多妙趣横生的浮雕和彩绘。浮雕和彩绘的题材很广泛，从不同角度反映了埃及古代社会的生活，其中有国王、贵族祭祀活动的盛大场面，也有农夫、船匠生产劳动的情景。有些彩绘和浮雕逼真地刻画出顽皮的儿童和爬动的虫兽形象，充满了浓郁的生活气息。

▼静静矗立在尼罗河边卢克索神庙的柱子

▼底比斯遗址

▲底比斯古城雕像

卢克索神庙规模仅次于卡尔纳克神庙，建筑同样精美壮观。卢克索神庙建于公元前14世纪，神庙原长190多米，宽约50米，里面包括庭院、大柱厅和诸神殿等部分。神庙最南端是座单殿，残存的遗迹中有一幅浮雕，描绘了艾米诺菲斯三世法老由神引导步入圣殿的情景。庭院四周二面建有双排雅致的似纸草捆扎状的石柱，柱顶呈伞形花序状，十分优美。

北部入口处是造型独特的柱廊，柱子共14根，每根约16米高。在神庙塔门两旁，耸立着两尊高14米的坐像，是拉美西斯二世的雕像，神庙墙上的浮雕生动地描述了他执政初期与赫梯人作战的情景。左右两边的浮雕构成一幅完整的组织画，左边的画面描绘了当时的军营生活、战前召开军事会议及法老御驾亲征、在战车上指挥战斗的情况；右边的画面栩栩如生地描绘了拉美西斯二世向敌人发动进攻、弯弓拉箭的动作及赫梯人溃逃的情景。在拉美西斯庭院里，石柱中间有一尊拉美西斯二世的石雕像，旁边的石壁上雕刻着浮雕和文字，叙述了当年这里举行庆典仪式的情形。

底比斯古城有着埃及历史上最璀璨的文化记载，它是古埃及的瑰宝，在它光耀古今的同时，也为人类留下了太多的谜。

▼卢克索神庙的正门虽然已残破不堪，但从巍然屹立的方尖碑和门前的雕像中依稀能寻到它昔日的影子

狮身人面像之谜

这个狮身人面像是个千古之谜。据说狮身人面像是按照斯芬克司的形象雕刻的。今天，在最大的胡夫金字塔东侧，便是狮身人面像，它以诱人的魔力，吸引着世界各地的人们。

胡夫的圣旨

传说在公元前2 610年，法老胡夫来这里巡视自己快要竣工了的陵墓——金字塔。胡夫发现采石场上还留下一块巨石。胡夫当即命令石匠们，按照他的脸型，雕一座狮身人面像。石工们冒着酷暑，一年又一年精雕细刻，终于完成了它。像高20米，长57米，脸长5米，头戴“奈姆斯”皇冠，额上刻着“库伯拉”圣蛇浮雕，下颌有帝王的标志——下垂的长须。一只耳朵，有2米多长。“怪物”——斯芬克斯狮身人面像的头像，真的是以胡夫作模特儿的吗？不过比较可惜的是狮身人面像的鼻子掉了，所以现在不管怎么看都是会很别扭，也有人曾想过修缮，但由于技术和修缮后的效果都不敢保证，所以保留了现在的样子。

斯芬克司传说

狮身人面像是个千古之谜。在古代的神话中，狮身人面像是巨人与妖蛇所生的怪物：人的头、狮子的躯体，带着翅膀，名叫斯芬克司。斯芬克司生性残酷，他从智慧女神缪斯那里学到了许多谜语，常常守在大路口。每一个行人要想通过，必须猜谜，猜错了，统统吃掉，蒙难者不计其数。有一次，一位国王的儿子被斯芬克司吃掉了，国王愤怒极了，发出悬赏：“谁能把他制服，就给他王位！”勇敢的青年狄浦斯，应国王的征召前去报仇。他来到了斯芬克司把守的路口。“小伙子，猜出谜才让通过。”斯芬克司拿出一个最难最难的给他猜。“有一种动物，早晨用四条腿走路，中午用两条腿走路，晚上却用三条腿走路，这是什么？”“这是人。”聪明的狄浦斯很快地猜了出来。狄浦斯胜利了，他揭开了谜底；但斯芬克司不服输，又给狄浦斯出了一个谜语：“什么东西先长，然后变短，最后又变长？”狄浦斯猜出了谜底“影子”，于是斯芬克司原形毕露，用自杀去赎回自己

▼残破的狮身人面像

▲小型狮身人石像

的罪孽。

据说，狮身人面像是依照斯芬克司的形貌雕刻的。其实，狮身人面像并不是只有埃及开罗才有。只是在开罗的这一座最大，而且是最古老的。不过，各处雕刻的大小狮身人面（或牛头、羊头等）像，都是蹲着的。不同的是，有个别的还举起了一只爪子。

鼻子的失踪

狮身人面像诞生以来几千年，饱经风吹日晒，脸上的色彩早已脱落，精工雕刻的圣蛇和下垂的长须，早已不翼而飞。然而，最叫人痛惜的是，它的鼻子怎么掉了呢？这又是一个“谜”。一种至今广为流传的说法是，1798 年拿破仑侵入埃及时，看到它庄严雄伟，仿佛向自己“示威”，一气之下，命令部下用炮弹轰掉了它的鼻子。可是，这种说法并不可靠，早在拿破仑之前，就已经有关于它缺鼻子的记载了。

还有一种说法是，五百年前，狮身人面像曾经被埃及国王的马木留克兵（埃及中世纪的近卫兵），当作大炮轰射的“靶子”，也许那时已经负了“伤”，鼻子挂了“彩”。但是，又据某些记载，埃及的历代法老和臣民，视这尊石像为“太阳神”，朝拜的人往来不绝。后来，风沙把它慢慢地掩了一大半，这时，一名反对崇拜偶像的人，拿着镐头，爬上沙丘，狠狠地猛凿露出沙面的鼻子，毁坏了它的容貌。

奇怪的梦

前来“拜访”狮身人面像的游客，都可以看到它胸前两爪之间的一块残存的记梦碑。碑上记载着一段有趣的故事。3 400 年前，年轻的托莫王子，来这里狩猎。大概是奔跑得精疲力尽了，便坐在沙地上歇息。不知不觉竟然睡去，并在朦胧中梦见石像对他说：“我是伟大的胡尔·乌姆·乌赫特（古埃及人崇拜的神，意为神鹰），沙土憋得我透不过半点气来，假如能去掉我身上的沙。那么，我将封你为埃及的王。”王子苏醒过来后，便动员大批人力物力，把狮身人面像从沙土中刨了出来，并且在它的身旁筑起了防沙墙。在漫长的岁月中，石像曾

▼狮身人面像头部

▲陪伴金字塔的狮身人神像

多次尝过埋入沙土中的“痛苦”。也许由于这个原因，公元前5世纪，希腊著名的历史学家希罗多德访问埃及时，对金字塔作了详细而生动的描述，而只字未提近在咫尺的狮身人面像。很可能，这时它已完全被沙丘盖住了。人们把它从沙土中最后一次刨出来重见天日，是几十年前的事。

狮身之谜

斯芬克司这个词汇并不是一个古埃及的词汇，它是一个古希腊的词汇，古希腊词汇里是压制的意思。而古埃及人并不这么称呼自己的斯芬克斯，那么斯芬克斯在埃及语里边叫什么呢？就是地平线上的荷鲁斯。古埃及是个多神崇拜的国家。人们通过关于神的起源和神话来解释大自然的神奇与世界的创造力，是人类思考、探究世界和宇宙的第一步。

荷鲁斯神是埃及人最崇拜的神之一。荷鲁斯神是猎鹰之神，是天上的神，它给予法老统治这片土地和这里人民的权力。埃及的统治者常常把自己与荷鲁斯神联系起来。人们认为法老是荷鲁斯神在世间的化身。荷鲁斯这样的一个神，特别是在埃及的神话里边，我们还能够看到一些神。第一个神是豺神，他叫阿努比斯，是冥界之神。第二个是猫神，叫巴斯特德。最后一个叫萨赫麦特，萨赫麦特就是一个狮子的头，人的身体，正好和司芬克斯掉过来了。

古埃及的很多雕塑和神的形象身体跟头部都是两种动物的结合，这是有他们自己的传统的，那么这个最早起源于什么时候呢？起源于古埃及那种图腾崇拜，和自己的面具的这样一种仪式。由于自己有这样的一种对于动物的崇拜，它可能就做成这样的一种面具来参加一些仪式，由此给人这样的一个启发。也就是不同动物的身体跟头是能够连合在一块的，那么这个萨赫麦特这个神就有保护的意思。为什么有保护的意思呢？因为它是狮子的头颅，它很威严，有保护的意思。人们推测在吉萨的金字塔前面，这样一个庞大的斯芬克斯像，它是用来镇守古埃及法老墓地的。

人面像之谜

古希腊的斯芬克司狮身人面像，它是一个女人的雕像，狮身人面像侧面除了它是一个女人的雕像之外，我们很难说它跟哪一个特殊的人物有什么关系？但是古埃及的这个斯芬克斯，这个雕像却不一样。它所系的这个围巾是非常典型的古埃及法老所系的围巾，这个形状是非常典型的，而且头部前面有一个神蛇的痕迹，为什么说是一个痕迹呢？因为它原来那个神蛇已经没有了，已经由于经历这么多年的风雨，经历人为的破坏，它已经不存在了，但是我们能够看到，这个地方是有一个雕塑的东西在里边，这个东西一定就是那个神蛇，而这个神蛇并不是每个老百姓都能够有这样的权利，把它戴在自己的头巾的上边，正前方的，这是法老的标志。

▲法老的记载

于是人们就产生了这样的一种推理，也就是说，如果我们能够认定了这个雕像，斯芬克斯的雕像它的面容雕塑的是哪一位特定的法老的话，那么这一个法老的生卒年，我们大体上能够知道。于是我们就能够断它属于谁，也就能够知道它是哪个年代建造的。于是我们看这是两个法老，不是一个法老，两个法老的雕像。左边这个是胡夫的儿子叫哈夫瑞，也就是说，这个斯芬克司雕像，后边的那个金字塔，也是整个埃及第二高的金字塔的拥有者，他是哈夫瑞；右边这个叫詹德夫瑞，也是胡夫的儿子，他是哈夫瑞的哥哥，他也统治过埃及，也做过法老，是在胡夫去世之后，他是接任胡夫当了埃及的统治者，但是他的时间非常短，三到四年，他就死去了，不仅死去了，而且非常有意思。传说古王国时期，法老都习惯于把自己的金字塔建得很大，而且都建在了吉萨，因此吉萨才成为一个金字塔的代名词，但是他却没有把自己的金字塔建在吉萨，而是建在了吉萨北边的阿布拉瓦什这个地方，这个地方金字塔建得很小，为什么是这样，我们且不说它，但毕竟他在吉萨没有自己的陵墓，没有自己的金字塔建筑。他也很短命，在位3～4年就去世了，他的弟弟哈夫瑞开始接替了他，作为古埃及第四王朝的统治者，继续统治着埃及，并且建造了巨大的金字塔，然后金字塔前面又出现了这样一个狮身人面像。这个狮身人面像它究竟像谁，我们再回来看看这个狮身人面像。

▼远眺的狮身人面像

如果鼻子存在的话可能比较起来会更好一些，但是嘴的模样我们还是能够多多少少看清楚一些的。一般的学者们经过反复比较，甚至是一些计算机的测量，最后得出的结论是什么呢？尽管它是在哈夫瑞的金字塔的前面，一般认为它是哈夫瑞金字塔的一个建造物，附属的建造物，但是人们觉得从面目上它更像他的哥哥詹德夫瑞。于是人们就会产生这样的一种想法，那么究竟这个金字塔是谁建的？是哈夫瑞建造的，还是他哥哥建造的？如果是他哥哥建造的话，那是不是他哥哥建造这个过程当中就神秘死去了呢？如果他神秘死去了，那么继位的是谁呢？获利的是谁呢？是哈夫瑞，哈夫瑞获利之后，不仅是盗用了他哥哥的王位，而且把他哥哥的金字塔也据为己有，并在后边修了这样一座辉煌灿烂的为后人所瞩目的金字塔，这是非常可能的。无论是詹德夫瑞的还是哈夫瑞建造的，甚至有人提出来它有可能既不是哥哥也不是弟弟，而是他们两个人的父亲胡夫建造的。但无论是谁建造的，他们的年代大体上都是确定的，那就是公元前2500年左右，距今4500年左右这样的一个时间。

建造之谜

人们一般认为古埃及的狮身人面像是用来镇守法老墓地用的，它是智慧与勇猛的结合，但是有人有不同的理解。这个人就是美国的大预言家埃德加·凯西，他从1933年开始一次次地“预测”狮身人面像不是古埃及人建造的。

于是人们又继续寻找，在古代的一片铭文里边，铭文就是刻在石头上、墙上、浮雕当中出现的古埃及的文字，那么这些文字里边人们真是找到了这样的一片铭文，铭文上写着，地上的荷鲁斯在夏至前的70天，由弯弯曲曲河的东岸或者说另一面开始行走，向这一面开始行走，那么70天之后，他与地面上的另外一个神奇结合，正好出现在太阳升起的那一刻。于是人们就开始分析这段铭文，开始寻找它的真正的含义，那么这个荷鲁斯究竟从这一岸到这一岸是什么意思呢？人们也按照这个夏至的前70天开始走。从这个岸走到这个岸充其量也就是走到了金字塔附近，没有找到一个很好的答案。于是人们苦恼着，在思索着我们是不是对它理解的错误。后来还真是有一个聪明人，他说我们说的从地平线上弯弯曲曲的河边走过来，其实它指的并不是在地上弯弯曲曲的河，也并不是指的地面上的尼罗河。它是什么河？

▲古城遗址

和我们对应的，和地上对应的还有一条河，这是什么河呢？我们现在都知道叫银河，它也是弯弯曲曲的。夏至70天之前，人们就站到吉萨去观测观测银河的东部，发现真有一颗闪亮的星星。人们就开始观察这个星星，观察的结果是70天之后真的落到了地平线。它确实是移过了天上的弯弯曲曲的银河，来到了这一边。真是在地平线上的那一点上，70天之后出现了，而这个地方有一个星座，就是狮子星座。荷鲁斯神和狮子星座，就在这个时候合二为一了。于是人们想到古埃及的铭文指的是这个。那么由此我们就可以知道，为什么金字塔前面建造的这样的一个神秘的雕像，他感觉到这个东西跟这样的一个天文现象的偶合，与他们的信念，与他们的神话传说，正好是相符合。

▲雄伟的狮身人面像

石像的保护

狮身人面像两个前爪中间有一块碑，就是图特摩斯四世立的，现在叫做梦碑。它是埃及象形文字刻写的。内容主要说的一个故事，就是他是如何睡在这儿做了一个梦。这个梦里头，斯芬克司怎样许诺他，如果你给我清理了掩埋我的沙子之后，我就保证你成为下一任的法老。不管这个故事是真的还是假的，但是这个梦碑却是存在的，由此开始了斯芬克司周围的沙子一点一点清理的工作，每次清理之后过若干年它再一次被埋上，然后再一次被清理，清理的工作让后人看到了斯芬克司完整的形象，这是功不可没的。

但是一次次地清理也给庞大的建筑物带来了一些不必要的损害，自然地刮风、下雨、

▼狮身人面像

地下的水分的向上蒸腾，给它造成了一种损害。

近年来，人们发现狮身人面像的头颈、背胸，表皮不断剥落，身躯明显地“消瘦”了。“狮身人面像病了！”消息传开，震惊了埃及，议会紧急讨论，报刊争相报道，各国文物专家纷至沓来。人们担心那巨大的头颅有朝一日会突然断落。那么，它的病根在哪里呢？过去，人们已经注意了对狮身人面像疾病的防治，比如用类似原来石质的石灰石，贴在它的外表，以防止继续脱落，但是效果不佳。近年来，有人在它的颈上，用氢氧化钡溶液渗入石像，同碳酸钙起化学变化，产生一种坚固的物质。但是，不少人持有异议，因为治疗过的地方照样脱落。对稀世珍宝作无把握的试验，遭到人们的反对。寻找一个万全的治疗方案，从战略考虑无疑是对的，但是谈何容易！施用哪一服最好的药方来对症下药，仍然是个急切需要探讨的难题。

狮身人面像被毁之谜

狮身人面像的面部遭到了严重破坏，关于它被毁的说法千奇百怪，主要有以下 4 种流传最广。

说法之一：大规模修筑金字塔使广大人民愤恨不已，纷纷发动起义暴动，斯芬克司成了人们的出气筒，它的胡子、鼻子就是那个时候被工人们敲掉的。

说法之二：中王朝时，有一个阿拉伯酋长用加农炮打狮身人面像，轰的一声，就把狮身人面像的笑容给打掉了。所以，现在我们看到的狮身人面像，鼻边跟嘴角是稍有一点缺陷。

说法之三：1798 年拿破仑人侵埃及时，趾高气扬，许多人拜倒在他面前，唯有斯芬克司雄视东方，毫无低头称臣之意。拿破仑大怒，命手下炮轰狮身人面像，轰掉了它的鼻子。

说法之四：古埃及人在法老的威胁下，被迫向斯芬克司低头朝拜。一些反对偶像崇拜的勇敢者用镐头破坏了它的面容。

▼狮身人面像全貌

哈尔夫教授的考察

上世纪 60 年代，一位任教于芝加哥大学的美国地质学家让·哈尔夫教授突然对几张狮身人面像的照片产生出浓厚的兴趣。

在这座狮身人面像的表面，有许多很深的沟壑，它们全都横向排列，一层层密存在狮身人面像的表面，使这

▲狮身人面像侧面

座古老的石雕显得更加苍老和神秘。人们普遍认为，这一奇特的现象的产生，是因为古埃及地区干燥的气候和强烈的沙漠风暴使狮身人面像受到了风化。一直以来，无论是正统的古埃及学研究者，还是到此来做过实地考察的各类专家，都对这一解释深信不疑。而且谁也没有怀疑过建造这一石像的真实目的。

更令人吃惊的是，对于为什么采用人头、狮身、牛尾、鹫翅这种奇特的合体方式，没有人能够作出令人信服的解释。

让·哈尔夫教授不是一个古埃及学家，甚至对考古学也一窍不通。让他感兴趣的，是密存在狮身人面像表面的沟壑。

让·哈尔夫教授久久地凝视着这张照片，最后用肯定的语气说："这些沟壑是因雨水冲刷而形成的！"

作为气象地质学的研究专家，哈尔夫教授在侵蚀和风化的研究领域有着很深的造诣，即便如此，他仍然被自己所下的这一结论惊呆了。

哈尔夫教授决定亲自前往实地进行考察。他带着几名助手迅速飞往狮身人面像所在地、埃及最著名的观光区吉萨。经过一系列细致而严谨的考察和取样分析，哈尔夫教授最终证实了自己的判断。他立即向世人宣布，狮身人面像上面的沟壑是因雨水冲刷而形成的，而决非如传统的考古学者们认为的那样，是因风沙侵蚀而形成。

当哈尔夫教授的这一研究成果发表在当年的世界学术年刊上后，立即招致了大批古埃及学者的强烈不满，许多研究者对此一片哗然。

古埃及学者们强调：在哈夫拉王建造金字塔和狮身人面像的年

▼狮身人面像与金字塔是古埃及的奇迹建筑

▲雄伟的狮身人面像

代，埃及的气候已十分干燥，不可能有终年丰富的降雨，更不可能有雨水侵蚀石像的现象发生。而且，对于一个对古埃及学“一无所知”的人而言，他的任何关于狮身人面像的论证都是可以置之不理的。

面对这些汹涌而至的责难和不理解，哈尔夫教授心情平静，因为他已经对此有所预料。但无论如何，他还是下定决心要将自己的发现公布，因为这是一名学者本着严肃的态度向“权威”发出的科学的挑战。他说：“我是以一种科学的态度来对待科学，请你们也科学地对待我的发现。”

但事与愿违，哈尔夫教授的请求被人们晾在一边不予理睬。在一片非难声中，教授痛苦极了，最后导致精神失常而十分伤心地在郁闷中结束了自己的一生。

▼狮身人面像

神的殿堂——雅典卫城

雅典卫城是世界新七大奇迹之一，也称为雅典的阿克罗波利斯，希腊语“阿克罗波利斯”原意为“高处的城市”或“高丘上的城邦”，距今已有3000年的历史。雅典卫城遗址位于今雅典城西南，建造在海拔150米的石灰岩山冈上，是祭祀雅典守护神雅典娜的神圣地，建筑群建设的总负责人是雕刻家菲迪亚斯。卫城，原意是奴隶主统治者的圣地，古代在此建有神庙，同时又是城市防卫要塞。公元前5世纪，雅典奴隶主民主政治时期，雅典卫城遂成为国家的宗教活动中心，自希腊联合各城邦成功击退波斯入侵后，更被视为国家的象征。每逢宗教节日或国家庆典，公民列队上山进行祭神活动。

为什么要建设卫城

建设的主要目的是：第一，赞美雅典，纪念反侵略战争的伟大胜利和炫耀它的霸主地位；第二，把卫城建设成为全希腊的最重要的圣地，宗教和文化中心，吸引各地的人前来，以繁荣雅典；第三，给各行各业的自由民工匠以就业的机会，建设中限定使用奴隶的数量不得超过工人总数的25%；第四，感谢守护神雅典娜保佑雅典在艰苦卓绝的反波斯入侵战争中赢得的辉煌的胜利。在这种情况下，自由工匠的积极性很高。古罗马的历史学家普鲁塔克写到卫城建设时说：“大厦巍然耸立，宏伟卓越，轮廓秀丽，无与伦比，因为匠师各尽其技，各逞其能，彼此竞赛，不甘落后。”

▼雅典卫城遗址

卫城布局及主要建筑

卫城坐落在雅典城中央一个不大的孤立的山冈上，山冈面积约为4平方公里，山顶石灰石裸露，大致平坦，高于四周平地70～80米。东西长约280米，南北最宽处130米。

古代希腊城市具有战时市民避难之处的功能，是由坚固的防护墙壁拱卫着的山冈城市。自然的山体使人们只能从西侧登上卫城。高地东面、南面和北面都是悬崖绝壁，地形十分险峻。公元前1 500年，这里是王宫所在地，从公元前800年开始，人们在这里兴建神庙等祭祀用的建筑物，

▲雅典卫城遗址

▲傍晚的雅典卫城

使之成为雅典宗教活动的中心，并且逐渐于高地下形成城市。

雅典作为最民主的城邦国家，卫城发展了民间自由活泼的布局方式。建筑物的安排顺应地势。为了同时照顾山上山下的观赏，主要建筑物贴近西、北、南三个边沿。供奉雅典娜的大庙帕提农从前在山顶中央，重建时移到南边，人工垫高它的地坪。

波斯人曾在希波战争中破坏了雅典卫城。人们在公元前5世纪后期希波战争结束之后，修筑了一条“长墙”，长65公里，连结雅典与比雷埃夫斯港。此外，卫城内的神庙也进行了重建。公元前4世纪以后，雅典人在山下建起了一整套建筑物，体现了雅典人民的智慧和才干，如竞技场、会堂、扩建的狄奥尼索斯露天剧场、大柱廊等。17世纪阿克罗波利斯遭受破坏，变成一片废墟。1833年希腊建立王国后，逐渐进行修复。

雅典卫城是希腊最杰出的古建筑群，是综合性的公共建筑，为宗教政治的中心地。现存的主要建筑有卫城山门、帕提农神庙（雅典娜神庙）、伊瑞克提翁神庙（伊瑞克先神庙）、胜利神庙等，另有一座现代建筑卫城博物馆。

雅典卫城的山门译名为普罗彼拉伊阿，建于公元前437—公元前432年，建筑师是穆尼西克里。山门位于卫城西端陡坡上，是卫城的入口。为了因地制宜，做成不对称形式。正面高18米，侧面高13米。主体建筑为多立克柱式，当中一跨特别大，净宽3.85米，突出了大门。屋顶由于地面倾斜分两段

▼古代剧院遗址

▲雅典娜神殿雄伟的殿门和巨大的石柱

处理，以使前后两个立面造型一致。内部采用爱奥尼柱式，装饰华丽。外观简洁朴素、庄重。北翼是展览室，南翼是敞廊。两翼体量较小，使山门更加壮观。从山门口就可以看到雅典卫城的中心——雅典娜女神铜像。另外，山门左侧的画廊内收藏着许多精美的绘画。

帕提农神庙（雅典娜神庙）

帕提农神庙（又称雅典娜神庙）是雅典卫城的主体建筑，坐落在山上的最高处，在雅典的任何一处都可望见，始建于公元前447年，公元前438年完工并完成圣堂中的雅典娜像，公元前431年完成山花雕刻，主要设计人是伊克底努（Iktinus），卡里克里特（Callicrates）也参加了设计，雕刻则由菲迪亚斯和他的弟子创作。其形制是希腊神庙中最典型的，即长方形平面的列柱围廊式。它是古希腊建筑艺术的纪念碑，代表了古希腊建筑艺术的最高成就，被称为“神庙中的神庙”。

▼依然雄伟的卫城

顾名思义，雅典娜神庙是祭奉雅典娜女神的神庙，“雅典”之名即源于此。相传古希腊时候，智慧女神雅典娜与海神为争夺雅典的保护神地位，相持不下。后来，主神宙斯决定：谁能给人类一件最有用的东西，城就归谁。海神波赛东赐给人类一匹象征战争的壮马，而智慧女神雅典娜献给人类一颗枝叶繁茂、果实累累、象征和平的油橄榄树。人们渴望和平，不要战争，结果这座城归了女神雅典娜。从此，她成了雅典的保护神，雅典因之得名。后来人们就把雅典视为“酷爱和平之城”。

帕提农神庙呈长方形，除屋顶用木外，全部用晶莹洁白的大理石砌成，还用了大量镀金饰件。建筑在一个三级台基上，神庙基座长69.54米、宽30.89米，其建筑材料为石灰岩，外部由46根高10.43米、底径1.905米的大理石柱环绕，巨大的圆柱在东、西各设置8根，南北各有17根。两坡顶，东西两端形成三角形山花，这种格式被认为是古典建筑风格的基本形式。神殿外围的多立克柱式被誉为此种柱式的典范。神庙里安放着雕刻家菲迪亚斯的作品——雅典娜神像。神庙全部是用雕刻和浮雕装饰起来的。从雅典各个方向都可以看到位于卫城顶端的神庙。该庙尺度合宜，饱满挺拔，风格开朗，各部分比例匀称，雕刻精致，并应用了视差校正手法以加强效果，即每根巨柱均向内微斜，被认为现存建筑最具均衡美感的伟大建筑。

帕提农神庙是雅典最著名的古迹之一，有“希腊国宝”之誉，已有约4 000年历史。神庙的内部分成两个大厅，正厅又叫东厅，内有双层叠柱式的三面回廊，加强了置放神像的空间的中央轴线感。厅内原本供奉着菲迪亚斯雕刻的雅典守护神雅典娜神像，神像据说高12米，由黄金、象牙制成，眼睛的瞳孔也由宝石镶成，在昏暗的庙中金光闪烁。古代末期，此雕像被罗马皇帝带往君士坦丁堡，从此下落不明。大厅后面是国库和档案馆，内有四根爱奥尼式柱子。几经战火的破坏和两千多年风雨的侵蚀，现在的神庙遗址大多已是断墙残垣了，神庙中雅典娜的巨大金像也早已不知所踪。这一艺术珍品只剩下西边保留着的一些石柱和其他建筑了。

▲剧场全貌

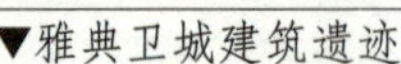

▼雅典卫城建筑遗迹

帕提农神庙相传是诸神从奥林匹斯山游曳到雅典的聚会地。帕提农神庙位于雅典卫城的上首右侧。人们从入口处看不见它的正面，只能在一旁的角落发现它。在这长70米，宽30米的空间里，46根环列圆柱构成的柱廊直挺向天，昭示着希腊文明的蓬勃向上永不凋谢。

它是如此的残缺又异常的华丽，那多立克式的圆柱，大理石的凹槽质感仍然冰凉高贵，那列柱逐渐细小，到达顶端时无任何装饰的弧形柱更显得优美均衡，岁月虽然令许多石柱倒塌，但那简约庄严的美却依然鲜活。

帕提农神庙的雕刻装饰是由著名的建筑师和雕刻家菲迪亚斯承担的。从神庙西山墙中央的人像到最引人注目的排档间饰上都可以领略大师的伟大。由 92 块白色大理石饰板装饰而成的中楣饰带（另一资料的叙述为：柱间是 92 堵刻着各种神话故事的庙墙）。有描述希腊神话内容的连环浮雕，浮雕所表现的紧张的搏斗，人与怪兽的撕扯生动逼真。天神们或威武或飘逸或闲散的姿态巧妙地贯穿在一起，那肌肉的弯曲、战袍的飘扬、眼神的哀喜无不透露出雕刻者对美的热爱和对生命理性的思索。

伊瑞克提翁神庙

伊瑞克提翁神庙位于埃雷赫修神庙的南面，传说这里是雅典娜女神和海神波塞东为争做雅典保护神而斗智的地方，建于公元前 421 年—公元前 405 年之间，本为放置八圣徒遗骨的石殿，是雅典卫城建筑中爱奥尼亚样式的典型代表，建在高低不平的高地上，建筑设计非常精巧。它是培里克里斯制订的重建卫城计划中最后完成的建筑。

神庙东区是传统的 6 柱门面，向南采取虚厅形式。南端用 6 根大理石雕刻而成的少女像柱代替石柱顶起石顶，充分体现了建筑师的智慧，她们长裙束胸，轻盈飘忽，头顶千斤，亭亭玉立。由于石顶的分量很重，而 6 位少女为了顶起沉重的石顶，颈部必须设计得足够粗，但是这将影响其美观。于是建筑师给每位少女颈后保留了一缕浓厚的秀发，再在

▼伊瑞克提翁神庙

▲雅典卫城

头顶加上花篮，成功地解决了建筑美学上的难题，因而举世闻名。庙中的雅典娜雕像直立戎装，是所有雅典娜雕像所依据的形象。雕像前有金灯，一年只需加油1次，另有棕榈树形的烟囱和木雕神像。神庙建筑历经沧桑，如今也只能依据这6根少女像柱想象当年的繁华了。

雅典娜胜利神庙

雅典胜利女神庙在山门右前方，全由蓬泰利克大理石（蓬泰利克大理石的产地就在雅典附近）建成，台基面积5.38米×8.15米。神庙内由一个爱奥尼亚式门厅和一个约呈方形的内庙组成。一条饰以高凸浮雕、高43厘米的中楣饰带，围绕在建筑物外部檐壁，全长26米。神庙分前庙、正庙和后庙，在神庙东面有一个执盾的雅典娜神像浮雕。

神庙建于公元前449—公元前421年，大概是为了适合它所奉的神灵，也为了和多立克的山门调和，柱子比较粗壮，是爱奥尼亚式建筑中少有的。檐壁上的浮雕和基墙上沿1米高的女儿墙外侧的浮雕题材都取自反波斯侵略战争的场面。

胜利女神庙是波希战争后第一个着手设计的建筑物，它的命意、选址、构图、装饰都是为了庆祝战争胜利的主题，把这种纪念永恒地保存下去。

作为古希腊建筑的代表作，雅典卫城达到了古希腊圣地建筑群、庙宇、柱式和雕刻的最高水平。这些古建筑堪称人类文化遗产和建筑精品，在建筑学史上具有重要地位。迄今保存下来的大量的珍贵遗迹，集中展示了希腊的古代文明。

▼雅典的赫菲斯托姆

神秘的南·马特尔遗迹

南太平洋波纳佩岛的东南侧有一个名叫泰蒙的小岛，在这个岛延伸出去的珊瑚礁浅滩上矗立着一座座用巨大的玄武岩石柱纵横交错垒起的高达 4 米多的建筑物，远远望去怪石嶙峋，还以为是大自然鬼斧神工留下的杰作，近看又仿佛像是一座座神庙，这就是南·马特尔遗迹。传说这是居住在波纳佩岛上历代酋长死后的坟墓，大大小小共有 89 座，散布在长达 1 100 米、宽 450 米的海域中，它们之间环水相隔，形成了一个个小岛。从高空俯瞰，犹如意大利的水城威尼斯。故而人们又把它比喻为太平洋上的威尼斯。

神秘的诅咒

当地人把这些巨大的石造遗迹叫作南·马特尔，按波纳佩语有两个意思，一个意思是“集中着众多的家”，另一个意思是“环绕群岛的宇宙”。这些遗迹一半浸在海水之中，为此，人们只有在涨潮时才能驾着小船进入，退潮时，遗迹周围露出了一片泥泞的沼泽地，小船只能靠在附近，根本进不去。与同在太平洋上的复活节岛上的石像遗迹相比，南马特尔遗迹鲜为人知，它那充满了离奇的传说，更使它蒙上了一层神秘的色彩，令人困惑不解。

有关埃及古代陵墓，最令人毛骨悚然的莫过于“法老的毒咒”了。无独有偶，在南太平洋波纳佩岛的南·马特尔遗迹也发生了类似的怪事。据当地人说，这些古墓的来历，从无文字记载，完全是靠口授，从酋长的世系中一代一代地传下来。只有酋长和酋长的继承人才知道，而且口授的内容禁忌向外人泄漏，否则就将遭到诅咒。死神将降到他们的头上。

在日本占领期间，东京帝国大学教授杉浦健一利用占领者的权势，强迫酋长说出古墓的秘密。几天以后，酋长遭雷击身亡。那位杉浦教授回到日本后，正打算将记录的古墓秘密整理成书出版。还没等书写成就突然暴死。后来杉浦家族委托一位对印加人有研究的泉靖一教授继续整理出版，奇怪的是，泉教授不久也突然暴死，从此再也没人敢去完成死者的这一遗愿。

▼波纳佩岛风光

类似的怪事，早在1907 年在德国统治南洋群

▲南马特尔古建筑遗址

岛时也发生过。据说波纳佩岛第二任总督伯格对南马特尔遗迹发生了兴趣，根据酋长的口授对伊索克莱凯尔酋长的墓进行发掘，可是下令还不到一天，就应验了不吉的预言，总督突然暴死。19 世纪德国考古学家卡伯纳两次来波纳佩群岛发掘文物，结果同样落得悲惨的下场。

这里变化无常的气候，也使人惊恐不安。20 世纪 70 年代，日本海洋生物学家白井祥平曾来此调查。事后他回忆说："在阳光灿烂的一天下午，我们一行 3 人驾着机动船来到了一个当地人叫作'南·杜瓦斯'的小岛，只见眼前矗立着一座用玄武岩石柱垒起的犹似神庙的建筑物，石墙分内外两层。正当我们从外侧绕到内侧时，突然周围阴沉下来，我抬头仰望了一下天空，刚才晴朗的蓝天已消失。自己头顶上笼罩着一块不知从哪里冒出来的黑云。并且很快向四周延伸，接着电光闪闪。雷声隆隆。瓢泼大雨劈头盖脸地浇下来，我被这突然变幻的天气惊呆了。直到同行的人大声呼唤，我才从沉思中惊醒，发觉自己还傻呆呆地淋在雨中，大约过了 5 分钟，骤雨过去了，天空又立刻放晴。傍晚，我向哈特莱酋长谈起午后在墓地的惊遇，他不禁放声大笑，说：'这儿连一滴雨都没落下'"。

上面所说的几个例子，莫名其妙的暴死、变幻莫测的天气，虽然可能又是一些巧合的事情，但使南马特尔遗迹笼罩着一种神秘的色彩。

费解的建造

近年来，不少欧美学者来此调查。大家都对这项宏伟工程是用人力完成表示怀疑。据调查，整个建筑用了大约 100 万根玄武岩石柱，系从该岛北岸的采石场开凿，加工成石柱后用筏子运到这里。专家们估计，如果每天有 1 000 名壮劳力从事开凿，那么光是采石需要 655 年，加之，还要用人力加工成五角形或六角形棱柱需要 200 ~ 300 年，最终要完成这项建筑的话。需要 1550 年的时间。

现在，波特佩岛上有人口 2.5 万人，而南·马特尔遗迹建造的古代，人口还不到现在的 1/10。据此，1 000 名壮劳力的人数差不多是动员了全岛所有的劳动力，何况，为了确保生存，还得抽调一部分人去从事农业劳动，因此专家们设想这项工程很难是凭借人力完成的。

有的考古学者认为玄武岩是岩浆冷却的火成岩，试图将建造遗迹用的五角、六角形石柱解释成是冷却凝固成型的。但是，从实际石柱的表面来看，很难解释成是自然成型的。

另一方面，美国的一调查小组曾用碳 14 对遗迹进行了年代测定。结果表明南·马特尔遗迹是在距今近 800 年前，即公元 1 200 年左右建造的。公元 13 世纪初是萨乌鲁鲁王朝统治波纳佩岛时期，所以调查组设想环绕波纳佩岛的南·马特尔遗迹也许是作为该王朝的要塞修建的。萨乌鲁鲁王朝创造于公元 11 世纪。在经历了 200 多年的繁荣时期后灭亡了。因此，在这样短的时间内就完成南·马特尔建筑，怎么也不能使人相信。南·马特尔建筑也就成了一个未解之谜。

▲建造神庙的石柱

模糊的猜测

有不少学者对南·马特尔建筑遗迹之谜早就开始着手研究，提出了众多的假说。

1869 年，驻印度的英国军官詹姆斯·拉奇伍德从一位高僧珍藏多年而从未向外人透露的几个泥塑板上破译出其中的记载：远古的太平洋上存在着辽阔的第六大陆，它包括东到夏威夷群岛，西到马里亚纳群岛。南到波纳佩群岛和库克群岛的广大区域，是人类最早的发祥地之一，距今约 5 万年前，繁荣一时，在 1.2 万年前因大地震而沉陷海底。拉奇伍德经多年考察认为。现今南太太洋上的无数岛是第六大陆的残骸，而南·马特尔遗迹就是泥塑板上记载的第六大陆文化中心的七城市之一——罕拉尼普拉。

长年从事波纳佩岛与第六大陆关系研究的詹宁不同意拉奇伍德的说法，认为第六大陆的真正文化中心是在现今夏威夷岛东北五六公里的地方。但他十分称道拉奇伍德破译泥塑板上所记载的内容的价值。他认为，泥塑板所记载的是 2 万年前古印度的历史，文中记述了当时已有像今天的飞机那样能在空中飞行的机械，与古印度梵语叙事诗“摩呵波罗多”中的记载相似，也可解释南·马特尔岛上流传的巨石建筑是外来的阿迪儿法伊兄弟用咒语驱动巨石飞来的神话。他认为第六大陆的文明科学与今天的科学不同，有控制重力的能力。

▼波纳佩岛风光

由此，美国反重力工程学专家戴维认为通过反重力工程学的研究，也许可以揭开南·马特尔巨石建筑之谜。并企图以此来说明南马特尔巨石建筑的材料是利用反重力控制法空运来的。他还指出阿波罗计划的登月舱装着的火箭只是为摆脱月球的重力，是一种军事上需要的伪装，而与此同时也使用反重力装置。

尽管假说众多，但也矛盾重重，疑点密布，可信度不高。研究发掘者暴死之真正原因是什么？第六大陆是否真正存在过？在南·马特尔的建造年代上哪家之说较为可信？这一切都有待进一步揭开。

复活节岛与巨人像

复活节岛是地球上最孤独的一个岛屿。这个三角形小岛位于东太平洋，它离太平洋上的其他岛屿也相当遥远，离它最近的有人居住的岛屿是皮特克恩岛，远在西边 2 000 公里处。迟至 1722 年 4 月 5 日，该岛的原居民才与外界有了接触，那是由荷兰航海家雅可布·洛加文(Jakob Roggeven)率领的一支 114 人的三艘战舰。洛加文发现它的时候，在海图上用墨笔记下了一个点，在旁边写上“复活节岛”，因为这一天正好是基督教的复活节。从此该岛以“复活节岛”为人所知。但是现在人类学界一般将它叫作拉帕努伊岛(RapaNui)，这是 19 世纪中叶波利尼西亚人对它的称呼，岛上原居民被称作拉帕努伊人，他们讲的方言被称作拉帕努伊语。

▲复活节岛上的巨人像

岛上的居民则称复活节岛为“拉帕努伊”，意为“石像的故乡”，或称“特皮托·库拉”，意即“世界的肚脐”。小岛东距智利本土 3 700 公里，西距最近的皮特克恩岛 1 900 公里，像一叶孤舟漂泊在万顷碧波上。

复活节岛上遍布近千尊巨大的石雕人像，它们或卧于山野荒坡，或躺倒在海边。其中有几十尊竖立在海边的人工平台上，单独一个或成群结队，面对大海，昂首远视。这些无腿的半身石像造型生动，高鼻梁、深眼窝、长耳朵、翘嘴巴，双手放在肚子上。石像一般高 5 ~ 10 米，重几十吨，最高的一尊达 22 米，重 300 多吨。有些石像头顶还戴着红色的石帽，重达 10 吨。这些被当地人称作“莫埃”的石像由黝黑的玄武岩、凝灰岩雕凿而成，有些还用贝壳镶嵌成眼睛，炯炯有神。

令人不解的是，岛上这些石像是什么人雕刻的呢？它象征着什么？人们又是如何将它们从采石场运往几十公里外的海边呢？有人说这是外星人的杰作，但没有确凿证据。

苏美尔文明的起源之谜

苏美尔城市是现在所知道的人类文明史中，历史最悠久的文明城市，约公元前 4 000 年突然出现于中东的底格里斯河和幼发拉底河两河的下游地区，即现在的伊拉克南部。正统的历史学家和考古学家取得共识，苏美尔城市不仅是以后古代东方文明的发源地，也是现代世界文明的发源地。苏美尔人突然出现，又突然消失于底格里斯河和幼发拉底河的下游。他们是于何时，以何种方法学习到楔形文字和宝塔式的建筑技术呢？这至今仍是个难以破译的历史之谜。

▲刻着花纹的苏美尔日常用具

关于苏美尔

美索不达米亚文明，也叫两河文明或两河流域文明，指在两河流域间的新月沃土——底格里斯河和幼发拉底河之间的美索不达米亚平原发展起来的文明，是西亚最早的文明，而苏美尔人则是这一文明的伟大创建者，他们似乎既不是印欧人的一支，也不是闪米特人的一支，他们的原籍可能是东方某地。在公元前 3 500 年时，苏美尔人在美索不达米亚南部开掘沟渠，依靠复杂的灌溉网，成功地利用了底格里斯河和幼发拉底河的湍急的河水，从而在美索不达米亚南部创建了第一个文明。到公元前 3 000 年时，苏美尔地区已出现 12 个独立的城市国家。各城市国家为了争雄称霸，相互征战大大削弱了苏美尔人的力量，最后迫使他们臣服于闪米特（Semitic People，也译作塞姆人）人。闪米特人的著名领袖萨尔贡（意为真正的国王）一世。建立阿卡德帝国，苏美尔文明从城邦国家过渡到统一王国时期，但它的寿命短暂（历时 280 年）。来自伊朗的新入侵者打败了萨尔贡一世的孙子，苏美尔人的城市国家又一个个重新出现，直到乌尔城邦崛起，再一次统一各城邦，建立起一个纯粹的苏美尔人的帝国（史称乌尔第三王朝）。这一帝国从公元前 2113—公元前 2006 年，维持了一个世纪。

▼苏美尔文明遗址

苏美尔文明实际是城市、城邦文明。在世界历史上最早建立城市的民族。早在公元前 4300—公元前 3500 年，苏美尔人就在两河流域内部平原上建立了不少城市，如欧贝德、埃利都、乌尔、乌鲁克、捷姆迭特 · 那色等。城市的建立，标志着两河流域南部地区氏族制度的解体和向

▲苏美尔遗址

文明时代的过渡。公元前 3500—公元前 3100 年，两河流域由农村到城市的发展过程进一步加快了，到公元前 3100—前 2800 年，两河流域南部已经形成了数以十计的城邦即城市国家，主要有埃利都、乌尔、乌鲁克、拉伽什、乌玛、苏鲁帕克、尼普尔、基什、西帕尔等。

苏美尔文明的一个重要特征是文字的发明和使用。考古学家在基什附近的奥海米尔土丘发现了一块约在公元前 3 500 年的石板，上面刻有图画符号和线形符号。这是两河流域南部迄今所知最早的文字。两河流域书写的材料是用黏土制成的半干的泥板，笔是用芦苇秆（或骨棒、木棒）做的，削成三角形尖头，用它在半干的泥板上刻压，留下的字迹笔画很自然地成了楔形，因此称为楔形文字（cuneiform）。写好后的泥板晾干或烧干，长期保存。苏美尔人所创造的楔形文字，被后来的阿卡德人、巴比伦人、亚述人所承袭，并随着商业和文化交流的扩大而传播到整个西亚。

楔形文字传播的地区主要在西亚和西南亚。在巴比伦和亚述人统治时期，楔形文字有更大的发展，词汇更加扩大和完备，书法也更加精致、优美。随着文化的传播，两河流域其他民族也采用了这种文字。公元前 1500 年左右，苏美尔人发明的楔形文字已成为当时国家交往通用的文字体系，连埃及和两河流域各国外交往来的书信或订立条约时也都使用楔形文字。后来，伊朗高原的波斯人由于商业的发展，对美索不达米亚的楔形文字进行了改进，把它逐渐变成了先进的字母文字。

苏美尔人的科技发明和成就

苏美尔人的发明创造很多，最值得称道的是以下两个。

一是车轮。它发明于苏美尔时代初始之际（公元前 3200 年左右）。苏美尔人可能是受陶轮的启发突发此想的，因为早在公元前 4000 年左右的伊朗轮子就已用于制陶业了，该技术在大约 500 年后由伊朗传入苏美尔。

二是太阴历。他们以月的圆缺，周而复始为一个月。一年分 12 个月，其中有 6 个月各为 30 天，另 6 个月各为 29 天，全年共 354 天。这样每年比地球绕太阳一周的时间少 11 天多，于是他们又创立了设置闰年的办法。

文化艺术与宗教

苏美尔人在建筑方面也达到了古代很高的水平，最主要的建筑遗迹是塔庙。由于两河流域没有巨大的花岗石，苏美尔人便用砖块建造塔庙。苏美尔人习惯于在旧神庙原址上建新庙，因历代续建，神庙地基变成了多层塔形的高台，顶端供奉着神龛。这种高台建筑，叫“吉古拉特”（Ziggurat）。苏美尔人在造型艺术上早期以小型雕塑和镶嵌艺术为主。出土的面具、祭司组雕、公牛头（牛头竖琴）、“乌尔军旗”等，堪称当时的典范。后来，苏美尔人偏重于较大型的雕像和浮雕（如纳拉姆辛石碑）。

苏美尔人的宗教发展程度不高，但宗教在他的生活中占有很重要的地位。他们崇拜许多神，如天神（安努）、地神（恩利尔）、水神（奴恩）、太阳神（沙马什）、月神（辛）、女神（伊什塔尔）等。苏美尔宗教有一个令人值得注意的特点：它不主张有什么极乐的和永恒的后世。由于宗教在苏美尔中有着重要的作用，祭司在当时社会中占据着重要的地位。祭司和管理人员（这两个词往往意义相同）需要学习楔形文字，因而神庙区内附设有学校，教授楔形文字和祭司等级需要掌握的其他知识，苏美尔的这些学校是现知人类文明史上最早的学校。

疑似外星人的殖民地

艾力多遗迹现已被考古学家确认，根据用楔形文字所记载的黏土板文书中的“苏美尔王名表”所示，艾力多是“大洪水以前，从天降下王权的最初之都”。卡鲁·赛甘博士还指出：若将欧亚奈斯生物“如鱼般的身体”视为是在暗示太空衣或潜水衣，“鱼头下的别的头”暗示的是太空帽或潜水帽中的脸的话，那我们很快就会得出结论，这是水中的智能性生物。

还有一个人尝试以更积极、大胆的主张来解说。他就是以色列血统美国籍的中东语言学家兼古代史研究家卡利亚·席金。他指出：与其说苏美尔文明的起源，是靠外星人的援助，不如说是在“大洪水”以前，苏美尔被外星人建成殖民地，苏美尔文明正是这块殖民地留下的文化遗产。他观察到，透过美索不达米亚（从苏美尔到亚述）、埃及、希伯来等中东一带的文献及《圣经》所出现的共同语中，都有一单词“塞姆”。且不论何种文书，都经常将它用于记述神的天上之旅或人类升天的场合。

“塞姆”在当时的绘画文字（楔形文字的最初形态）之中，是“垂直上升之物”的意思。由此可见，它应是火箭、太空舱之类的飞行物体。事实上，在呈献给巴比伦的女神伊茜达尔的赞歌中，有一句就明显地将它当作飞行物体：“天上的贵妇人乘坐‘塞姆’飞行于人类居住的土地上。”除此之外，当时的绘画、浮雕、雕刻上也描绘着火箭形的物体。

▼淹没在水里的苏美尔遗址

总之，对苏美尔文明的起源可谓是见仁见智，其说不一。到底哪种解释最能被公众所接受，我们还应拭目以待。

世界十大宝藏之谜

▲海盗藏宝想象图

自从著名探险家哥伦布于 1492 年起四次远涉重洋，神游美洲寻宝探险以来，寻宝这一富有刺激冒险意味的活动成了一种时髦。“泰坦尼克”号沉船的被寻获，那价值连城的珠宝金银犹如热风，更掀起了空前的寻宝热潮。在当今世界上，至少有 10 处宝藏是寻宝者久寻不获的，它们神秘地隐藏在某一地方，等待着幸运儿的寻觅、发现。

洛豪德岛的海盗遗产

在澳大利亚，有一个名为洛豪德的小岛，该岛并非鸟语花香、景色宜人的胜地，然而，“岛不在美，有宝则名”。相传岛上藏有无数财宝，周围海底也铺满耀眼炫目的宝石。

17 世纪 70 年代，一位名叫威廉·菲波斯的人，在偶然中发现一张有关洛豪德岛的地图，图上标有西班牙商船“黄金”号的沉没地，他惊喜若狂，感觉到一个发财的机会到来了。原来，“黄金”号商船有一段神秘的故事，那是在 16 世纪 50 ~ 70 年代，西班牙人沿着哥伦布的航迹远征美洲，从印第安人手里掠夺了无数金银珠宝，然后载满船舱回国。然而，他们的行动被海盗们觉察了。于是，海盗们疯狂袭击每一艘过往的商船，杀害船员，抢夺了大量财宝。如山沉重的财宝，海盗们无法全部带走，于是将剩余部分埋藏在洛豪德岛，并绘制了藏宝图，海贼们发血誓表示严守秘密，以图永享这笔不义之财。哪知海盗们终归是海盗，哪有信用可言，一些阴谋者企图独吞宝藏，一时间血肉横飞，一场火并后留下了具具尸体，胜利者携带藏宝图混迹天下，过着花天酒地、骄奢淫逸的生活，而藏金岛的传说也不胫而走，风靡世界。

菲波斯怀揣这张不知真假的藏宝图，登上荒岛，四处勘察，然而他一无所获。正当他徘徊海滩时，无意中脚陷入沙中，触及到一块异物，经发掘是一丛精美绝伦的大珊瑚，在珊瑚丛内竟又藏有一只精致木箱，箱中盛满金币、银币和珍奇宝物。菲波斯狂喜万分，他在岛上待了 3 个月，疯狂地寻觅，整整 30 吨金银珠宝装满了他的帆船，他实现了发财梦。

▼洛豪德岛风光

一时间许多真真假假的“藏宝图”应运而生，充斥欧洲，高价出卖，不少发财狂们重金购买，不惜血本，结果呢?

▲海底遗迹

不少人或葬身海底，或暴死荒岛，或苦苦寻觅，久无踪影。海盗的遗产成了一个充满诱惑的谜团。

地下陵寝的宝藏

秘鲁政府近年宣布：对古印加王国首都废墟的地下国王陵墓加以严格保护，不允许人们随便破坏它，并且在严密防卫下，由两位经验丰富的秘鲁考古学家花费几年时间在此地挖掘。他们在寻找什么呢？

在16世纪下叶，一位名叫古特尼茨的西班牙商人探险来到此地，他由一位印第安部落头人引路，穿过错综复杂、九曲十折的地下迷宫，来到这座地下的国王陵寝，瞬间，这位青年商人被金光灿烂的黄金珠宝照耀得不知所措，这座陵寝内摆设满珍奇珠宝，其中包括一些镶有翡翠眼睛并用黄金铸造的鱼，印第安头人平静地告诉面前这位惊恐万分的西班牙人，只要他协助建设当地的公共工程，这些黄金便全归他了。无须犹豫，这无疑是一个千载难逢的良机，古特尼茨拼命点头，于是，他如愿以偿以一个巨富的姿态返回西班牙。

至于古特尼茨捞得多少黄金可能永久成为未知数，但根据1576年的西班牙税收记录记载，古特尼茨不仅向国王密报了这处宝藏，而且慷慨地奉献了900磅黄金为税金，可见，他得到了多少财富。然而，在他之后的无数探宝者却没有这种运气，但总有人提供了激动人心的线索：在当地废墟下面，隐藏有一处更大的宝藏，里面摆满更多陪葬的黄金物品。

此说真真假假，为陵寝蒙上了一层神秘的迷雾，而揭开这层迷雾，则有待于后人的运气了。

金银岛上埋藏的秘密

苏格兰作家斯蒂文森的著名小说《金银岛》讲述了一个脍炙人口的探险故事，主要说以海盗和船长各自一帮人为争夺荒岛宝藏而展开了惊心动魄的拼斗，在尾声中，作者暗示仍有一大笔财宝隐藏在荒岛的某一处。

▼金银岛

《金银岛》是以太平洋的可可岛为背景写的，该岛位于距哥斯达黎加海岸300英里的海中，曾是17世纪海盗的休息站，海盗们

▲可可岛风景

▲沉船残骸

将掠夺的财宝在此装装卸卸，埋埋藏藏，为这个无名小岛平添了神秘色彩，据说岛上至少埋有6处宝藏，其中，最吸引寻宝者的是秘鲁利马的宝藏。

19世纪上半叶，南美各国反对西班牙殖民统治的民族独立运动进行得如火如荼。阿根廷民族英雄圣·马丁将军率领舰队沿智利海岸北上，准备解放被西班牙统治的秘鲁。西班牙殖民者人心惶惶，一片大乱。

趁西班牙人大乱之机，以威廉·汤普森为首的英国海盗，洗劫了秘鲁太平洋港口城市卡亚俄，劫掠宝物共有24箱，里面装着一尊圣玛丽亚金像、大量的金币、金杯和许多金银首饰、宝石，可谓价值连城。英国海盗逃到太平洋上，进入公海后，汤普森与10名同伴商量，决定驶向无人居住的荒岛——可可岛。

登上小岛后，海盗们把这些金银珠宝埋在了岛上。4天后，他们乘船离开了可可岛。在途中，他们遭到了大风暴的袭击，11名海盗全部落入海中。正当危急时，他们看到了一艘军舰，于是大声呼救。可谁知冤家路窄，这艘军舰正是来追踪这批英国海盗的。

11名海盗全部被擒。怒气冲冲的船长当场枪毙了8名年长的海盗。剩下了3名18～20岁的年轻海盗，船长见他们年纪小，没舍得杀他们。当时，船上正流行瘟疫，其中1名年轻的海盗也染上了瘟疫，不久一命呜呼。船上的人性命难保，谁也无心寻宝。其他两名海盗看准机会，在一个黑漆漆的夜晚跳海逃走。他们在海上漂泊了数日以后，被一艘美国捕鲸船救起。当这艘船经过夏威夷群岛时，一名海盗要求留在岛上，一直在那里生活。另一名海盗随捕鲸船到了美国的新贝德福德。

20年后，这名海盗又当了海员。在一次从古巴到加拿大的航行途中，他向一位好朋友透露了20年前的事。消息很快就传遍了全世界，无数的寻宝人到可可岛探宝。使原本风光秀丽的小岛被炸得伤痕累累。

1978年，一件意料不到的事情使所有寻宝者目瞪口呆，哥斯达黎加政府以保护生态环境为理由，封闭了可可岛，严禁任何人挖掘。然而这之中又隐藏了一个怎样的新秘密呢？那“金银岛”的宝藏会永远被埋藏吗？

“圣荷西”号沉船的珍宝

▲暴风雨中的船队

1708年5月28日，是一个晴朗的日子，一艘西班牙大帆船“圣荷西”号缓缓从巴拿马启航，向西班牙驶去，这艘警备森严的船上载满着金条、银条、金币、金铸灯台、珠宝，这批宝藏据估计至少值10亿美元。当时，西班牙正与英国、荷兰等国处于敌对状态，英国著名海军将领韦格正率领着一支强大的舰队在附近巡逻，危险会时时降临。然而“圣荷西”号船长费德兹全然不顾，一则他回国心切，二则他过于迷信偶然性的幸运，竟天真地认为：大海何其广大，难道会这么巧遇上敌舰吗?

“圣荷西”号帆船平安行驶了几天，船长显得轻松自信了，直至6月8日，当人们惊恐地发现前面海域上一字排开的英国舰队时，全都傻了眼，猛然间，炮火密布，水柱冲天，几颗炮弹落在“圣荷西”号的甲板上，海水渐渐吞噬着这巨大的船体，“圣荷西”号连同600多名船员以及那无数珍宝沉往海底。沉落地点经无数寻宝者的测定，终于有了一个大概的结果：它大约在距哥伦比亚海岸约16英里的加勒比海740英尺深的海底。

俗话说：“近水楼台先得月。”1983年，哥伦比亚公共部长西格维亚正式庄严宣布：“圣荷西”号是哥伦比亚国的国家财产，不属于那些贪得无厌的寻宝者。人们估计，哥国政府已经勘察出沉船的地点了，尽管打捞费用可能高达3 000万美元，但它与这批宝藏相比就算不了什么。目前，打捞可能已经开始。结果如何，仍是未知数。

沉睡海底的黄金船队

“圣荷西”号船的沉没，对西班牙人来说并非先例，早在1702年，西班牙历史上著名的“黄金船队”就在大西洋维哥湾被英国人击沉，从而留下探宝史上一大遗案。

那时，西班牙财政困窘，一支由17艘大帆船组成的庞大船队遵命载着从南美洲掠夺的金银珠宝火速运回西班牙，其间将经过一段最危险的海域，在6月的一天，正当“黄金船队”驶到亚速尔群岛海面时，突然一支英、荷联合舰队拦住去路，这支150艘战舰组成的舰队迫使“黄金船队”驶往维哥湾躲避。

◀当时的西班牙战舰

面对强敌的包围，唯一而且最好的办法是从船上卸下财宝，从陆地运往西班牙首都马德里，但偏偏当局有个奇怪的规定：凡从南美运来的东西必须首先到塞维利亚市验收。显然不能违令从船上卸下珍宝，侥幸的是在皇后玛丽·德萨瓦的特别命令下，国王和皇后的金银珠宝被卸下，改从陆地运往马德里。

在被围困了一个月后，英、荷联军约3万人在鲁克海军上将指挥下对维哥湾发起猛攻，3 115门重炮的轰击，摧毁了炮台和障碍栅，西班牙守军全线崩溃，由于联军被眼前无数珍宝所激奋，战斗进展迅速，港湾很快沦陷，此时“黄金船队”总司令贝拉斯科绝望了，他下令烧毁运载金银珠宝的船只，瞬时间，维哥湾成为一片火海，除几艘帆船被英、荷联军及时俘获外，绝大多数葬身海底。

这批财宝究竟有多少？据被俘的西班牙海军上将恰孔估计：约有4000～5000辆马车的黄金珠宝沉入了海底。尽管英国人冒险多次潜入海下，也仅捞上很少的战利品。于是，这批宝藏强烈吸引着无数寻宝者。从此，在维哥湾海底，出现了一批批冒险家的身影，他们有的捞起已空空如也的沉船，有的却得到了纯绿宝石、紫水晶、珍珠、黑琥珀等珠宝，有的仍用现代化技术和工具继续寻觅。随着岁月推移，风浪海潮已使宝藏蒙上厚厚泥沙，众多传闻又使宝藏增添了几分神秘，无疑给冒险带来了太多的麻烦。

▲传说中的黄金城在亚马孙雨林某处

不幸的是那部分由陆地运往马德里的财宝，在途中有一部分被强盗抢走。这部分约1 500辆马车的黄金，据说至今仍被埋藏在西班牙庞特维德拉山区的一个鲜为人知的地方，这显然又像一块巨大的磁铁吸引着梦想发财的人们。

亚马孙密林的印加宝藏

印加人是南美洲印第安人的一支。15世纪中叶，印加逐渐强大起来，建立了一个以秘鲁为中心，辖地达80多万平方公里的美洲第一大“帝国”。传说，在印加首都库斯科，有用黄金和宝石装饰成的宏伟的太阳神庙，有金碧辉煌的“黄金花园”，印加帝国便是一个金子的国度。

黄金城是传说中印加人存放黄金的地方。印加人早就开始开采金矿，炼黄金。数千年以来，他们聚敛了大量黄金。为此，印加人专门建造城池以供祭祀神祇之用。当然这些城池十分的神秘，外人根本无法接近。

据传，古时印加王的加冕仪式都在一个湖畔举行。王位继承人首先须周身涂满金粉，显示着太阳之子的光辉。然后，国王在湖中洗去金粉，臣民们纷纷把自己最珍贵的黄金、宝石献于国王的脚前。这位新国王把所有的这一切都投入湖中，祭献给至尊的太阳神。如此世代积累的珍宝，都沉积在黄金湖中。

为了追寻这神话般的国度，贪婪的西班牙冒险家们从16世纪初开始，一批批涌入了那莽莽密林。1532年9月，西班牙殖民者皮萨罗率领180多名士兵，越过险峻的安第斯山脉，进入了这个欧洲人从未到过的国度。在未遇任何抵抗的情况下，进入了印加北部重镇卡沙马尔卡。狡猾的皮萨罗设计伏击并俘虏了印加王，然后向他勒索巨额赎金，要求印加人拿出能填满关押阿塔瓦尔帕屋子的黄金和白银，皮萨罗丈量了一下关押阿塔瓦尔帕的房间，那个房间长7米，宽5.5米，约115立方米。皮萨罗对阿塔瓦尔帕说："如果你实现我的要求，我将恢复你的自由。"

为了赎回自己的领袖，黄金、白银不分昼夜地运向卡沙马尔卡。殖民者所勒索的数目很快就达到了。印加人总共付出了13 265镑的黄金，26 000镑的白银，如此空前巨大的数额，令西班牙殖民者狂喜不已。这么一支小规模的军队，却获得了如此巨额的战利品，可以说在世界历史上是绝无仅有的。然而，勒索的愿望虽然满足了，皮萨罗却背信弃义地杀害了这最后一位印加王子。

▲亚马孙河流域

因分赃不均，侵略者内部发生了冲突，结果几乎所有的首领，包括皮萨罗及其4个兄弟和他的伙伴阿尔马格罗都被杀死。那批数额惊人的印加财宝，也就失踪了。皮萨罗所勒索的这批巨额财富，有人传说当时皮萨罗并未能拿走它。这些金银随着阿塔瓦尔帕的尸体一起，被印加人夺回后藏了起来。据说藏宝的地点，就在今天厄瓜多尔利安加纳蒂的山中。

一位叫凯萨特的西班牙人曾经率领700多人组成的探险队深入密林，在密林中仔细寻找，终于在康迪那玛尔加平原发现了传说中的黄金城，并找到了价值300万美金的翡翠宝石，但这个探险队也付出了500多条生命的惨痛代价。有人猜测，他们找到的财宝这仅仅是其中十分微小的部分，那里的珍宝总价值可能在60亿美元左右。

后来，亚马孙河流域不断采掘到黄金以及森林宝藏的消息风靡世界，欧美国家各自组成一个个探险队闯入亚马孙森林，总人数在300人以上，但他们中的绝大多数人空手而归，或者葬身密林。

从16世纪西班牙征服印加帝国后，对黄金湖的寻找和打捞也未曾中断。最后，人们确定哥伦比亚的瓜达维达湖便是传说中的黄金湖。1545年，一支西班牙探险队在较浅的湖水中捞起了几百件黄金制品。这一收获证实了黄金湖的传说，也愈加吸引了更多的寻宝者。但是对湖中深处宝藏的打捞，却一直未能获得成功。1911年，一家英国公司想抽干湖水以求宝藏，结果花费了巨额资金，最后仍归于失败。从 1974 年起，为防止湖中宝藏落入外人之手，哥伦比亚政府下令禁止在湖中打捞，并派军队封锁了该湖，此后再也没人能接近那个传说中的宝藏了。

也有人怀疑如此巨大的印加宝藏是否真实存在。考古学家和人类学家哥科里认为，“整个关于印加人逃到库斯科，并在那里埋下了宝藏的说法只是一个传说，并没有可靠的证据可以支持。另外，‘湖下存在着一个古城’这一想法尽管很浪漫，但却很不现实”。

神秘失踪的第八奇观

18 世纪初，以追求豪华生活而著称的普鲁士国王腓特烈一世心血来潮，异想天开，建造了被他称为世界第八奇观的琥珀屋。

琥珀屋约 55 平方米，全部用琥珀板镶成，室内的装饰板也全部用带银箔的琥珀板镶成　，堪称旷世珍宝，世界一绝。不久，为了讨好俄国，腓特烈一世将这稀世之宝作为礼物送给彼得大帝。

彼得大帝病逝后，继位的女皇又对琥珀屋加以扩整，使之更加精美、珍贵、华丽，成为皇宫里的一颗璀璨明珠。第二次世界大战期间，德军占领苏联，一个以掠夺文物为目的的法西斯组织将琥珀屋拆卸装箱运往柯尼斯堡。战后，苏联的一个寻找琥珀屋的组织根据一个德国人的指点，在波罗的海中打捞起 17 个箱子，可是，箱内装的不是琥珀屋，而是滚珠和轴承。在重新研究大量材料时，寻宝人员发现德国一位研究琥珀极有造诣的艺术教授罗德博士是位知情人，原来罗德不仅从纳粹手中接收了琥珀屋，并亲自为它编排目录，举办过小范围展览，而且在法西斯失败前曾下令拆卸琥珀屋，但是，罗德对琥珀屋的确切收藏位置模糊不清，正当他继续思考线索时却不明不白地暴死了。搜寻队又将线索转向一位名叫库尔任科的苏联妇女身上，她曾与罗德一块共事，并负责保管被认为是包括琥珀屋在内的艺术展品。

这位妇女回忆说：在德军撤退时，一群军人曾歇斯底里地破坏这些艺术品，接着城市又燃起了熊熊大火，那些展品和放置它们的城堡被烧成一片灰烬。因此出现这样一个问题：琥珀屋是否就混同在这批艺术品中？

▼彼得大帝塑像

线索中断了，但并没有阻止搜寻队的行动，而且不少德国人也纷纷协助寻找琥珀屋，一家杂志甚至登出图文并茂的广告，号召人们提供有关琥珀屋的线索，一时间，从柏林、莱比锡、慕尼黑、汉堡等地来的信件犹如雪片飞向编辑部。

▲海底沉船

一位青年提供了一条有价值的情报，他的父亲乔治 ·林格尔曾是纳粹的军官，具体过问并执行了掩藏琥珀屋的命令，并在生前曾亲口告之，琥珀屋藏在一个名为斯泰因达姆的地下室。这份情报又给人注射了一针兴奋剂，搜寻队推断，琥珀屋至今未转移出罗德博士所在的那座城市，也许它仍在一个地下室静静地沉睡着。

葬于海底的加州金矿

公元 1849 年，美国加州发现金矿，一时间便掀起淘金热，西部和东部的冒险者云集此，为每一寸矿地而争夺，火并、流血整整 8 年后，一群群人带着用血汗换来的黄金，准备回家，结束这种残酷危险的日子。

一大群淘金者风尘仆仆，带着他们的妻子、孩子，辗转万里，开始了又一种恐惧的行程。他们从旧金山搭船到巴拿马，再搭骡车横越巴拿马地峡，最后乘船驶往纽约。这群人离开巴拿马两天后，也就是 1857 年 9 月 10 日，所乘坐的“中美”号汽船遇上了意料不到的灾难，这艘小小的汽船有 750 余人，吃水太紧，加上遇到飓风，狂风暴雨的袭击使船舱破裂，海水漏了进来。人们发现船帆被强风吹断，锅炉的火熄灭了，一望无际的大海使这群人感到绝望。他们组成自救队，妇女和儿童被送上救生艇，全部获救，但 423 名淘金汉连同那无法估量的黄金葬身海底。那些幸存者们已无法确定沉船的准确方位，这批加州黄金宝藏的下落成为一个谜团。

一位著名的寻宝专家名叫史宾赛，他曾有过寻获几艘在美国内战中沉没船只的成绩，对这艘载有黄金的“中美”号汽船表示了强烈兴趣，目前，他已花费了15年时间来寻找“中美”号，并深信已找到该船沉没的确切地点，并希望在两年内打捞出这批黄金。史宾赛似乎为解开加州宝藏之谜带来一线光明。

变化莫测的钱坑宝藏

▼钱坑到底在哪

名作家马克 · 吐温在《汤姆 · 索亚历险记》中描述说，海盗的宝藏都是装在破木箱里，埋在老橡树下，半夜时，这棵树的树枝阴影所落下的地方就是藏宝地，这类情景几乎就是“钱坑”宝藏的再版。

1795 年 10 月，三位少年登上离加拿大海岸仅 3 英里处的橡树岛旅游，他们发现朝海一面的大片红橡树林中突然出现空旷地，地中间独立着一棵古橡树，树枝上似乎挂过一个古船的吊滑车，正下方有一个浅坑，根据迹象判断，这里可能埋有海盗的宝藏。

原来，橡树岛早在17世纪时便是海盗出没之地，有一个著名海盗叫威廉·基特，1701年他在伦敦被处决，临死前提出一个交换条件：若他能免一死，愿告诉一个埋宝地方。但他遭到拒绝，连同那个宝藏一道被送进阴间。

那么，基特的宝藏是否就是埋在此地呢！三位少年开始挖掘，发现那坑像个枯井，每隔10英尺就碰到一块橡木板，最终毫无结果。1803年，又一群人继续挖掘，当挖到90英尺深时，发现了一块刻有神秘符号的石板，经专家破译，意思是：在此下面40英尺埋藏了2 000万英镑。人们欣喜若狂，他们一边抽水一边挖掘，在一天晚上用标杆探底时，在98英尺深处触及到类似箱子的硬物，当即大伙谈起了宝藏分配，可是第二天，人们惊讶地发现，坑内积水已达60英尺深，于是希望成为泡影。

▲橡树岛

仍不死心的掘宝者又陆续做过15次挖掘，耗资300万美元。在1850年时，人们又有个奇怪的发现，退潮时，“钱坑”东面500英尺处海滩上不断冒出水，犹如吸满水的海绵不断受挤压一样，同时又发现了一套精巧复杂的通向“钱坑”的引水系统，它们使“钱坑”变成一个蓄水坑。

于是人们作出一个推论：海盗将钱坑挖得很深，然后从深处倒过来挖出斜向地面的侧井，宝藏可能离“钱坑”几百英尺远而埋在斜井尽头，离地面不过30英尺深，这使海盗们可以迷惑掘宝者而自己又能轻易挖出宝藏。

1897年，人们又在155英尺深处挖出一件羊皮纸卷，上用鹅毛笔写着两封信，有的人还挖出了铁板，这些发现更使人相信：海盗们埋了一笔巨大财富，20世纪初时人们估计有1 000万美元，在60年代，便传说有1亿多美元了。

一个由加拿大和美国人组成的联合公司正在对“钱坑”进行前所未有的大规模发掘，在岛中心投资1 000万美元钻了一口巨井，深达20层楼，并在其他地方钻了200个洞，有的达165英尺深，已接近岩层；钻头从地下带出了金属制品、瓷器、水泥等物，这家公司格外卖力，计划再挖一口直径为80英尺、深200英尺的大井，并预备了足够的抽水泵，看样子，他们准备将橡树岛翻个底朝天。

原来，他们推测可能有几十亿美元埋在地下，这大概是力量和耐心的真正源泉。

“钱坑”之谜的揭晓可能为期不远了，它可能犹如埃及图特王陵墓一般举世震惊，它也可能是一个耗费巨资掘出的空洞。

恐怖的亚利桑那州金矿

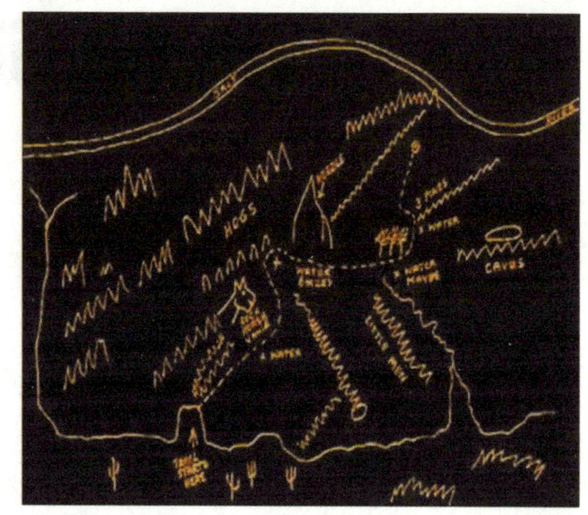

▲古老的地图

在美国亚利桑那州，有一个称为迷信山的山区，这里荒草丛生，怪石峥嵘，猛兽出没，到处是凶狠的响尾蛇。在山中的某一个不知名的地方，有座被人们称为“迷失荷兰人金矿”吸引着无畏的探险者们。

1840年末，一位名叫伯兰塔的探险人深入山区，几经艰险，终于发现一处矿藏丰富的金矿，他仔细地作了标记，以便终生受用，从此很多探宝人一直想找出这处金矿，但很多人不幸葬身荒野，有些人则在途中惨遭印第安人们的伏击而身亡，在通往黄金通路上障碍重重，充满恐怖的气氛。

后来有一位德国探险者华兹终于找到了这处金矿，他经常在山上待上两三天，然后神秘地潜回老家，每次总会捎上几袋高品质的金矿。知道这个金矿地点的还有他的两个同伴，但是他俩全被人神秘地杀害了，凶手是谁？不得而知，大概和这座金矿一样成为永久的秘密。

1891年，华兹死于肺炎，他在临终前画了一张地图，标明了这处金矿的位置。1931年，一位名叫鲁斯的男子通过种种途径弄到了这张不知真伪的地图，于是他携带地图，进入了迷信山山区，然而他却一去不返，6个月后，有人在山区发现了他的头颅，头上中了两枪，样子很惨，但凶手一直没有找到。1959年，又有3位探险者在这处山区遇害，是谁杀了他们呢？无论怎样，凶手肯定是金矿的知情人，他们试图保留这不成为秘密的秘密，然而，这一切阻止不了倔强的寻宝人，因而，探险者的身影、枪声、腥血、响尾蛇、荒野的呼啸构成了亚利桑纳金矿恐怖的色调。笼罩在迷信山山区的迷雾更加使人混沌不安。

这些尚未出土的十大宝藏，是世界上千千万万个已知或未知宝藏的一部分，它们是已经产生或未产生的惊险故事的线索，给人以惊喜、疑虑、遗憾和悲伤。

▶亚利纲金矿石

纳粹宝藏下落之谜

第二次世界大战中，纳粹德国对世界上众多国家犯下滔天罪行。德军所到之处，无不血流成河。据统计，二战中被杀害的波兰人就有530万，犹太人更是多达570万。德国法西斯不仅滥杀无辜，而且掠夺了好多国家的财物和艺术珍宝。在纳粹的铁蹄之下，世界上许多国家珍藏的艺术珍宝遭到了毁灭性的掠夺，许多国家的古堡、宫殿、博物馆被洗劫一空。纳粹投降后，抢掠来的财宝藏在哪了呢？

纳粹的疯狂掠夺

在德军的铁蹄践踏欧洲时，希特勒精心组织了一支特别部队，他们的任务就是专门有计划地对各国的珍贵文物、金银财宝，进行大规模的抢劫。同时，纳粹每占领一个国家，其财政人员马上便夺取这个国家的黄金和外国证券、外汇等，并向这些国家征收数目惊人的“占领费”，到战争结束时，单单“占领费”的收入就有600亿马克。纳粹还用种种理由迫使占领国支付“罚金”“贡金”。据美国有关机构统计，仅此一项金额就达1 040亿马克。

▼纳粹掠夺的名画

纳粹在征服波兰后，其第二号人物戈林下令掠夺波兰文物。半年后，这个国家的所有文物，已全部被接收。据德国官方的一份秘密报告表明，到1944年7月为止，从西欧运到德国的文物共装了137辆铁路货车，共计4 174箱，20 973件，单单绘画就有10 890幅，其中

▲纳粹头目戈林和希特勒

绝大多数为名家杰作。

纳粹头目戈林一个人所收藏的文物，据他自己估计就价值5 000万德国马克。其中有5 000幅世界名画，16万件珠宝镶嵌的宝物，2 400多件古代名贵家具。这些物品中1 500件属于稀世珍宝，简直就是一个博物馆。上述的财宝都是有案可查的，而那些不在册的更是不计其数。

巨额财宝的藏点

关于纳粹的宝藏，据说有相当一部分被隐藏在奥地利境内的阿尔卑斯山中，盟军的寻宝队曾多次在那里搜寻。1945年，一位瑞士向导宣称，在山中见到一架纳粹飞机和驾驶员的遗骸。原来，1943年墨索里尼已到山穷水尽地步，为了使他能继续维持苟延残喘，希特勒密令，用飞机运去相当于一亿美元的黄金。后来飞机在阿尔卑斯山阿丹墨罗峰触山失事。有关人员在向导带领下赶到这里，发现一条移动的冰河掩盖了这个地点，飞机、驾驶员、黄金早已荡然无存。

1949年，奥地利警察发现一个叫兰兹的人十分可疑。之所以说他可疑，是因为在他的衣服里缝着一张奇怪的单子，上面开列有瑞士法郎、美钞、黄金、钻石等总值约一亿美元的东西，签署这张单子的是原纳粹德国少年冲锋队的将军史坦弗·佛罗列屈。对于这张单子的来历和目的，兰兹守口如瓶。奥地利警察曾用尽一切办法，想撬开他的嘴巴，但此人宁死不讲。

1950年5月17日，警方终于又逮着了一个和史坦弗·佛罗列屈有关系的人。此人名叫希姆尔，在他隐藏在一个寺庙的箱子里，警察发现了500多万元的美钞及金条。他承认这是史坦弗·佛罗列屈叫他保管的。随后，警方终于逮捕了史坦弗·佛罗列屈，但不论是他本人还是希姆尔都拒不说出上述隐藏物的地点。

据说，1954年，一位名叫弗兰克的德国人在奥地利度假，他利用过去曾是纳粹党员和被希特勒授勋的身份，设法打进了掩护宝藏的纳粹地下组织，最终看到了那严密守护下的宝藏。他不仅从每一个地

▼纳粹掠夺的财物

▲希特勒

穴上都清楚地看到标明了50万、70万的字样，还听到了许多人以度假的名义来寻宝，最后被杀害的故事。但这件事公开以后，很多人怀疑弗兰克和这些珍宝的真实性。

纳粹掠夺的大宗财富，经过瓜分、隐藏，形成了神秘的八大宝藏，其中最为著名的有：希特勒金库、大德意志之宝、隆美尔藏宝、墨索里尼东林宝藏等。

所谓希特勒金库就是指1938年希特勒建造的“狼穴”。它地处东普鲁士的腊斯登堡（今属波兰）。“狼穴”建在地下20多米深处，四周有80处野外防御工事和犬牙交错的地雷网与死亡带。在战争期间，腊斯登堡是一个禁区。1939—1944年，“狼穴”是希特勒的参谋部，一系列秘密的军事攻击计划都是在这里拟定的。当年的纳粹为了确保“狼穴”工程的绝对秘密，不仅把参与修建这个工程的1万名工人全部枪杀，就连制定“狼穴”工程方案的所有设计人员也被送上一架飞机，名义上是说把他们运往德国西部，但是飞机降落时就突然爆炸了。在“狼穴”里还有一座造币厂和一个银行。据后来纳粹分子交代，在这座神秘的地下金库里就存放着数量相当惊人的黄金、白银和各种珍宝。然而，二战以后的十多年来，无论是苏联人还是波兰人，都没有能找到这座地下金库，也从来没有发现有关这笔财产的编制清单。

所谓“大德意志之宝”，是指1944年底，当纳粹德国即将崩溃前夕，希特勒为日后东山再起而有计划地隐藏起来的一大笔德国政府的财产。这也是欧洲历史上一个战败民族第一次隐藏自己的财富。

1945年4月，人们发现，有近千辆卡车在负责转移德国银行的财产。这笔财产按当时的估价相当于3 500亿法郎。此外，还有一大批首饰、金条、宝石、稀世艺术珍品，以及纳粹头子们的私人财产和教会财产。还有从意大利、南斯拉夫、希腊和捷克等国犹太人身上掠夺来的财产等，其总价值估计可达7 000亿法郎。他们执行一道希特勒的密令：“把当时还留在德国的所有财宝以‘国家财

▼士兵发现纳粹的藏宝地

产’名义隐藏起来。”

这笔财产的数目如此巨大，自然引起了许多人的垂涎。战争结束后，不少人就企图寻找这笔财宝。盟军就曾组织一支寻宝队，他们在一个盐矿里发现了一批黄金、银器、宝石、瓷器、雕像、名画，价值达100亿法郎。但谁都知道，比起纳粹整个掳走的宝藏来说，这只是冰山一角。

▲无法估计的钱财

寻宝

1946年，两名寻宝者赫尔穆特·迈尔和路德维格·皮切尔带着地图走进了奥地利山区。不久人们就发现了他们的尸体。在离尸体不远处，是几个已经被挖开了的藏宝的洞。看来被这两个人掘出的财宝已被秘密转移。后来这个地方在1952年、1953年5月，曾连续发现尸体和8个已经被掏空的藏宝的地洞。警方分析，所有这些暗杀和失踪事件都明显表明，隐藏在奥地利阿尔卑斯山区的财宝是被前纳粹突击队严密控制和守卫着。不久，警方在这一地带逮捕了一个纳粹嫌疑犯，他身上带着一份有纳粹德国党卫队将军弗罗利奇批示和签名的清单：66亿瑞士法郎、99亿美元、14吨金条、294颗钻石和数万件艺术品，但警方始终无法从他身上打开突破口。

美国联邦调查局一直在奥地利托普利兹湖区寻找着纳粹的藏宝。1959年7月，德国技术人员也来到这个地方，他们带着超声波探测器和水下摄像机，在托普利兹湖下70～80米深处的湖底确定了16只货箱的位置，并打捞上来一些货箱。人们在货物箱里发现了伪造得和真的完全一样的假英镑。这批假英镑出自当年被德国人关押在萨克森豪森集中营里的伪币制造能手。

有人认为，“大德意志之宝”的主要财宝已经多次转移，其主要藏宝处分散在奥地利的加施泰因、萨尔茨堡、萨尔茨卡梅尔克附近地区。

也有人认为，主要藏宝点是在奥斯小城周围，因为奥斯在战争期间是纳粹德国最后顽抗的据点之一。人们估计有价值两亿多马克的财产被隐藏在奥斯地区。原联邦德国政府和奥地利政府、法国、美国、苏联和以色列的秘密机构也都在此地竭力寻找这批财宝。从法律上来讲，他们似乎都有权要求得到这笔财产。

到底谁能找到纳粹的宝藏呢？让我们拭目以待。

“圣殿骑士团”的藏宝之谜

圣殿骑士团对伊斯兰教徒同时也对基督教徒进行敲诈勒索，加上朝圣者们的不断捐赠，以及教皇给予的种种特权，从而积聚了相当可观的财富。他们拥有封地和城堡，为朝圣者和国王们开办银行，是欧洲早期的银行家。他们生活奢侈贪得无厌，热衷秘术，密谋参与政治活动，终于引起欧洲各国国王和其他修会的不满，被斥为异端。1312 年，罗马教皇克雷芒五世不得不正式宣布解散圣殿骑士团。但是他们的巨额财富却不知所踪。

▲圣殿骑士

隐藏财宝

1307 年 10 月 13 日，法国国王、美男子菲利普四世下令逮捕所有在法国的圣殿骑士团成员。法国国王想通过打击圣殿骑士团并没收其财富，以补充日趋窘困的财政开支。但是，圣殿骑士团却巧妙地把大量财富隐藏了起来。有人说，罗马教皇在法国国王采取行动的前几天曾经悄悄地给圣殿骑士团通风报信。

1307 年 10 月 13 日，那是一个星期五（这就是黑色星期五的由来），在毫无预兆的情况下，菲利普四世向法国各地的事务官发出密函，要求他们在同一时间打开，密函上的内容正是逮捕各地的圣殿骑士团成员。菲利普的突然袭击获得了圆满成功，法国几乎所有的圣殿骑士团成员都被逮捕，仅在巴黎就有 138 名骑士团成员被捕，圣殿骑士团的高层无一幸免。

法国的宗教裁判所立即就开始对骑士团成员进行审讯。在宗教裁判所的“有效工作”下，圣殿骑士们开始招供。裁判所还让他给所有的骑士团成员发布一道命令，解除他们保密的义务。在莫莱的这道命令之后，骑士团成员向裁判所给出了千奇百怪的供词，有的承认他们入会时要向十字架吐口水，有的说他们搞巫术，有的说他们崇拜异教的偶像，至于这个异教偶像是什么样子，各人又有各人的说法，据记载，仅巴黎一地就有 36 名骑士团成员在审讯过程中死亡。

菲利普四世的行动得到了教皇克莱蒙特五世的支持——事实上他们俩就是同谋，教皇在 1307 年稍晚些时候发布圣谕，谴责圣殿骑士团的罪恶，要求各国采取行动，彻底取缔圣殿骑士团。在菲利普四世和教皇的威胁下，各国虽然有不满，但也只好服从，圣殿骑士团成员再也没有承认罪行，他们中的很多人死于狱中，剩下的则上了火刑架。1510 年在巴黎召开的桑城宗教会议上将否认供词的骑士团成员谴责为异端累犯，判处火刑。5 月 10 日这一天有 54 名圣殿骑士被宗教裁判所用文火烤死。

“圣殿骑士团”

1219 年，法国几个破落骑士，为保护朝圣者，保卫第一次十字军东征中建立的耶路撒冷拉丁王国，发起成立了一个宗教军事修会。由于该修会总部设在耶路撒冷犹太教圣殿，所以叫作“圣殿骑士团”。

大团长莫莱和其他几名骑士团高层由于地位非同寻常，他们直到 7 年后，即 1314 年 3 月 18 日才被宣判。菲利普四世本来准备将已经承认异端罪行的莫莱等人判为无期徒刑，谁知在宣判时莫莱和诺曼第分团长站起来否认原供词。公审大会草草收场，莫莱和德夏尔尼被送上了火刑架，莫莱在死之前诅咒菲利普四世和克莱蒙特五世，说他们在一年内都会面临永恒的审判。事实上，这个诅咒真的应验了，仅仅一个月后，克莱蒙特五世暴病而死。菲利普五世比他多活了半年多，这一年的 11 月 29 日，他在打猎时身亡，据说是被一只野猪撞死的。

据几位历史学家的记载和民间的传说，当圣殿骑士团大祭司雅克 · 德 · 莫莱在狱中获悉，法国国王要彻底摧毁该修会时，他采取了断然措施，以便保存圣殿骑士团传统和高尚的基本教义。他把自己的侄儿、年轻的伯爵基谢 · 德博热叫到狱中，让伯爵秘密继承了大祭司的职位，要伯爵发誓拯救圣殿骑士团，并把其财宝一直保存到“世界末日”。随后他告诉伯爵说：“我的前任大祭司的遗体已经不在他的墓穴，在他墓穴里珍藏着圣殿骑士团的档案。通过这些档案，就可以找到许多圣物和珍宝。有了这笔财宝就可以摆脱非基督教徒的影响。这笔财宝是从圣地带出来的，它包括：耶路撒冷国王们的王冠、所罗门的 7 支烛台和 4 部有圣塞皮尔克勒插图的金福音。但是，圣殿骑士团的主要钱财还在其他地方，在大祭司们墓穴入口处祭坛的两根大柱子里。这些柱子的柱顶能自行转动，在空心的柱身里藏着圣殿骑士团积蓄的巨额财宝。”

▼圣殿骑士

1314 年，雅克 · 德 · 莫莱大祭司被法国国王处死后，基谢 · 德博热伯爵成立了一个“纯建筑师”组织，并请求法国国王准许把莫莱的尸体埋葬到另外的地方。国王同意了。于是，博热乘机从圣殿骑士团教堂的大柱子里取走了黄金、白银和宝石。他把这些财宝藏在棺材里，也许还藏进了几只箱子里，并转移到了只有几个心腹知道的安全地方。由于圣殿骑士团长期热衷于秘术，有自己独特的一套神秘符号体系。据说，他们就是用这种符号体系和秘密宗教仪式来隐藏和重新取出他们的珍宝。正因为这样，对于圣殿骑士团巨额财宝的下落至今仍然众说纷纭，成了一个难解的历史之谜。

▲宗教圣地耶路撒冷

神秘城堡

有人根据当地的传说和发现的圣殿骑士团的神秘符号，认为藏进棺材和箱子里的财宝现仍在法国罗纳省博热伯爵封地附近的阿尔日尼城堡里。据称，那里除密藏着圣殿骑士团的金银珠宝外，还有大量的圣物和极其罕见的档案。

阿尔日尼古城堡现在法国罗纳省夏朗泰市管辖区里，属于一位对圣殿骑士团的内情颇有了解的伯爵雅克·德·罗斯蒙所有。1950年的一天，罗斯蒙先生接待了一位来访的英国上校。此人据称是英国一个教会的代表，是专程来找罗斯蒙先生洽谈购买阿尔日尼城堡的。他告诉伯爵，愿出1亿法郎高价买下这座古城堡。然而，罗斯蒙伯爵的回答却是："不卖！"

1952年，对圣殿骑士团神秘符号体系颇有研究的考古学家和密码学家克拉齐阿夫人，在对阿尔日尼城堡进行实地考察后声称"我深信圣殿骑士团的财宝就在阿尔日尼。我在那里找到了可以发现一个藏宝处的关键符号。这些符号从在进口大门的雕花板上开始出现起，一直延续到阿尔锡米塔楼，那里有最后一些符号。我认出了一个埃及古文字符号，它表明，除有宗教圣物外，还有一笔世俗财宝。据克拉齐阿夫人说："阿尔锡米塔楼上有8扇又小又高的三叶形窗户，只有一扇窗户是用水泥黏合的石头堵塞的。必须开通这扇窗户，并在6月24日这一天观察射进这扇窗户的光线束。2点至3点的阳光可能起着决定作用，光可能将照射在一块会显示出具有决定性符号的石头上。但是，我想只有一个人，一个熟悉内情的人，才会声称发现了秘密的钥匙。"

▼战火中的骑士兵团

一位对寻找圣殿骑士团财宝深感兴趣

的巴黎工业家尚皮翁，曾经在秘术大师、占星家阿芒·巴波尔和对圣殿骑士团秘术有专门研究的作家稚克·布勒伊埃的指导下，对阿尔日尼城堡进行过发掘。由于对刻在建筑物正面的神秘符号的内涵始终束手无策，结果一无所得。雅克·布勒伊埃在阿尔日尼城堡考察几年以后还写了一本书，叫作《阳光的奥秘》，书中也记述了跟克拉齐阿夫人类似的看法。

藏宝推测

对于圣殿骑士团的财宝是否藏在阿尔日尼城堡，城堡现主人雅克·德·罗斯蒙先生是这样认为的：在圣殿骑士团秘密口授阿尔日尼城堡原属于雅克·德·博热所有。古城堡当年有幸逃脱了美男子菲利普的破坏，因此，圣殿骑士团的财宝可能埋藏在那里。但是，我们既无手段，也没有确切的理由去拆毁这座建筑物里那些令人肃然起敬的墙。一些全凭个人经验的人只是想拆墙，但从来也没有发现什么。只有科学探测手段，才可能给予确切的指示。

法国“寻宝俱乐部”根据最新发现的资料认为，圣殿骑士团的财宝可能不在阿尔日尼，因为迄今并没有找到任何有价值的材料可以确定它们的存在。“寻宝俱乐部”倾向认为，圣殿骑士团的财宝可能隐藏在法国夏朗德省巴伯齐埃尔城堡，因为那里也发现了许许多多令人晕头转向的圣殿骑士团的符号。巴伯齐埃尔城堡四周曾有 3 大块圣殿骑士团的封地，人们在其中的利涅封地刚刚发掘出一座墓穴，从其中一些石头上刻着的符号中可以看出，在圣殿骑士灭亡以后，有一个卫队曾在那里待过多年，它的神秘使命似乎跟监护埋藏的财宝有关。

据说，圣殿骑士团另外还有些财宝可能隐藏在法国的巴扎斯——阿让，以及安德尔——卢瓦尔的拉科尔可村庄附近。在法国瓦尔市的瓦尔克奥兹城堡的墙也刻着圣殿骑士团的神秘符号，而且也有关于圣殿骑士团把财宝隐藏在那里的传说。法国历史学家让·马塞洛认为，在法国都兰的马尔什也可能会有圣殿骑士团的藏宝，那里以前曾是圣殿骑士团的“金缸窖和银窖”的所在地。圣殿骑士团的心腹成员知道在需要时如何从中取出必要的钱财，并会按接到的命令把新的钱财重新隐藏起来。

▼阿尔日尼古城堡

总之，人们认为，圣殿骑士团确实把一大批财宝隐藏起来了，但是，究竟藏在什么地方，其谜底也许就像刻在石头上的神秘符号一样令人难以捉摸！

雷恩堡中的藏宝秘密

雷恩堡是法国南部科尔比埃山中的一座小城镇，坐落在奥德省首府卡尔卡松市南边约六十公里处。雷恩堡的教堂耸立在山顶上，只有一条长5公里的崎岖曲折的山路通到那里。雷恩堡虽然地处偏僻，但奇闻迭生，至今仍充满着神秘的色彩，其中以藏宝秘密最为引人注目。

初现宝藏

早在17世纪，雷恩堡附近有一位牧羊人伊卡斯·帕里斯，因为牧羊时丢失了头母羊，在寻找母羊途中，偶然发现地下有条大裂缝。他走下裂缝，看到有条幽深不见底的地道。沿着地道一直往前走，最后走进1座尸骨横陈，箱子满地的地下“墓穴”。帕里斯先是惊恐万分，不停地祷告，生怕地下会有人突然爬起来将他弄死。大概是好奇心的驱使，他大胆地打开了箱子，原来里面全是金币！帕里斯将金币装满了自己的口袋，匆匆跑回家中。

然而，帕里斯的暴富还是很快就传遍了整个雷恩堡。有的人嫉妒，有的人羡慕。由于帕里斯始终不愿透露自己金币的真正来历，结果被指控犯了偷窃罪，最后冤死于狱中。但是，他至死也没有讲出地下墓穴的秘密。直到200年以后人们才知道了真相。

惊现藏宝图

1892年，沧桑的200年历史使雷恩堡的居民似乎早已忘却了帕里斯的冤案，他们更不晓得地下墓穴的秘密。但正是在这一年，一个极偶然的机会，又使雷恩堡教堂神甫贝朗热·索尼埃跨入了神秘的地下古墓，从而出现了法国近代轰动一时的奇闻。贝朗热·索尼埃1885年被任命为雷恩堡教堂的神甫。他到任不久就赢得了当时刚满18岁的漂亮少女玛丽·德纳多的好感。索尼埃神甫不仅有如此好的艳遇，交了桃花运，而且他好运有加，一笔巨额财富也在冥冥之中向他招手。

▼耶稣

1892年，由于索尼埃神甫待人热心和脾气好，从而受到了教区的尊敬，得到了一笔2 400法郎的市政贷款以修缮他的教堂和正祭台。一天上午9点多钟，从邻镇库伊萨来的泥瓦匠巴邦在修缮教堂屋顶时，叫神甫帮他在几根打过蜡的空心圆木中挑一根作为

▲法国雷恩堡教堂

正祭台的柱子。神甫随手拿起一根圆木，发现里面有一卷陈旧的羊皮纸，纸上写着一些带拉丁文的古法文。乍一看，这无非是《新约全书》里的一些片段，但索尼埃凭直觉猜想，这里边肯定有文章。于是这位神甫对巴邦轻描淡写地说："这是大革命时期的一堆废纸，没有什么价值。"巴邦中午在客栈吃饭时对周围的人讲起了此事。镇长闻讯后也来问及此事，索尼埃神甫把羊皮纸拿给镇长看了看，但老实巴交的镇长本来识不了几个字，这羊皮纸的字是一个也看不懂，事情就这样平静了下来。

当然事情不会就此了结。索尼埃神甫很快就中断了教堂的工作。他竭力想弄懂这卷羊皮纸上的文字。他认出了上面写着的一段《新约全书》中的内容还发现了上面有法国摄政王后布朗施·德·卡斯蒂耶的亲笔签字以及她的印章。除此之外，仍是一团疑谜。于是他在1892年冬天动身去了巴黎，求教不少语言学家。当然，出于谨慎地给语言学家们看的仅是一些残片断简、只言片语。最后，他终于领悟到，羊皮纸上写的是有关法国女王隐藏的一笔1850万金币(1914年值185亿法郎)巨宝的秘密。索尼埃神甫在返回雷恩堡时仍然还没有搞清楚这笔巨宝究竟藏在何处，但已掌握了足够可靠的资料。索尼埃神甫首先在教堂中寻找，没有发现任何痕迹。

神甫发现了宝藏

一天，玛丽·德纳多在公墓中看到奥特布尔·白朗施福尔伯爵夫人墓志上刻有一些奇特的铭文，这些铭文与羊皮纸上的文字是一致的。财宝会不会就藏在那座古墓底下，神甫在玛丽的协助下，在公墓中悄悄地寻找了好几天但并无多大进展。一天晚上，他们终于从伯爵夫人的墓志铭中得到启示，在一个早已空旷的被称为"城堡"的墓地底下发现了一条地道。他们顺着弯弯曲曲的地道向前行进，像牧羊人帕里斯一样，他们也终于走进了一座神秘的地下墓穴，里面堆满着金币、首饰以及其他贵重物品！仿佛法国古代的财富全集中在此。索尼埃神甫虽然有点飘飘然，但他并没有忘记存在着的危险；是不是还有其他人也知道这笔财富？也许藏宝人的后裔也知道这笔财富，索尼埃神甫于是悄悄刮掉公墓中伯爵夫人墓石上的铭文，他精心地消除了所有能使他人发现地下墓室的蛛丝马迹，并把那卷神秘的羊皮纸也一并藏在只有他和玛丽知情的地下墓室。

▼古代法国金币

神甫和玛丽从地下墓室中弄出了不少金币和首饰，这一切都干得天衣无缝，无人知晓。之后，他们俩封闭了墓穴。神甫和玛丽还拟定了一个掩人耳目的方案：由索尼埃神甫先去西班牙、比利时、瑞士、德国，把金币兑换成现钞随后用玛丽·德纳多的名义通过邮局寄到库侧萨镇。不久，到1693年时，索尼埃神甫已经成了腰缠数万贯的大富翁了。他重新翻修了整个教堂，将教堂装饰得富丽堂皇，显得十分肃穆。他翻建了住宅，还为公墓筑起了围墙。这一切都是以玛丽·德纳多的名义进行的。索尼埃神甫娶玛丽为妻，迷人的玛丽一下子成了真正的城堡第一夫人。这一切突如其来的变化必然会引起各界的关注。暴富的结果带来一系列麻烦。先是镇长，后是主教、大主教、教皇都过问此事。雷恩堡镇镇长专门找过神甫，询问过他的经费来源，还指责过他贪污、浪费公款、糟踏公墓。花言巧语的索尼埃神甫对镇长宣称，他继承了在美洲的一位叔父的遗产，并给了镇长5 000金币(1914年相当于500万法郎)，镇长再也没有过问此事。负责管辖雷恩堡镇教堂的卡尔卡松市大主教比拉尔对自己辖下的索尼埃神甫的所作所为也深感不安。他派人进行调查。但索尼埃神甫的金币、美酒和佳肴使这次调查不了了之，连比拉尔大主教也收到了一笔金币，从此他也沉默不语了。1897年，索尼埃神甫开始兴建贝达尼亚别墅。这座带围墙和塔楼的别墅的费用相当于100万金币。为了四季能观赏鲜花，神甫还盖了一座暖房，还有供他洗澡用的豪华浴室。

比拉尔主教的继承人德·博塞儒尔主教上任后的第一件事就是再次要求索尼埃神甫对他的一切行为作出必要的解释。但索尼埃神甫没有理会这一切，继续干他自己的事。后来，教皇闻及此事，要求罗马法庭过问一下。索尼埃神甫被传到罗马出庭。最后，法庭宣布停止索尼埃的神职，但是他并不在意，继续在自己别墅里的小教堂做弥撒、祈祷。

有意思的是，几乎所有教区教民也都来他家中做祈祷、弥撒。结果使得新上任的神甫非常尴尬，不得不发誓再也不去雷恩堡了。索尼埃还热心于公益事业，作为一名神甫，他很关心雷恩堡的发展。他拟定了一个美化雷恩堡的新方案。他要修筑一条通往库里伊萨的公路，在雷恩堡兴建引水工程、水利设施等。他的预算开支达800万金币，这在1914年相当于80亿法郎，由此可见，雷恩堡的这笔财宝数额有多大。

▼曾经藏有宝藏的古代墓室

宝藏再次“失踪”

1917年1月5日，索尼埃刚在几笔订货单上签完字后就病倒了。肝硬化在索尼埃神甫还没有来得及实施自己的新方案时便夺走了他的生命。痛不欲生的玛丽把索尼埃神甫的遗体盖上一层带红色绒球的遮布，摆放在阳台上。全雷恩堡的居

▲金条与金币

民都自动来为索尼埃神甫做祈祷，每个人都从索尼埃神甫的遗体的遮布上拿走了一只红绒球，就像是从圣徒那里拿走一件圣物一样。玛丽不久也过起了深居简出的生活，再也不接见任何来客。看来她也再没有去过神秘的藏宝古墓。这笔财宝的秘密就只有玛丽一个人知晓了。后来，出现了一个名叫科比的人，秘密藏宝地之谜被揭开，现出了一丝希望。

1946—1953 年，诺尔·科比先生在玛丽晚年时认识了玛丽。当时，科比夫妇寄住在玛丽家中，整天陪玛丽玩乐，这赢得了玛丽的信任和友情。玛丽看到科比十分可靠，遂决定将宝藏的隐匿地告诉科比。一天，一向守口如瓶的玛丽对科比说："您无需担忧，科比先生。您将会得到您花不完的钱！"

"您从哪儿去搞钱呢？"科比问道。

"这个嘛，你放心，我临终前会把一切都告诉您的。"

1953 年 1 月 18 日，玛丽突然病倒后再也不省人事，带着她心中的藏宝秘密永远离开了尘世。可怜的科比先生没有能获知藏宝的秘密。从这以后，科比先生就像一只无头苍蝇一样在雷恩堡到处乱碰，企图找到这笔价值在 185 亿法郎左右的财宝。但是，直到 1965 年，科比先生经过 12 年苦心却徒劳无获的寻找后，终于认为想再找到那座神秘的地下墓室实在犹如大海捞针。事实上，也的确如此。如果说当年索尼埃和玛丽所以能找到那座墓室，是有能指点迷津的羊皮纸和白朗施福尔伯爵夫人墓上的铭文的话，那么现在的寻宝人则没有这一条件。要想找到墓穴，就必须先找到羊皮纸和墓石，但找到后者就像找到前者一样的艰难。

谁的宝藏

尽管墓穴尚未找到，但有关这笔财宝的最初所有者是谁的争论却很激烈。据卡尔卡松市的历史学家们认为，这笔巨宝是 1250 年法国摄政王后布朗施·德·卡斯蒂耶藏在那作应急用的。这笔财富至今已有七百多年的历史了。可是摄政王后为什么把这笔巨宝藏在雷恩堡这

▲《新约全书》插图

一十分荒凉偏远的地区呢？

▲雷恩堡古堡

事情可能是这样的：1250 年 2 月，由于不堪贵族主的压榨和国王赋税的负担，由牧羊人、农奴和城市贫民为主的一场武装暴动曾一度席卷了法国的北部和中部。为了躲避暴动的冲击，卡斯蒂耶摄政王后带人来到了雷恩堡。那时雷恩堡叫雷达，有近 3 000 名居民，四周筑有坚固的城墙，易守难攻，被认为是一座攻不破的城堡。而且此城堡背靠大山、密林，退也容易。再说，雷恩堡又位于通往西班牙的大道上。必要时，还可以到西班牙躲避一时。所以，摄政王后决定把雷恩堡作为临时的“道府”，把一笔国库巨宝隐藏在当年称之为“城堡主塔底下的一个秘密处，以作为她需要时的储备金”。

这笔财宝足以供养一支数量可观的军队，它对于重建霸业具有重要意义。摄政王后死于 1252 年，临终前她把这个秘密告诉了自己的儿子圣路易国王。圣路易国王十分警惕地守卫着这笔巨额宝藏，把一些知情者秘密加以逮捕、杀害。圣路易国王临终前把这个秘密告诉了他的继承人勇敢者菲利普国王。于是菲利普国王也同其前任一样监视着这笔财宝，把知内情者都通通处死，只保留着那卷羊皮纸。1654 年，人们重建雷达镇，并改称为雷恩堡。从此这笔巨宝的真正下落就成了历史谜案。

不过，有一些历史学家认为，索尼埃神甫发现的这笔巨宝不一定就是圣路易国王的母亲隐藏的财宝，而可能是法国古代一个叫阿拉里克国王的财宝。阿拉里克国王的首都当年设在雷恩堡，据说这个国王骁勇善战，从征战中夺取了不少财宝。但这一说法不一定可靠，因为索尼埃所找到的墓穴是按照卡斯蒂耶的羊皮纸上的文字找着的，而且金币铸造的时间是 1250 年前，不是古代的货币。还有一些人认为，这也许是中世纪法国的异端教派纯洁派的财宝，因为雷恩堡曾经是纯洁派的主要据点之一，而纯洁派据历史记载，积累了不少财宝，而其生活却很俭朴，他们常常把财宝埋藏起来以做应急之用。尽管这

▼现代金币

笔财宝来源尚不清楚，但有一点是肯定的，那就是雷恩堡确实隐藏着神秘的财宝。也许财宝不止一笔，而是有好几笔，说不定它们彼此之间还有某种联系呢。

今天的雷恩堡

今天，雷恩堡已成为法国的一处旅游胜地。玛丽亚教堂耸立在山顶上，只有一条崎岖不平的小道可以通到那里。据说，索尼埃神甫当初在翻修教堂时特意在教堂各处暗藏了密码，以暗示财宝的所在，但后来他又将这些密码全部销毁。现在，来此参观的人们都不理解教堂的有些装饰为何显得与环境极不协调，原因可能就在于此吧。例如，参观者来到教堂门口，一抬头就可以看到刻在石门楣上的一句话——“这个地方可怕极了”。参观者踏进教堂大门，首先映入眼帘的是恶魔阿斯莫德奥斯怒目圆睁、张着血盆大口的雕像。教堂地面的装饰也很奇怪，就像国际象棋的黑白棋盘。据说，棋盘的图案中也暗藏了密码，当年索尼埃神甫之所以能破解维哥神甫留在碑文上的密码，关键就在这个棋盘。

环视教堂内四周，可以看到 15 块色彩鲜艳、用陶瓷烧制的教堂画，按顺序装饰着教堂的墙壁。据说，为了尽量体现他的本意，索尼埃神甫几次命工匠重做这些壁画。整个画面看起来也显得有些离谱。例如第 10 幅画中画着一名士兵掷骰子的情景。据密码专家分析，骰子的点数也是解读密码的关键。

此外，在索尼埃神甫花重金在山崖上修建的别墅里，有一个半圆形阳台，由阳台左边往上走 22 级台阶可以到达马格达莱塔，从右边往下走 22 级台阶可以到达暖房。据说这“22”也是希伯来神秘哲学中的神圣数字。暖房中种植了从世界各地运来的各种名贵植物，马格达莱塔内则购置了古今有关秘术的各种书籍，索尼埃神甫当年曾埋头于神秘学研究。

▼法国教堂

最让人吃惊的是马格达莱塔的顶部。从那里眺望雷恩堡，参观者会感觉到整座小镇被群山环抱，犹如众星拱月，按“风水学”讲简直是“风水宝地”。这里的景色和《阿尔卡迪的牧人们》背景中的群山一模一样，难怪索尼埃神甫会专门去卢浮宫购回其复制品仔细揣摩。

据说，索尼埃神甫除了翻修教堂、盖别墅花了几千万美元外，余下的巨资购买了当时的俄国政府债券，但后来就如同废纸一样全部损失了。不过，雷恩堡里也许还有其他珍宝等待幸运者去发现。

大隧道里面的神秘宝藏

1969年7月21日，一个名叫莫里斯的阿根廷人，将一份有着许多见证人，并且已获得厄瓜多尔共和国承认的合法地契公诸于世，立刻引起轰动。因为这份地契讲述了一个令世人难以置信的故事。

惊现神秘大隧道

作为一名学者，50岁的莫里斯1965年来到厄瓜多尔，本来准备深入研究一下当地的各种部族以及人种学等。然而，他在6月的一次调查研究中，却因为意外地发现了这来历不明的大隧道，而名噪一时。

1972年3月4日，由厄瓜多尔考古学家法兰士和马狄维组成的科学调查小组，在莫里斯的带领下，再次对大隧道展开调查。

隧道入口由一块大岩石凿通而成，几只夜鸟忽然飞出洞口，越发阴森恐怖。毫无倦意的莫里斯更是兴致异常：此地是一支骁勇善斗的印第安人部落聚居区。这个神秘隧道在厄瓜多尔和秘鲁的地底延绵好几百公里。

调查队员钻进了神秘莫测的地下世界。进洞后是一段狭长的通道，伸手不见五指，他们开亮电筒和头盔上的射灯。接着便垂直往下，他们把一条绳子垂到下面75米的第一个平台上，然后沿绳而下。

接着，他们又沿绳垂直下到第2平台和第3平台，每台高度都达75米。下到洞底，莫里斯领头摸索前进。法兰士注意到隧道的转角处都呈直角形的严谨设计，有些很窄，有些又很宽，所有洞壁都很光滑，洞底非常平坦，很多地方像涂了一种发光颜料。很显然，这隧道并非天然形成的。

▼厄瓜多尔的雨林

法兰士和马狄维原先对隧道是否存在所持的怀疑顿时烟消云散。他们来到一个大厅的入口。那大厅很宽敞，大如一个大机库，很像配给中心或仓库，并有许多通道。

法兰士试图用罗盘

▲隧道入口

测量这些通道的方向，但罗盘指针不会动。“这里有辐射，所以罗盘失灵。”莫里斯解释说。在其中一条通道的入口处，有一副骸骨精心摆放在地上，上面洒满金粉，在调查队员的灯光照射下闪闪发光。

莫里斯和法兰士以及马狄维发现了很多意外的东西。洞里出奇地静，只有脚步声、呼吸声以及雀鸟飞过的声音。他们目瞪口呆地站在一个巨大厅堂的中央。

这个大厅的面积约为 140 米 ×150 米。大厅中央有一张桌子，桌子的右边放有 7 把椅子。椅子既不像用石头、木材做的，也不像用金属做的，它摸上去好像是一种塑胶。但却坚硬和沉重得像钢。

在 7 把椅子后面，毫无规律地摆放着许多动物模型，有蜥蜴、象、狮子、鳄鱼、豹、猴子、美洲野牛、狼、蜗牛和螃蟹。最令人惊异的是这些动物都是用纯金做成的。在桌子的左边摆放着莫里斯的地契所提及的金属牌匾及金属箔。

法兰士经过仔细检查，仍无法知道这些牌匾在制造时使用过什么原料。因为那些金属箔看起来很薄和脆弱，但竖起来却不弯曲。它们像一本对开本的书籍那样摆放着，一页连着一页。每块金属箔上都井井有条地排满像用机械压上去的文字。

法兰士估计金属箔至少有两三千块，在这些金属牌匾上的字体无人知晓。他认为这间金属图书馆的创立者肯定想把一些重要的资料留传给遥远的未来。因为这个金属图书馆的制作者想让它永垂不朽。

莫里斯在大厅找到一个石刻。高 11.43 厘米，宽 6.35 厘米，正面刻着一个身躯为六角形，头为圆形的人，右手握着一个半月，左手则拿着太阳。令人惊奇的是双脚是站在一个地球仪上。这石刻是在公元前 9000—公元前 4000 年做成，这说明那时的先民便知地球是圆形的。

法兰士认为这个隧道系统在旧石器时代已经存在。他拿起一块刻着一类动物的石刻，它高 29.21 厘米，宽 50.32 厘米。画面上所表现的动物有着庞大的身躯，正用它粗大的后腿在地上爬行。法兰士认为石刻画的是一条恐龙。法兰士不

▼厄瓜多尔的地下裂缝

敢再想象下去：难道有人曾经见过恐龙？

还有一块神秘石刻，刻画的是一具男人骨骼。法兰士仔细数了一下感到很吃惊，这石刻人的肋骨数竟为 12 对，是如此的准确。莫里斯又让法兰士看了一座庙宇的模型，上面绘有几个黑脸的人像，头戴帽子，手持一种枪形的东西。

在庙宇的圆顶上，还绘有一些人像在空中翱翔或飘浮着。令法兰士惊异的是这个庙宇的模型，可能是圆顶建筑最古老的样本。此外，一些穿太空服的人像，更是让法兰士不可思议。

一个有着球状般鼻子的石刻人跪在一根石柱下，他头戴一顶遮耳头盔，极像现在我们用的听筒；一对直径 5 厘米的耳环则贴在头盔前面；耳环上钻有 15 个小洞；一条链子围住他的脖子，链子上有个圆形牌子，上面也有许多小孔，很像我们现在的电话键盘。

这个隧道和它里面收藏着的稀世奇珍，可以说是见所未见。那些高 1.8 米的石像有的有 3 个脑袋，有的却是 7 个头颅；三角形的牌匾上刻写着不为人知的文字；一些骰子的 6 个面上刻着一些几何图形。

大隧道是外星人的“杰作”？

没有人知道这个隧道，这个隧道系统是谁建造的，也没人知道这些稀世奇珍是谁遗留下来的。据莫里斯讲，这个隧道的入口由一个印第安部落守卫着，这些印第安人和他们的三位酋长都把莫里斯当成可靠朋友。

▼传说藏着宝藏的隧道

每年 3 月 21 日，酋长都要下到隧道的第一个平台，进行祈祷。酋长的面颊两边都要贴上一个和隧道口岩石上的记号一样象征吉祥的装饰物。但酋长以外的人却不会进入隧道。他们认为隧道里住着鬼魂。

在这曲折迷离的隧道中行走，法兰士莫名其妙地担心会触动隧道里的机关，使隧道自动关闭。带着巨大疑问，调查队沿原路退出洞穴，又赶往位于厄瓜多尔古安加的玛利亚教堂，因为基利斯贝神父收藏着许多来自隧道的珍宝。

基利斯贝神父在古安加住了 45 年，在过去 20 年里，他从印第安人那里收集到大量石刻、金银制品等。神父带调查队参观他的收藏室。第一号房间收藏

▲厄瓜多尔隧道所在山区

的石刻，第二号房间是金、铜和其他金属艺术品，据说是印加帝国的，第三号房间则全是纯金制品。

基利斯贝神父收藏的大量金属箔，上面均刻有星星、月亮、太阳和蛇。其中一块金箔的中央刻有一个金字塔，两边各刻有一条蛇，上面有两个太阳，下面是两个太空人似的怪物及两头像羊的动物，金字塔里面是许多带点圆圈。

在另一块刻有金字塔的金属箔上，两只美洲豹分别爬在金字塔两边，金字塔底刻着文字，两边可以见到两头大象。据说大象在1.2万年前即在南美出现，那时地球上还没有产生文明。

黄金飞机

最让法兰士震惊的是，他在基利斯贝神父这里见到了第3架史前黄金模型飞机。第1架他是在哥伦比亚的保华达博物馆见到的，第2架则仍放在大隧道里。多年来，一些考古学家把模型飞机看成是宗教上的装饰品。

纽约航空机械学院的阿瑟、普斯里博士经验试认为，把这架模型飞机看成代表一条鱼或一只鸟显然站不住脚。从模型几何形的翅膀、流线型的机头及有防风玻璃的驾驶舱看，很像美国的B-52轰炸机，它确是架飞机的模型。

难道史前便有人能够构想出一架飞机的模型？一切都无定论，一切都是谜团。至今为止，人们仍无法确定或找出这隧道系统究竟是谁建造的。而在隧道里面，又存放着那么多无从稽考的壁画、牌匾、黄金制品和雕刻品。这一切意味着什么呢？还有待探索。

▼黄金飞机模型

法国王冠钻石失窃之谜

1789 年法国爆发资产阶级革命，法王路易十六表面接受立宪政体，实则力图绞杀革命。1791 年 11 月 20 日，路易十六偕同王室逃至法奥边境瓦伦，两天后被群众押回巴黎，历时一千五百多年的法国封建王朝从此崩溃，但留下了世上最贵重的钻石皇冠。

▲价值连城的皇冠

法国王冠珠宝概况

法国王冠珠宝是法国的国王和王后曾经佩戴过的各式各样的象征皇权的王冠、珠宝球、头冠和首饰。这一系列的珠宝最终被分散，大部分都在 1885 年被当时的法兰西第三共和国卖出。剩下来的法国王冠珠宝主要是一些具有历史意义的并且用玻璃装饰的王冠。它们现在在法国的卢浮宫展出。

法国的国王较少注重王冠首饰的仪式和加冕上的用途。有些国王在加冕仪式上要么就不带王冠，要么就选择推迟加冕，直到他们的政权稳固之后再说。虽然不是经常使用，但是还是有一系列珍贵的王冠首饰被保留下来了，并且每一代国王也要添加更多的数量。

▼王后玛丽·安托瓦内特

该系列王冠首饰中最著名的钻石是曾经用在英联邦前身的国王王冠上的桑西钻石，皇家的法兰西之蓝，以及摄政王钻石。摄政王钻石的加工集中体现了法国王室对于王冠首饰的态度。该钻石曾是法国国王路易十五加冕仪式上所戴王冠的中心装饰品，也曾经被路易十六的王后玛丽·安托瓦内特镶在她的黑色天鹅绒帽子上。

大部分王冠珠宝都于 1792 年被暴徒从法国的 Garde Meuble(王家宝藏库) 所盗出。它们其中的大部分都陆续被找回。然而，两颗著名的钻石，桑西钻石和法兰西之蓝在之后都再也找不到了。法国蓝钻石曾经被人切割，而切割下来的那一部分就是现在人们所知道的蓝色希望。

希望钻石著名于世之处在于其被传附带有诅咒和厄运。曾经佩戴过它的玛丽·安托瓦内特被斩首。钻石之后的拥有者和他们的家属经历各种诸如自杀、离婚、破产、车祸丧生、悬崖摔死、精神崩溃以及过量服药致死之类的惨剧。它甚至被扯远到和林德伯格的儿子有关。这颗钻石之后的所有者为了集钱而将它卖出，但是最后却卖给了一个骗子。从 1958 年开始，这颗钻石被安放在华盛顿特区的史密森学会，并成为史密森的收藏中最多人观赏的一件藏品。

钻石神秘被盗

法国革命胜利不久，法国制宪议会一位议员向公众提出了警告内外敌人正在试图夺取王冠上的钻石。巴黎人民不会忘记法国王冠是世界最美丽的钻石与珠宝，在保安警察的监护下，巴黎人民才可在陈列柜前匆匆走过，观赏珍宝。历代法王都为王冠添上新的珠宝感到荣幸，这些稀世珍宝，历来都是保存在珍宝贮藏室里。自从路易十六执政以来，这些珍宝就交给忠诚可靠的克雷西看管。

在议员的警告下，制宪议会组成了由 3 位议员和 11 位专家参加的专门委员会，负责清点保存法国王室的稀世珍宝。经过 3 个月的紧张工作，共清点出钻石 9 547 颗，总值达 3 000 万法郎之巨。此后，每星期一人们都可参观这些珍宝，负责看管的克雷西对此十分担心，怕给不法之徒们以可乘之机。不知为什么，克雷西的职务很快被雷斯图代替，此人却是吉伦特派领袖罗兰的心腹。

▼路易十六

1792 年 9 月，路易十六因阴谋复辟而被废黜。此时，法国处在危机之中，外部面临欧洲联盟的入侵；国内山岳派与吉伦派争斗激烈，到处是失业与饥荒、恐怖与暗杀。在这严峻的时刻珍宝贮藏室贴上了封条，但令人惊奇的是，这么多奇珍异宝，竟无人看守。

9 月 17 日，内务大臣罗兰在国民议会突然宣布“珍宝贮藏室门被撬，钻石全部丢失！”

据称，自9月11日深夜至14日深夜，盗匪3次光顾珍宝贮藏室，无人觉察。第一次行窃时，盗匪30多人打扮成国民自卫军，全副武装，气焰十分嚣张。15日早晨，巴黎街头出现了高价的钻石，才引起人们注意，警察分局局长塞尔只粗粗地到现场看了一下，并未作任何调查。16日，当盗匪第四次来临时被国民自卫军巡逻队抓获。至此，罗兰才于17日宣布失盗。

▲路易十六时期的钱币

追寻钻石

这起骇人听闻的盗窃案，确实令人深思，引起人们一系列疑问，为什么议员会事先提出珍宝被盗的警告？为什么忠实可靠的克雷西被撤职？为什么不多派人看守珍宝贮藏室？为什么警察局长对此案十分冷淡？为什么会连续发生4次盗窃案？谁是幕后策划者？盗宝的目的是什么？盗窃案发生后，内务大臣罗兰指控他的政敌、国防大臣丹东及丹东的朋友应该负责，丹东又反过来指责罗兰和罗兰的朋友应完全负责，各派唇枪舌剑，指责对方。

9月21日，刑事法庭审判了抓获的2名盗匪，并判处他们死刑，次日执行，但在囚车上，临死的囚犯向庭长供出了藏在他家厕所的一袋钻石共有一百多颗。不久，警察分局局长的塞尔让收到了一封匿名信，指出在弗夫大街的阴沟里有一大堆珍宝。塞尔让前往取宝，并明目张胆地将一件美丽的玛瑙工艺品据为己有，他因此赢得了“塞尔让·玛瑙”的诨号。

惊天真相

不久，警察又逮住了一个叫勒图的家伙，此君供出了一个17岁的盗匪。这个年轻人的父亲得知儿子入狱时，大发雷霆，声称要揭发一桩耸人听闻的案子。十分奇怪的是，第二天早上，父亲被人毒死，儿子也死在监狱。这一连串的事情，使人莫名其妙。

在珍宝失盗的1792年9月，法国正处于内忧外患、形势危难之际。人们只知道拿破仑指挥瓦尔密战役的胜利，拯救了巴黎和法兰西民族，然而，瓦尔密战役胜利的奥秘，过去、现在以至将来也永远不会被揭开。

▼路易十六时期的钻石

历史学家们、军事指挥家们知道，当时敌人只遭到了轻微的损失，便立即撤退这是毫无道理的。从战略上讲，敌方指挥官布伦斯维克也不应发布撤退命令，拿破仑当时也认为不可理解。这使人怀疑在战线后是不是进行了某种交易。事实上，当双方军队打仗时，举行了某次秘密会议，法国得花一大笔钱，以换取敌方撤军。8 月 11 口，法国特使就已答应付给从杜伊勒利宫掠夺来的 3 000 万法郎。贪得无厌的敌人，说钱数不够，法国议员帕尼斯知道这笔交易后，就建议从珍宝贮藏室找差额部分。他的建议被采纳了。事后一个男爵的回忆录也披露了此事：“还需要搜集相当一笔钱来贿赂普鲁士大臣。珍宝贮藏室的钻石正可提供这笔钱！”

▲拿破仑

一周后，双方举行了瓦尔密会议，于是出现了瓦尔密战役神秘的胜利。因此有人认为，国防大臣丹东秘密策划了 9 月 11 日夜间的入室盗窃，然后让普通的盗贼进行后几次偷盗，以便把事情搅混。

那么，丹东后面是否还有更强有力的对手呢？后来，另一起奇案揭开了真相。1805 年，一伙伪造钞票的人面临死刑的判决，其中有一个名叫巴巴的人公然宣称：“如果我被判死刑，我将请皇帝（拿破仑）宽恕。没有我就没有拿破仑的皇位！”

法官和观众都吓得呆若木鸡，为巴巴的欺君之罪捏了一把汗。可他还继续说：“我是珍宝贮藏室的盗匪之一，我帮助同伙把雷让钻石和我熟悉的其他珍宝，埋藏在弗夫大街，这些珍宝的所有权已被出卖。根据给我特赦的诺言，我提供了埋藏珍宝的地点。雷让钻石已从那里取出。先生们，法国 5 月 8 日政变之后，当时的首席执政官（拿破仑）为了得到急需的资金，就把这颗漂亮的钻石，典押给荷兰银行。”

巴巴没被处死，而是关在比塞特尔，受到了良好的待遇，那么他的这番意味深长的话是真是假呢？恐怕又是一个难解之谜。

路易十六与俄国沙皇的金宝之谜

路易十六的宝藏

法国人几乎在每个世纪都给世人埋藏下一笔财宝，从而也给世人留下一个个历史之谜：7—8 世纪有夏朗德城宝藏之谜，12—13 世纪有雷恩堡宝藏之谜。到了 18 世纪，又有了路易十六金宝之谜。

1. 路易十六被处决

1774 年，路易十六登上法国国王宝座时，法国封建制度已危机四伏，新兴资产阶级对束缚资本主义生产关系发展的专制政体日益不满。国内政治动荡，社会极为不稳定。但就是在这种情况下，路易十六仍然四处搜刮金银财宝，过着十分奢豪的生活，这激怒了资产阶级和广大人民群众。1789 年由路易十六召开等级议会，要第三等级即资产阶级和平民交纳更多的赋税，从而引发了资产阶级革命。

路易十六极为无能，传说当 1789 年 7 月 12 日人民群众攻克巴士底狱，直到晚上休息时，路易十六尚不得知，仍在日记上写下 7 月 12 日，天晴，平安无事。迫于无奈，路易十六表面上接受立宪政体，实则力图绞杀革命。1791 年 6 月，他逃到法国瓦伦，被群众押回巴黎。9 月被迫签署宪法，但仍阴谋复辟。1792 年 9 月，路易十六被正式废黜，次年 1 月，被处死在巴黎革命广场（即今协和广场）。

2. 路易十六财宝的去向

▼路易十六出逃

▲路易十六像

路易十六的金宝是寻宝史上最著名的财宝之一。关于他的财宝众说纷纭，莫衷一是。至于藏宝地点至少有几个地方，有的甚至不在法国，而在西班牙。据说，他在行宫卢浮宫曾埋藏着一笔价值 20 亿法郎的财宝，包括金币、银币和一些价值连城的文物。不过，流传最广的还是路易十六隐藏在“泰莱马克”号船上的金宝。“泰莱马克”号是一艘吨位达 130 吨，长 26 米的双桅横帆船。这艘船伪装成商用船，由阿德里安·凯曼船长驾驶。1790 年 1 月 3 日，满载财宝的“泰莱马克”号在从法国去英国伦敦途中，出事沉没。

“泰莱马克”号由一艘双桅纵帆船护航，在港口受到革命者检查时，曾交出一套皇家银器。船上藏匿着路易十六的一批金宝和玛丽·安托瓦内特王后的钻石项链。据认为，这艘船上的财宝包括以下东西：

属于国王路易十六的 250 万法国古斤黄金（法国 1 古斤在巴黎为 490 克，各省为 380 克到 550 克不等。按这一标准计算 250 万法国古斤约合 95 ～ 137 万千克；王后玛丽的一副钻石项链，价值为 150 万法国古斤黄金；金银制品有银器以及朱米埃热修道院和圣马丁·德·博斯维尔修道院的祭典圣器，50 万金路易法郎，5 名修道院院长和 30 名流亡大贵族的私财。

▼路易十六藏匿的艺术品

这些财宝的存在，得到路易十六的心腹和朱米埃热修道院一名修道士的证实。一些历史文献和路易十六家仆的一位后裔也认为，路易十六当年确把这笔财宝藏在船上企图转移出国。

据说，“泰莱马克”号沉没在基尔伯夫河下游的河底淤泥里。在 1830 年和 1850 年，人们都争先恐后地企图打捞这艘沉舟。

▲俄国十月革命

但是，在打捞作业中，缆绳都断了，结果沉舟重新沉没到水底。1939年，一些寻宝者声称他们已找到了“泰莱马克”号沉舟的残骸，但没有确切证据表明，他们找到的就是“泰莱马克”号。要找到路易十六的金宝绝不是一件轻而易举之事。

沙皇500吨黄金之谜

俄国“十月革命”胜利之后，1919年11月13日，沙俄海军上将阿历克赛·瓦西里维奇·哥萨克率领一支部队，护送着一列28节车厢的装甲列车，从鄂木斯克沿西伯利亚大铁路向中国东北边境撤退。就在这趟戒备森严的列车上装载着沙皇的500吨黄金。这批黄金都是沙皇从民间搜刮来的民脂民膏。这队人马经过3个月的艰难跋涉，来到了贝加尔湖的湖畔，由于饥寒交迫，有许多人死去。哥萨克将军发现铁路已被彻底破坏了，无法通行，只好命令部队改乘雪撬穿过贝加尔湖去中国边境。这些黄金发生了传奇故事。

1. 黄金的传说

冰面上积了厚厚的雪，在刺入肌骨的暴风雪之中，500吨黄金装上了雪撬，在武装人员的押送下，在80公里宽的湖面上，缓慢前进。后来，贝加尔湖面上的冰突然出现了裂缝。据说，哥萨克的所有部队和500吨黄金全都沉入水深100

▼美丽的贝加尔湖

▲俄国末代沙皇

多米的湖底。

事情过去 18 年之后，有一个生活在美国的沙俄军官斯拉夫·贝克达诺夫公开了身份，并对人讲：沙皇的这批财宝并没有沉入贝加尔湖，早在大部队抵达伊尔库茨克之前就已经被转移走，并且早已被秘密埋藏了起来。因为当时的形势已很明朗了，大部队不可能撤退到中国东北，不论从哪个方面来考虑，最好的做法就是把这笔黄金秘密埋在一个地方。当时他跟一个名叫德兰柯维奇的军官奉命负责指挥了这次埋藏黄金的行动。

他俩带上 45 个士兵，把黄金转移出来之后，就把它们埋在了一座已倒塌的教堂的地下室里。这事办完之后，他们把这 45 名士兵带到一个采石场上，他和德兰柯维奇用机枪把他们统统枪决了。在返回的路上，他发现德兰柯维奇想暗算他，于是，他抢先一步掏出手枪把他打死了。这 46 个人的死亡没有引起注意，因为当时每天都要失踪 100 多人。就这样，他成了现在唯一掌握沙皇金宝秘密的知情人。

2. 黄金谜团

1959 年，贝克达诺夫曾利用一次大赦的机会返回苏联，并在马格尼托哥尔斯克碰上了在美国加利福尼亚时认识的美国工程师。此人始终没有透露真实姓名，他只用假名，叫约翰·史密斯。史密斯了解贝克达诺夫的情况，建议他共同去当年埋藏沙皇金宝的地方。于是他们在一个名叫达妮娅的年轻姑娘陪伴下，一起在离西伯利亚大铁路 3 公里处的原教堂地下室里找到了仍然完整无损的沙皇金宝。

他们只取走了部分黄金。随后，当他们开着吉普车，正要通过格鲁吉亚闯过边境时，突然一阵密集的子弹扫来，在弹雨之中，贝克达诺夫被当场打死，而史密斯和达妮娅则扔下车子和黄金，惊恐万分地逃出了苏联。

如今，这批沙皇金宝的线索又断了。假如 500 吨黄金确实没有沉入贝加尔湖底，但要找到它，还需要史密斯或达妮娅出来证实才能揭开谜底。

▼巨额黄金

寻找所罗门宝藏

▲所罗门像

所罗门——犹太王国的国王，约公元前973—公元前933年在位。《旧约·列王纪》称他有超人的智慧。所罗门在位期间，把首都耶路撒冷建成圣城，成为犹太教的膜拜中心，也为基督教、伊斯兰教奉为圣地。所罗门时代留下了巨额珍宝，后经战乱下落不明。

和平之城——耶路撒冷

耶路撒冷，是一座举世闻名的圣城，它是世界上唯一被犹太教徒、伊斯兰教徒和基督教徒共同尊奉为圣地的城市。耶路撒冷坐落在地中海东岸的巴勒斯坦中部，最早叫“耶布斯”。传说，在公元前2 000年左右，一个被称为耶布斯人的部落首先来这里筑城定居的。后来，另一个叫迦南人的部落也来到了这里。他们把这个城市叫作“尤罗萨利姆”，意思就是“和平之城”。

大约在公元前1 000年，犹太人的首领大卫攻占了这座城市，并把它作为自己的首都，建立了统一的犹太王国。犹太人把迦南人所起的城名希伯来语化，叫作“犹罗萨拉姆”，意为“和平之城”。阿拉伯人则习惯把耶路撒冷叫作“古德斯”，也就是“圣城”的意思。把耶路撒冷建成一座名副其实的都城的人，是大卫王的儿子所罗门王。他在耶路撒冷大兴土木，建造了一系列的城市建筑，其中最为著名的是一座巨大的犹太教圣殿。这座圣殿长200多米，宽100多米，用了7年的时间才建成。这座圣殿成了犹太人心目中的圣地。从此，犹太教徒也开始把耶路撒冷视为自己的圣城。

▼在死海发现的古经卷，据说里面藏有所罗门财宝的秘密

▼和平之城——耶路撒冷

▲清真寺遗迹

▲犹太教圣殿遗迹

黄金“约柜”和“所罗门珍宝”

所罗门的犹太教圣殿建在耶路撒冷的锡安山上，周围还筑了一道石墙。相传，犹太教最为珍贵的圣物黄金“约柜”和“西奈法典”就放在圣殿的圣堂里。

黄金“约柜”里装着以色列人最崇拜的上帝耶和华的圣谕。这是当年摩西在西奈山顶上得到的。上帝还授予摩西一套法典和教规，要以色列人时时事事都要遵守照办。摩西得到圣谕和“西奈法典”后，就让两个能工巧匠用黄金特制了一个金柜，这就是黄金“约柜”。

除了犹太教的最高长老有权每年一次进入圣堂、探视圣物外，其他任何人不得进入圣堂。

所罗门极为富有。据说，所罗门每年仅从各个属国征收的税就相当于666塔兰黄金（1塔兰相当于150公斤）的贡品。所罗门将他所搜刮的金银财宝都存放在圣殿里，这就是历代相传的“所罗门珍宝”。

所罗门死后，犹太王国分裂成两个国家。以耶路撒冷为中心的南方仍由所罗门的后代继续统治，叫犹太国。北方则另立王朝，

▼所罗门时代是强盛的，在他的带领下，国家物产丰富，人民富裕，国力强大

▼以色列和犹太分裂示意图

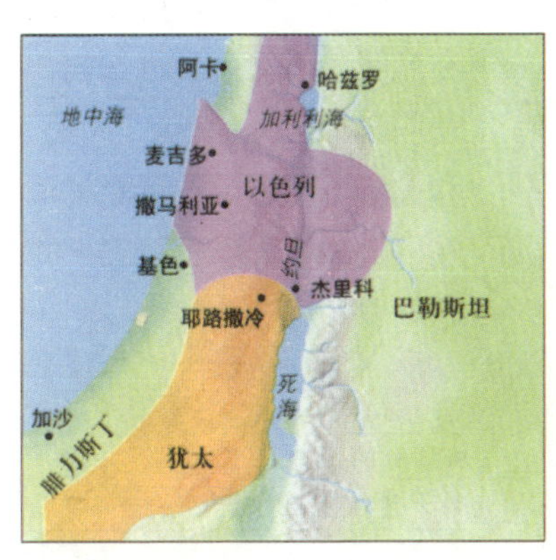

▲巴比伦花园

▲耶路撒冷遗址

叫作以色列。由于以色列没有宗教中心，祭司们都到耶路撒冷的“犹太圣殿”献祭，教民们也仍然到这里朝圣，因为唯一的圣物——“约柜”仍在这里。

到了公元前590年，新巴比伦王尼布甲尼撒二世第二次进兵犹太，耶路撒冷在被困3年以后，终于在公元前586年被巴比伦军队攻占，王宫和圣殿全被烧毁，大批的犹太人被押送到巴比伦，这就是所谓的“巴比伦之囚”。从此，无价之宝“耶和华约柜”和“所罗门珍宝”下落不明。

几千年来，许多人都想找到“约柜”和“所罗门珍宝”，但直到今天，仍无结果。

宝藏诡秘下落

最早开始寻找黄金“约柜”的是以色列的一个长老耶利来。耶利来在耶路撒冷被陷时，由于躲了起来，没有被巴比伦人抓走。当巴比伦人撤走之后，他来到圣殿的废墟，想找到黄金“约柜”，把它偷出耶路撒冷藏起来。耶利来在夷为平地的圣殿废墟里，看见了著名的“亚伯拉罕巨石”。据说黄金“约柜”当初就放在这块巨石之上。但是黄金“约柜”早已无影无踪了。那么稀世珍宝“约柜”究竟藏在哪里？20世纪初，一些学者认为，黄金“约柜”和“所罗门金宝”可能就藏在“亚伯拉罕巨石”底下的暗洞里。

“亚伯拉罕巨石”是一

◀1817年版画中描绘的“约柜”，用于传播基督知识块长 17.7 米，宽 13.5 米的花岗岩石。它高出地面大约 1.2 米，由大理石圆柱支撑着。这块“亚伯拉罕巨石”也是伊斯兰教的圣物。

相传，伊斯兰教的创始人穆罕默德，由天使陪同乘天马从麦加到耶路撒冷后，就脚踏这块巨石升天去听真主的启示的。据说这块巨石上，至今还留着穆罕默德升天时的脚印。所以，“亚伯拉罕巨石”被穆斯林视为“圣石”。“圣石”下面的岩堂高达 30 米。而且，岩堂里确实有洞穴，完全可以把黄金“约柜”和“所罗门金宝”隐藏起来。

曾经有几个英国冒险家在获悉了学者们的看法后，试图寻找黄金“约柜”和珍宝。这几个英国人买通了岩堂的守夜人，在夜里潜进岩堂进行挖掘。一到天亮，他们便把洞口伪装上。就这样，他们一连干了好几个夜晚，但最后还是被发现了，几个英国冒险家一溜烟地逃得无影无踪。

▲清真寺

后来又有人说，黄金“约柜”和所罗门珍宝实际上是藏在“约亚暗道”里。“约亚暗道”相传是大卫王在攻打耶路撒冷时，偶然发现的一条可以从城外通到城里的神秘通道。据说这条暗道后来又和所罗门圣殿连在一起。早在“巴比伦之囚”以前，犹太人就已经把黄金“约柜”和所罗门珍宝藏到暗道里去了。

1867 年，有一个叫沃林的英国军官，在耶路撒冷近郊参观时，在一座清真寺的遗址中，偶然发现了一个有石梯的洞。他顺着石梯一直往下走，一直走到洞的深处。后来，他发现他头顶上的岩石中还有一个圆洞。他攀着一条绳子爬进了圆洞后，又发现了一条暗道。他顺着暗道又来到另一个黑漆漆的狭窄山洞。最后，他好不容易顺着山洞走到了外边。出来一看，大吃一惊，原来，他发现自己已经站在耶路撒冷城里了。学者们测定，这条秘密的地下通道建于公元前 2 000 年左右，并推测它就是“约亚暗道”。

在 20 世纪 30 年代，又有 2 名美国人来到暗道寻找过黄金“约柜”和“所罗门金宝”。他们在“约亚暗道”里一处土质不同的地方，发现了一条秘密地道。地道里有被沙土掩埋着的阶梯。两人想用随身带着的锹把沙土挖开，但是，阶梯上的流沙却越挖越多，连地道口也几乎被堵住了。他们慌忙逃出地道。第二天，他们下来发现，地道的入口又被流沙盖上了。

还有人传说，黄金“约柜”早已不在耶路撒冷，它收藏在埃塞俄比亚古都阿克苏玛的一座古寺里。据说，所罗门的一个儿子从耶路撒冷偷出了真的黄金“约柜”，又把一个假“约柜”留在了耶路撒冷。

直到今天，黄金“约柜”和“所罗门珍宝”仍然是一个谜。

淹没在大西洋的珍宝

▲大西洋上的龙卷风

在佛罗里达海岸边有一些奇怪的景象，每次风暴之后的第一个早晨，就可以看见许多寻宝者在沙滩上仔细搜寻，希望发现一些东西。而这些东西大多来源于近岸暗礁及浅滩上冲上来的西班牙沉船残骸。

财宝船遇难

据统计，在佛罗里达附近海中，约有 1 200 ~ 2 000 艘沉船。其中有许多可以追溯到西班牙运宝舰队横行大西洋，到达南美洲的时候。

16 世纪中叶—18 世纪，西班牙船队都在哈瓦那集中，穿越佛罗里达海峡，向北行驶，趁着西风离开，从美洲驶回欧洲。

1715 年 5 月，两支小船队由乌比雅将军和艾维兹将军指挥，在哈瓦那会合。

在全盛时期，西班牙海军曾集合上百艘舰船。每年横渡一次大西洋，一直持续到 18 世纪。当时英、荷正同法国竞争，其辉煌灿烂的全盛时期也成了明日黄花，好景不再。

1715 年集合在哈瓦那的联合舰队，数目不过 11 艘，少得可怜。而且船只本身质量欠佳，几乎没有一艘可以胜任远航。乌比雅将军所率领的五艘战舰中最好的一艘，是原来的英国军舰“汉普顿宫”号，被法军缴获，借花献佛，转赠西班牙的。

但这些船只却都载有珍宝。其中还有一批由中国工匠制作的，越过太平洋运到美洲，再由骡子运到墨西哥的彩瓷制品。这些物件都有不可低估的艺术价值。

在哈瓦那装船后，11 艘船只顿露险象。它们全部都吃水过深，船缝漏水。7 月 27 日启碇，最初几天，天气晴朗，阳光明媚，一派温馨和谐的景象。过了几天，天气陡然转阴，视线模糊。入夜后，强风劲吹，海面巨浪滔天，船若浮萍，随风摇动。乘客及货物在船舱滚来滚去。翌晨，天空依然一片阴霾，酷热难忍，天空突然涌出一片紫云——风暴要来了！

▼在海中摇曳的财宝船

舰队驶在佛罗里达海岸险峻珊瑚暗礁与危险的巴

▲西班牙银币

哈马群岛之间，左惊右险，船只的命运只在须臾之间。

离开哈瓦那这一段航程，飓风猛吹，舰身沉重，头大尾小，各舰在风浪中已是难于驾驭，迅即被吹向佛罗里达时，桅杆折断，甲板上全是碎木板和湿透的绳索。

乌比雅的旗舰首先触礁，其他舰只也跟着触了礁。十艘战舰沉没，只有“葛里芬”号幸免，因为它的舰长不遵从命令，继续向东北航行，因此逃过暴风。

丧生者一千余人，损失金银及其他货物约值 2 000 万美元。有些运气好的生还者被冲上海岸，走向内陆，下落不明。还有人坐木筏漂流，到达佛罗里达东海岸圣奥古斯丁。

西班牙人立即从哈瓦那及圣奥古斯丁派出 8 艘船只，从事大规模打捞工作。他们在卡纳维拉岬设了一个营地，开始进行大规模打捞工作，并建立了 3 个仓库收藏找回的财宝。潜水员带着重石头加速潜下水底，把几百万枚西班牙银币打捞上来。

海难消息传抵海盗盘踞的牙买加。海盗中有一名绰号黑胡子的提池船长和另一名简宁斯船长袭击西班牙营地，仅简宁斯一人便劫走几千枚西班牙银币。尽管如此，西班牙人于1719年返回哈瓦那时，带回的财宝还有原数的 1/3。

▼西班牙帆船模型

其余的就在海底埋藏了近 300 年无人过问。随后，这些沉船残骸仍成为佛罗里达州寻宝工作中历时最

久而收获最丰富的一个寻宝地点。

▲与鲨鱼相伴的宝藏

疯狂寻宝

直到现在，还有人在寻宝。佛罗里达州一位业余寻宝人华格纳因此而享名于世。华格纳于 1949 年迁到佛罗里达州沿岸，听到朋友在海滩上找到钱币的故事后，对西班牙沉没的舰只大感兴趣。他用 25 块钱从陆军剩余物资中买到一架地雷测探器，在卡纳维拉岬南约 25 里的塞巴斯丹与瓦巴索之间的海滩上，找到 18 世纪铸造的大量钱币。从钱币发现的地点，他有了关于沉船地点的一套理论。钱币集中在沿岸不同地点的小水道里，他猜想在每个地点都有一条沉船。

华格纳和一位同事凯尔索在美国各图书馆及研究机构广泛研究，凯尔索在国会图书馆的珍本书收藏室找到一本重要的书籍《东西佛罗里达自然历史简介》，1775 年出版。它描述 1715 年西班牙舰队船只遇难情形，并提及“沉船里可能还有很多西班牙壹圆及两圆银币有时被潮汐冲上岸”。

他们两人与塞维尔的西班牙海军史迹馆馆长取得联络，馆长供应他们 3 000 张——古代文件缩微胶卷。经过研究翻译后获知 1715 年海难及打捞工作的全部经过，以及许多船骸的大略位置。

看起来华格纳好像已经找到了有关西班牙沉舰的线索。但是要打捞藏宝还需要许多年的工作。佛罗里达沿岸气候不佳，每年仅有几个月能进行打捞，因而使这项工作更加困难。华格纳首先在卡纳维拉岬搜查当年西班牙打捞队营地及仓库，用地雷测探器在海滩后面的高地经过多日细心搜寻后。探得一艘舰上的大铁钉和一枚炮弹。他在现场挖掘并把一块半英里大的遗址绘入地图。随后更多的炮弹、中国陶器碎片和一枚镶有 7 颗钻石的金戒指陆续出土。

▲古代银币

从记录中华格纳晓得在高地遗址对面有一艘沉舰。他花了许多天时间，戴上自制面罩浮在一个汽车内胎上，向污泥和海草里仔细睬探，最后发现一堆炮弹。潜水下去又发现一个大铁锚，终于找到第一艘沉舰。现在他已知道这些古物从上面看是个什么样子，于是立即租了一架专机，从空中逐一细看暗礁及浅滩，寻找其他沉舰。他的空中搜寻工作很成功，把许多艘沉舰的地点都绘入地图里。

▲神秘的大西洋

1959 年，华格纳召集几位精于潜水的友人，成立一个“八瑞公司”。他们向佛罗里达州申请取得享有寻获物 75% 的权利。他们利用一艘旧汽艇和一部自制捞泥机，奋力工作了 6 个月，但毫无所得。

他们的热情顿失，公司也快要破产了，但最后有一位潜水员浮上水面紧握着 6 根楔形银块。其他人都大喜过望，潜入水去，看看究竟能够在海底找到些什么宝物。

以后的几周内又找到 15 枚楔形银块，然后华格纳决定拉人到另一沉舰地点。从那时起，他的寻宝美梦，终于成为事实。

在第二艘沉舰工作的第一天，发现一批数量惊人的银币，统计价值 11 万美元。随后在暴风后的几天，华格纳带着侄儿到海滩仔细探查。当华格纳拾捡钱币时，他的侄儿找到一条金链，此链金环扣在一起。这件宝物后来鉴定是属于当年乌比雅将军本人所有，售得 5 万美元。

发掘工作持续数年，公司组织扩大，海底寻宝最惊人的一次发现，或许是他们捞到几近完整无损的 30 件中国瓷器。西班牙人用的特制的“白墩子”瓷土包装这些精致的碗、杯，以防破碎。

1965 年 5 月 31 日，他们使用自己发明的一种机器，从船的推进器向下方喷射强大水流，能把海底的泥沙吹去，而不致吹动那些沉在海底的珍贵财宝。当海水澄清后，华格纳和他的同事望向海底，目力所及。遍地都是金币，顿时看得目瞪口呆。1967 年华格纳把财宝拍卖，获得一百余万美元。

▼海洋中的滔天巨浪

如果要知道到底有多少财宝落入海中，只有等人们慢慢去寻找了，说不定你就是那个幸运者。

夏朗德的地下宝藏

夏朗德位于法国西南部，居民虽然只有一千多人，但却是一座历史名城。1569 年，法国科利尼的海军司令手下的一名中尉罗日·德·卡尔博尼埃男爵在占领夏朗德以后，不仅纵火烧毁了夏朗德修道院，而且屠杀了所有的修道士。这座中世纪早期的历史瑰宝，在经历了整整 40 年的兴盛变迁后，终于难逃劫数，被毁灭了。虽然修道士们早已十分谨慎地把圣物和财宝隐藏了起来，然而，由于没有一个修道士能逃脱灭顶之灾，这批圣物和财宝也随之成了千古之谜。

战争是罪魁祸首

15、16 世纪，人文主义思想和加尔文教在法国迅速传播。人文主义的杰出代表埃普塔尔宣扬“信仰得救”和“回到《圣经》上去”的理论，以莫城为中心积极宣传新思想。加尔文教强调信仰得救，否认罗马教廷权威和封建等级观念，主张废除繁琐的宗教礼仪，取消偶像崇拜、朝圣和斋戒，教徒选举产生神职人员，建立简化、纯洁和廉价的教会。大批手工业者尤其是印刷工人、小商人、农民以及下层教士接受上述教义，成为加尔文派新教教徒，被称为胡格诺派。据估计，16 世纪下半叶，法国人口约 1 800 万，新教法庭 27 万多个，新教徒 100 多万人。新教派在南部、西南部力量较强。一些对王权专制不满的贵族为牵制王权，支持胡格诺派，觊觎王位的显贵也趁机宣布改信新教。

16 世纪前期的法国，封建经济仍占主导地位，人口中的 90% 从事农业。王权从 11 世纪开始逐渐加强，对法国的统一和国家的形成是一种积极进步力量。但是，在中世纪的法国（甚至整个欧洲），王权的强化和确立是在同贵族权威和割据势力进行斗争的曲折过程中逐步实现的。封建社会内部产生了资本主义萌芽，不断产生新兴的资产阶级。他们通过购买破落贵族及与爵位相连的产业、纳捐官职等方式跻身贵族之列，成为统治阶级的一部分。他们的经济、政治利益和国王的权威密不可分，支持王权对内抑制贵族势力、对外进行扩张，为资本主义的发展创造条件。但是，封建贵族不甘心自己权势的衰落，竭力维护自己的特权和对国王的控制权，伺机向王权挑战。随着国王逐步成为贵族和教会的首脑，反对王权

▲法国教堂

▼修道院

▲法国古建筑

专制制度的封建贵族分裂成两大集团，他们相互角逐，觊觎国家政权。一个集团是天主教派势力，他们聚集在王室近亲吉斯家族周围，以吉斯公爵和洛林红衣主教查理为首形成了强大的天主教营垒，对国王起着举足轻重的影响。另一个集团是新教胡格诺派势力，以波旁王朝家族的成员L.孔代亲王、纳瓦尔国王（亨利）和G.代·科利尼海军上将为代表。

法国天主教势力同新教胡格诺派（即加尔文派）在1562—1598年之间进行了一场长期战争。正是在这场战争中，夏朗德修道院的修道士被全部屠杀，宝藏也成为秘密。

宝藏丰富的夏朗特

在春暖花开的季节总有不少宣称“修道院的珍宝将出现在圣体显供台下”的布告张贴在夏朗德的大建筑物正门和古老市场的柱石上。这些布告也确实并非纯属无稽之谈。几百年来，夏朗德居民一直都会不时地奇迹般地发现闪闪发光的金银财宝和各种罕见的圣物。这也许是财宝埋藏的位置造成的，这一位置形成巧妙的折射现象，将金银财宝和圣物显现出来这使人们更加坚信这笔财宝一定保存于此。

▼修道院

这些珍宝究竟藏在何处？这是一个十分难解的谜。夏朗德的地下布满着纵横交错的网道。这些地下网道大部分都跟地面建筑物接通。一部分地下网道与城堡相连，一部分地下网道与修道院、教堂接通，另一部分地下网道则与住宅、庄园相通。地下网道之间彼此连接。但近年来，这些地下通道大多数已被居民们用水泥黏合的厚墙所隔断，有的则早已塌方，所以要清理发掘这些地下通道几乎已不可能。必须寻找其他线索，如是否存在指明财宝埋藏地点的说明或图纸；若有，就先要找到这一地图。另外，各种传说也许能为寻宝提供一些有价值的线索。

▲易于挖地下通道的夏朗德

神秘地道

1568 年，有一名年轻牧人克莱蒙为了逃脱胡格诺派的迫害，躲进夏朗德附近的一个山洞中。他在山洞中偶然发现一个地下通道网。他沿着其中一条地道一直走了两天以后，发现有一个出口就在离夏朗德 4 公里处一个极为隐蔽的地方。据克莱蒙讲，这条地道之宽，足可以让一名骑士骑着自己的坐骑大摇大摆地行进，而且，地道里还有一大一小两座教堂：大的可能属于夏朗德城的楠特伊·昂·瓦莱修道院，小的也许属于夏朗德的圣索弗尔修道院。看来，这些地道结构是非常复杂的，这说明其功能是多样的：藏宝、作战、修道等。克莱蒙的这次奇遇在他的子孙中间一直流传着。法国作家马德莱娜·马里亚还把这一传说写进了《夏朗德人的故事的传说》一书之中，此书被列为寻找夏朗德城珍宝的参考书之一。

▼夏朗德早期的房子

而且，牧羊人克莱蒙的传说看来是真实可靠的。因为，居住在离夏朗德附近 4 公里（这与克莱蒙的说法是相吻合的）处的巴罗尼埃小村里的维尔纳太太说：“50 年前，我父亲对我讲，山洞里有一条可以通到山岗底下的地道。他曾在地道里看见过一座很高的大厅，像教堂一样，四周有一百个凳子。这个地下工程一直延伸到很远的地方，可以通过夏朗德城的楠特伊。”维尔纳太太所讲的这些与克莱蒙所看到的一切都惊人地相似，但奇怪的是维尔纳太太从未听说过克莱蒙的传说。

这也许表明，已经不止一个人进入过这条地下通道。另外，据当地传说，圣索弗尔修道院当年曾筑有一条 20 公里长的地下通道，可以直达复朗德城的楠特伊·昂·瓦莱修道院。因此，如果这个神秘的地下通道网确实像牧羊人克莱蒙所讲的那样，那么夏朗德修道院的财宝，尤其是那些体积大且价值昂贵的财宝和圣物珍品，像金盘子、枝形大烛台、餐器，很可能藏在那里，那里不但安全，而且易于保护。

前几年，夏朗德有一群孩子在玩捉迷藏游戏时，在佩里隆家所在地区的一幢老房子下面发现过一条地道。孩子们非常好奇，他们偷偷溜进地道中，借着手电筒的亮光，没走多久就发现远处有一个带 3 个跨度的拱顶大厅，里面还有一个石头祭台。它很可能是一座地下教堂。修地下教堂的目的何在？有的历史学家认为这完全是出于一种宗教虔诚，是想表明不但在地上，而且在地下人们都供奉上帝；有的人认为这一看法不符合实际，小教堂也许是一种标志很可能是指明财宝藏于何处的标志。从这个被认为是地下小教堂大厅伸延出去的地道已经有 1/3 地方被塌下来的土所填满。

据那幢房子主人的一个孙子说，他小时候曾跟着父亲在这条没完没了的地道中走了一二公里，直到夏朗德河边附近时才发现地道早已被填塞。他父亲经过仔细观察后认为，过去有一些人也曾进入过这个地道，他们很可能发现了一笔财宝，但在挖掘时，由于误触了机关而使地道塌方，结果人财两空。

无法探究

许多人都相信这一看法，想进入地道看看。遗憾的是，这块地方的主人——一个老太太虽然承认确实有过这样的发现，但就是不同意让人发掘，甚至拒绝考古工作者进入这里的地道，致使研究这一地道的工作停顿了下来。当地人还说，有一条从一个谷仓底下开始的地道可通到圣索弗尔修道院及其四周附属的几座教堂。这条地道在朝老太太的房子方向另有一条支道可通往一座地下小教堂，从那里又可以继续通往巴罗尼埃村附近的一个山洞。在这个山洞里还有一个进口，可直达一座地下大教堂在大小教堂底下还有一些地道通往神秘的地方，在那里藏着巨额财宝。

总之，在这座布满着迷宫一般的地下网道和大小教堂的古城夏朗德，有着足以勾起世人凭吊之情的断垣残壁，有着让人激动不已的珍宝、圣物，也有着令人遐想联翩的栩栩如生的传说，还有古老的文化和风情。在夏朗德人脚下仍然沉睡着祖宗们留下来的难以估价的珍宝。

▼夏朗德的特色瞭望塔

被深藏的两处宝藏

藏在“圣井”里的宝藏

玛雅族究竟从哪里迁移来的呢？至今不清楚。只知道玛雅族当时是一个以种植玉米为主的农业民族。公元 4 世纪前后，玛雅族（包括现在的南墨西哥、危地马拉、伯利兹）已经拥有了卓越的文化，可以与秘鲁为中心发展起来的古代印加文化相媲美。据说公元 6 世纪前后，玛雅族就已经在危地马拉、伯利兹、墨西哥等地从事农业耕种了。

1．玛雅风俗

据传说，玛雅族有这样一种风俗，每逢遇到干旱，庄稼枯萎时，就认为雨神发怒了。为了安抚雨神，要送一名 14 岁的美丽少女投入“圣井”里，去做雨神的新娘子——玛雅人认为，投入“圣井”的牺牲品虽然永远看不到了，但她并没有死，而是在和雨神共享安乐。

每逢祭雨神的那一天全国人民都不干活，从各处赶来，聚集到奇钦—伊扎，为美丽的“新娘子”送行，那位从全国选出来的美丽少女，早已穿上了华丽的服装，静静地等候在金字形的神庙里，准备去做雨神的“新娘子”。站在他身旁的是一位从全国选出来的青年勇士。他身着华丽的铠甲，手执金黄色的大刀，头戴插有羽毛的战盔，时刻准备护送弱小的“新娘子”去雨神的宫殿。祭祀的队伍伴随着海螺号声，跟在祭司的后面从金字型神庙向“圣水”走去。走完 400 米长的石路，来到“圣井”旁边的祭坛。当晨曦洒落在树梢时，祭司开始向雨神祈祷。

▼圣井还是魔井

“新娘子”伴随着“咚咚”的鼓声，从花轿里走出来。6 个祭司一边唱着祭歌，一边抓起新娘的手脚左右摇摆起来。“新娘子”翻转着被高高地抛到空中，然后一头扎入了黑洞洞的“圣井”里，与此同时，“新娘子”的卫士也跳入井中，接着人们向“圣井”里投掷各种各样的宝物。

有一位牧师，在他所著的《尤卡坦半岛记事》一书中这样写道：“如果说这个国家有黄金和财宝，不言而喻，都埋藏在这口‘圣井’里。”

16 世纪中叶，尤卡坦半岛被西班牙人科尔特斯率领的军队所占领，玛雅帝国也就这样灭亡了。从那以后，再也没有人搞祭祀活动了。“圣井”附近也逐渐萧条起来，完全被荒野丛林所淹没。

▲玛雅人生活的原始丛林

2. 圣井得宝

后来有一个人，相信了那位牧师的话，确信“圣井”里一定有无数的金银财宝，并且准备对“圣井”进行探险。这个人就是从1885年开始，连续25年任美国驻尤坦卡半岛的领事——爱德华·汤普森。他对玛雅遗迹的研究有着40年的历史。

他从朋友那里借了一大笔钱，买了1台挖掘机，还学会了潜水，就这样挖掘起“圣井”来了。最初几天，挖掘出来的都是污泥，后来终于发现了金盘子和玉器，最后挖掘出许多青年男女的骨骸。这可能就是那些“新娘子”和勇士们的尸骨。

汤普森把“圣井”里的污泥挖干净以后，穿上潜水衣潜入井底。他发了横财，把挖掘出来的东西收集到一起，足足装了十几筐。其中有5个黄金制成的金钵和金杯，40个平底盘、20个金戒指，100个金铃铛，还有几桶金器。除了这300多件金制品以外，相继挖出来各种财宝，价值几千万美元。

汤普逊发现的远不止是“圣井”中的宝物。有一天，汤普逊在打扫金字形神庙上的小庙时，发现铺设在地板正中间的一块大石板非常特别。他把石板撬开，下面露出方方正正的竖洞。竖洞的地板上盘着一条4米多长的大蛇。

这条大蛇可把汤普逊吓坏了。洞里怎么会钻进这么长的一条大蛇呢，可能是谁有意放进来的。汤普逊用随身带来的猎枪打死了大蛇，然后把死蛇搬开。这时他又发现，在地板上还有两具人的骨骸。

汤普逊又被两具死人的骨骸吓了一跳。他想，反正也被惊吓了两次，干脆干到底。他把死人的骨骸清除掉，发现骨骸下面的地板中间还

▼玛雅建筑图

铺着一块大石板。他把石板撬开，下面又是一个竖洞。他就这样一连撬开了5块石板。当他撬开第5块石板时，下面露出一条凿在岩石上的阶梯。这条阶梯一直通向一间人工凿出来的石头房子，到此已是金字形神庙的最底层了。

阶梯和房子里到处都是木炭，汤普逊费了半天的时间才消除干净。这时他发现在地板上盖着一块非常大的石板，他凭借着全身的力气好不容易才把石板挪开，结果下面又露出一个大约25米深的竖洞。竖洞的地板上有无数用玉石和宝石雕刻的花瓶，用珍珠制成的项链和腕链。这个发现可把汤普逊高兴坏了。

1903年，汤普逊把在玛雅人神庙和“圣井”里发掘出来的宝藏公诸于世，将伟大的玛雅文明中愚昧和黑暗的一面作了尽情的揭露。然而，玛雅人的神庙为什么要藏金纳宝始终是一个未解之谜。1967—1968年，墨西哥考察队又从“圣井”中捞出一些人工制品珍宝，现收藏于墨西哥各地的博物馆里。

罗亚尔港的海盗宝藏之谜

16世纪，中、南美洲是西班牙的天下，殖民者搜刮了大量金银财宝，一船船运回欧洲。在入侵西半球方面，英国落后西班牙一步，除了控制北美洲北部地区以外，很难染指西班牙的势力范围。心理不平衡的英国嫉妒西班牙抢到的巨额财富，就怂恿海盗专门袭击西班牙的船只，并为之提供庇护所。与此同时，欧洲一些亡命之徒沦为海盗，在美洲沿海抢劫过往商船，特别对抢劫西班牙皇家的运金船更感兴趣。英国政府当时专门辟出英属殖民地牙买加岛东南岸的罗亚尔港作为海盗的基地，罗亚尔港于是成为历史上海盗船队的最大集中地。

▼玛雅时期艺术品

1. 海盗港口

罗亚尔港公开身份是牙买加首府，非正式身份是海盗首都，海盗抢夺来的金银珠宝在这里堆成山，一船船金子有的时候都轮不到卸船，只有停放在港口里等候。这里是人类历史上最邪恶的城市，也是最堕落的城市，虽然只有几万人生活在这里（其中大约6 500人是海盗），但城市的奢侈程度远远超越当时的伦敦和巴黎。整个城市没有任何工业，却可以享受最豪华的物质生活。中国的丝绸、印尼的香料、英国的工业品一应俱全。当然最多的还是金条、银条和珠宝。

▲古书中描绘的处决海盗的场景

1692年6月7日，罗亚尔港仍像往常一样热闹，酒馆人声嘈杂，销赃市场顾客如云，各式船只频繁进出港口，满载着工业品的英国船在码头卸货，美洲大陆的过境船在修帆加水。海盗船混迹其间，一般人难以辨别出来。

中午时分，忽然大地颤动了一下，接着是一阵紧过一阵地摇晃。地面出现巨大裂缝，建筑物纷纷倒塌。土地像波浪一样在起伏，地面同时出现几百条裂缝，忽开忽合。海水像开了锅，激浪将港内船只悉数打碎。人们在屋塌、地裂、海啸的交逼下疯狂奔走，企图找一个庇身之所。一阵最猛烈的震动后，全城2/3没于海水底下，残存陆地上的建筑物也被海浪冲得无影无踪。

罗亚尔港从此消失在大海中，直到1835年，在风平浪静的日子里，人们仍能清楚地看见海底城市的痕迹——一些沉船、房屋依稀可辨。当时测量，沉城处于海平面之下7～11米。再以后泥沙和垃圾层层覆盖，罗亚尔港在人们的记忆中湮灭了。

2. 寻找宝港

牙买加独立以后，政府一直没有放弃寻找这个海葬城市。1959年，牙买加政府和水下考古学家罗伯特·马科斯签订挖掘条约。条约规定马科斯只负责挖掘，而挖出的所有财宝都归牙买加政府所有。在之后的时间里，马科斯找到了一部分城市遗址，并挖出了价值几百万美元的珠宝和大批生活用品。其中最有历史价值的是1只怀表，表针指向11：47，由此确认了古城沉没的时间。而最有趣的是一尊没有头的雕像，专家研究证实这是中国人信奉的观音。4年以后，马科斯以“再也挖不到财宝”为由离开牙买加。所有的人都不相信罗亚尔港只有这一点财宝，但谁也猜不出马科斯离去的真实原因。

1990年，美国得克萨斯州A & M大学接到牙买加政府的邀请，再次开始罗亚尔港的挖掘工作。A & M大学的专家们准确找到罗亚尔港的主要沉没地点，他们发现当年马科斯挖出来的宝藏只是非常小的一部分，99%的宝藏还沉在海水里。

现在罗亚尔港宝藏的寻找工作还在继续，不过牙买加政府没有决定打捞已经发现的物品和金银。没有人知道这个被海葬的海盗首都到底还能给人类带来多少惊喜。

耶稣裹尸布之谜

令世人惊奇的裹尸布留下了很多谜题。在耶稣复活的故事以后，经书上就再也没有提到有关裹尸布的字眼。只在《伪福音书》中略有一些记载，说它珍藏在耶路撒冷。而史书对它下落的记载也零星得近乎吝啬。一直到13世纪初，一个叫克劳里的编年史家写了一本书，其中记载了他本人于1203年在君士坦丁堡看见过一块据说是耶稣的裹尸布的长形亚麻布。这几乎是一千多年来有关裹尸布第一次有迹可查的记载。

神秘的裹尸布

他们就照犹太人殡葬的规矩，把耶稣的身体用细麻布加上香料裹好了。——《约翰福音》第19章第40节。

面对这块裹尸布，虔诚的教徒们眼中常常噙着泪水，口中重复着感恩的祈祷，因为他们笃信，这些都是"神迹"。

为什么在13世纪前居然没有任何关于它存在的历史记录，就好像是这样的圣物从来没有在人世出现过？在耶稣蒙难后的一千多年中，这块裹尸布究竟藏在了什么地方？越来越多的人开始怀疑。同时不断有人质问，这真的是来自古巴勒斯坦的耶稣遗物吗，还是只是一个中世纪的伪造者精心炮制的赝品？

有人断言，它是赝品无疑，因为这块麻布上有着太多太明显的疑点。怀疑者说，既然尸体是平放在墓穴中的，人像的头发就应该是平平散开的而非现在所见的垂直向下；陈年血迹应该呈黑色，而非现在这样红得好像是有人刻意弄上去的；如果这真的是包裹尸体的尸布，为什么上面的印迹却连一点点因为包裹造成的皱褶扭曲都看不到？为什么布上"耶稣"的轮廓与中世纪法国哥特式绘画中的耶稣形象出奇地吻合，都是身体偏长偏瘦，鼻子比一般人长，手臂长度也不符合正常比例，甚至还留着在当时的以色列被坚决禁止的长发？

▼耶稣受难图

爱德萨之布

尽管在经书和史书上"裹尸布"的字眼鲜有出现，但是细心的历史学家还是从字里行间找出了关于真相的只言片语。

故事的起点在耶路撒冷的圣墓教堂的墓室。据说，耶稣被一块亚麻布裹起来，

▲耶稣像

埋葬在教堂里。很自然，耶稣的圣徒们会想到保留一些同耶稣有紧密联系的纪念物。但是它上面有个人形，触犯了犹太法，因为这部法案认为同死人相关的任何物品都是不洁净的。为了保护圣物，圣徒们只能把它偷偷地藏了起来。相传，国王阿布贾得过一次重病，无论怎么医治都不见起色。众人都一筹莫展，只好去向耶稣求救。结果派去的人带回来一块印有耶稣身体影像的布。没想到，这块布真的奇迹般治好了国王的病。这块神奇的布就被后人称作“爱德萨之布”。几个世纪以来，画家们一直不能确定拿撒勒城的耶稣的长相。但自从发现了爱德萨之布，几乎所有的耶稣画像都开始趋于一致。欧洲各处的基督画像大部分作于十六七世纪，似乎都来自爱德萨。

然而好景不长，爱德萨的平静安宁并没有持续太久。很快，伊斯兰教军卷土重来，灭了爱德萨王国，基督教徒遭受迫害的历史命运也重新上演。但虔诚的教徒们为了避免他们心目中神圣的“爱德萨之布”落于异教徒手中，将圣布藏进了城墙。

裹尸布上的小洞

500 年后，阿布贾的时代早已结束，昔日爱德萨王国的中心早已被穆斯林清真寺所主宰。但是即便在伊斯兰教侵入爱德萨后，原有的 300 多座基督教堂依然稳稳地屹立着，因此这里很自然地成为了受基督教徒膜拜的圣物，基督教徒称作“曼迪兰”。曼迪兰的存在，使得这里成为基督教朝圣中心的地位再也无可撼动。早期拜占庭绘画显示，与“爱德萨之布”不同的是，曼迪兰展示的似乎只有基督的头部而已。在希腊，曼迪兰又被称为“台特迪隆”，字面义为“折四折”。人们发现，将裹尸布折叠四次后，所能见到的就只剩头像了。历史学家猜测，人们当时之所以将曼迪兰“折四折”是认为，如果整个图像都被展示出来，就会成为异教崇拜物。

但令人意外的是，公元 944 年 8 月 16 日，大审查官乔治向在场人员展示整块布的时候，提到了脸部和上半身。而且有其他证据表明，爱德萨之布中展示了基督的整个身体。从城中经过的一位法国士兵这样描述：“1 块布平铺着，可以在上面认出我们的救世主。”并且这位法国十字军战士罗伯特·德·克莱瑞称这块布为“裹尸布”。公元 1 000 年左右，1 支拜占庭军队击溃了穆斯林人的抵抗力量，径直攻到了城门前。但是这支军队的使命并不在于攻城略地，他们答应放过整座城市，释放穆斯林战俘，并且向他们支付巨额财富。这一切的大度和慷慨，只为了得到一样东西——曼迪兰。

当取胜的拜占庭军队高举着曼迪兰回到东罗马帝国的首都君士坦丁堡时，他们受到了最热烈、最隆重的欢迎。1 位编年史学家这样记载这件事：“它至少像圣约中的诺亚方舟一样珍贵。当这幅图像在街道之间穿行展示的时候，人们眼中溢出了激动的泪水，口中不断重复着感恩的祈祷。他们相信，这座城市将成为神圣的城市，永远受到保护，不可征服，直到永远。

圣殿骑士的信仰

十字军第四次东征改变了君士坦丁堡的命运。1203 年，君士坦丁堡陷入了绝境，进攻者闯入王宫，君士坦丁堡被洗劫一空，整座城市被夷为平地，只剩下一道城墙。而那块神奇的布也悄无声息地失踪了。在十字军凯旋所带的战利品中，是否包括印有基督影像的神圣之布呢？我们似乎可以从有关圣十字军殿骑士团的传说中获得一些线索。

圣殿骑士团是十字军中最具有传奇色彩的组织之一。由于这个骑士团曾经获得了大量财富，引起了国王以及主教们的嫉妒和不满。于是谣言四起，圣殿骑士团被指责曾经举行过神像崇拜和秘密仪式。圣殿骑士团所有成员都否认了神像崇拜的指控。但在严刑拷问下，1 名成员说："我们崇拜一个人头像，没有金银装饰，但有一脸大胡子，类似圣殿武士。"另一个人供认："这个头像有 4 只脚，两只在前，两只在后。"这些含糊的供词指的是曼迪兰吗？人们不得而知。虽经受了百般折磨，圣殿骑士也不愿泄漏他们信仰的真正对象。最后的圣殿骑士——雅克·德·莫雷和杰佛里·德·查尼因此被烧死，其中骑士杰佛里·德·查尼是有关裹尸布的历史记载中提及的第一个历史人物。

就在两位圣殿骑士被烧死后二三十年，裹尸布又在里瑞出现了，并且由 1 位同样叫杰佛里·德·查尼的法国骑士拥有。虽然不能完全确定他们两人之间一定有亲缘关系，但两个相同的名字使人们不得不作这样的猜测。有一点人们十分肯定：住在里瑞的这个杰佛里·德·查尼并不是来自偏远村庄的默默无闻的骑士。通过婚姻，他同国王和一些公爵建立了关系。他备受尊重，还写过关于骑士精神的著作。在对英法战争中，只有他被授予同法国国旗合葬的荣誉。杰佛里·德·查尼不可能是个伪造者或骗子，他手中的裹尸布应该也不是赝品。那现在的裹尸布与先前有历史记载的爱德萨之布以及曼迪兰之间，到底有怎样的关系呢？

底片上的"底片"

19 世纪末，科学理性思想已经战胜了神秘主义。1898 年，都灵大主教终于同意第一批科学家直接对耶稣裹尸布进行考察。为了存档，首先要对其进行拍照。当摄像师赛根多·皮亚在暗室里冲底片时，一个奇怪的现象出现了：他从照片底片的负像中看到了更为逼真的"耶稣"形象。他注意到，感光板上清晰地显示出一幅头部的正片，而不是通常底片的那种黑白颠倒的图像。这就意味着裹尸布上的图像本身是底片图像，即是说，裹尸布上的图像是根据一张照相底片绘制的。在摄影术发明前，谁能绘制出一个照相底版来呢？这一发现使怀疑裹尸布真实性的声音明显低沉了许多，越来越多的科学家开始倾向于证明它的真实性。

碳－14年代测定的挑战

1986年，在科学工作者与宗教界人士长达10年的接触和协商后，终于达成协议，科学家被允许用改进了的碳－14年代测量法对“裹尸布”进行分析。取样在极其秘密的情况下进行，并由国际上3个著名的碳－14实验室分别进行测定。每个实验室都得到4个样品，其中只有1个样品是从“裹尸布”上剪裁下来的，其余3个样品为不同时代的对照样品，分别装在编好号的金属盒中，但只有都灵大教堂的大主教和英国大不列颠博物馆的考古权威才知道这4个样品中哪一个是从裹尸布上剪裁下来的。结果，3个实验室的科学家们得出了相当一致的结论：这块“裹尸布”与耶稣毫无关系。因为它的年代在公元1260—1380年的可能性为95%，不早于公元1200年的可能性为100%，也就是说，这块“裹尸布”出现于耶稣遇难的千年之后。

1988年10月13日，红衣主教在都灵大教堂举行记者招待会，宣布存放在都灵大教堂的所谓的“裹尸布”为中古时期的赝品。这无异于在说：无论裹尸布具有怎样的神奇，它总是一个赝品——尽管是极为艺术的赝品。这个结论虽然给长达几个世纪裹尸布的真伪之争一个确定的答案，但是显然不是一个令所有人都满意的答案。持不同观点的科学家们仍然用不同的证据和方法为他们所坚持的信念辩护。

病理学家的证明

英国著名病理学家詹姆斯·卡梅隆研究了裹尸布上的无数伤痕，仔细地对其加以区分。他发现布上人物额头上的伤痕有的是由荆棘做的王冠造成的；从裹尸布背面看，人物身前的血痕是分层的，并显示先上下移动，然后平行移动，再上下移动的轨迹。这应该是流血时手臂运动留下的印迹。一个人在被带到十字架上钉死之前，他必须被双臂绑在木枷上往前走。如果突然被推倒，他应该以左膝盖和左前额着地。从裹尸布的照片上的确可以发现左膝盖的擦伤和左前额的擦伤。甚至连背上擦伤、发炎的棱角都有显示。如果这块布是赝品，中世纪的伪造者能考虑到这样繁杂的细节吗？

▼耶稣被钉十字架

长期以来的传说显示，受难的耶稣是被钉穿了手掌。中世纪的宗教图画也是这样显示的。但事实上，如果一个人被钉在十字架上，身体重量的大部分是由伸展开的两臂承担的，而钉在手心的钉子是无法承受人体的重量的；只有将钉子钉在手腕上，十字架上的人才不致掉下来。最近的考古研究表明，这种罗马刑罚确实是用钉子钉穿手腕。而裹尸布上的伤痕恰恰显示的是耶稣被钉住了手腕，而非手心。钉子刺穿手腕后，正中神经会受到破坏，从而导致他

生物学家的气化理论

生物学家曾用各种颜料和水彩试图复制出裹尸布上的图像，但都没有成功。经过长期的研究，他们发现，古代涂在尸体上的芦荟剂香料如果和死者在死亡前流出的汗混合在一起，会放出氨气，在裹尸布上形成棕色。经过研究还发现，在尸体各个不同部位放出的氨气的数量和质量的比例是不等的，因此在裹尸布上所留下的痕迹也相应地呈现多种多样。

的拇指收缩。这样的细节在裹尸布上也没有漏过。钉穿手腕这种酷刑在中世纪前一千多年就已经废止了。为什么同时期的画家对此知晓甚少，只能按照传统的宗教画绘制耶稣受难的场面，而这位“伪造者”却能了解得如此分毫不差？

还有一个证据给裹尸布的放射性试验一记重击。在一份来自布达佩斯的中世纪手稿的画面中，耶稣躺在布上，双臂交叉。两只手的大拇指都是朝内的。整个中世纪，只有这样的一幅图画，描绘了大拇指蜷缩在手心里这样的细节。而这个细节同裹尸布上所反映的一致，且多次出现。这位画家甚至还描绘了一块布，布上能清楚地看到小洞，大小和位置都与都灵裹尸布上的早期烧痕出奇地一致。这份手稿虽然看似以裹尸布为参照，年代却在公元 1 200 年以前，显然与科学测定的结果很不相符。

画家的佐证

画家伊兹贝尔·皮泽克一直从事裹尸布的研究。与众不同的是，他从绘画本身分析裹尸布的神奇之处。在他看来，如果真如碳－14 测定结果所言，这块布是中世纪的赝品，那么这必然是伟大的杰作。他认为，纵观整个艺术史，没有人画过没有轮廓线的画，因为即使画家想尽量避免画出轮廓线，或者有这样的绘画技巧，所用的绘画材料本身也会留下轮廓。所以在后来的绘画中，没有轮廓线的画是不存在的。但是，裹尸布中的影像就没有轮廓线。

花粉的奥秘

20 世纪 70 年代，瑞士科学家马克斯·弗雷从裹尸布上发现了 48 个花粉的实样，其中有相当数量的花粉是来自现在生长在法国和意大利的植物，这证明了当时的情况正如我们所了解的——裹尸布曾暴露在法国和意大利的空气中。另外 7 种花粉来自死海沿岸，而剩下的花粉，包括亚麻棘花粉，在伊斯坦布尔和土耳其东南部以及巴勒斯坦都能找到。这就是说，在裹尸布的早期旅程中，有一段位于圣地耶路撒冷附近。这个发现弥补了研究裹尸布初期历史的一片空白。1999 年夏天，以色列科学家又从裹尸布中发现了只能在耶路撒冷附近才能找到的植物花粉。这种植物花粉的残渣显示，裹尸布的年代要早于 8 世纪。

对碳－14 测定结果的质疑

▲耶稣画像

虽然 3 大实验室的科学家对碳－14 测定结果的准确性有百分之百的信心，但人们仍然不断在追问：这些结果有没有可能是因为未知的因素造成的呢？比如，16 世纪的大火破坏了这块裹尸布的纯度，或者它的材料发生了炭化，从而影响了测定结果呢？

对碳－14 年代测定结果的质疑自有其道理，因为这一测定法并不是绝对可靠的。英国曼彻斯特博物馆曾运用此方法对木乃伊进行测定，结果令人咋舌：纱布裹着的木乃伊骨头竟然比纱布早 1 000 年。

一名俄国科学家怀疑，亚麻的某种特性影响了都灵裹尸布的碳－14 测定结果。亚麻布造出以后，其有机材料会发生某种变化，使其年代测试结果比实际年代要推后许多。如果裹尸布受到过火的灼烧会产生同样的结果，因为火能明显影响到亚麻的有机物含量，会提高其中碳，尤其是放射性碳，即碳－13 的同位素的含量，这无疑会对年代测算结果产生极大的影响。因为这种年代测定是以碳－14 和碳－13 的含量为依据的。

不久，美国得克萨斯大学的一批研究者声称在一片裹尸布取样上发现有严重的细菌与真菌污染，而这种微生物污染恰恰会影响和歪曲碳放射测试的结果。

直到今天，关于裹尸布的争论依然在继续。孰是孰非，谁也不能简单地给出一个答案。似乎任何一方都没有绝对的证据说服对手。但毋庸置疑的是，耶稣的裹尸布依然是备受其信徒们顶礼膜拜的圣物，而一旦它被证明是赝品，也没有人否认这个中世纪天才的完美骗局。究竟是谁会有这样的技巧和才智，花费如此的周折，和宗教、信徒，甚至与几千年来的科学家开了这样的玩笑。他的目的又何在呢？

裹尸布周围笼罩的迷雾也许永远无法揭开。

纺织学家的论据

纺织学专家G．罗斯教授分析了两小块裹尸布上的小碎片和一些亚麻线，从纺织学的角度进行研究，他发现这块裹尸布有着远古时期圣地的特征。首先，在古代的中东地区以亚麻布作为尸衣、尸布是很平常的事。其次，这块裹尸布的料子里含有少量的中东棉纱。再次，罗斯发现这块裹尸布的编织法是人字形斜纹式的，这种编织法和平纹织法一样，是古代中东地区的编织法。从裹尸布上取得的亚麻线是由古代中东地区的手工技术纺出的，而在当时，欧洲已用轮式纺车纺线了。最后罗斯还证实，这些线在编织之前进行过漂白，这又是一项出现于古代中东地区的技艺。

水晶头骨之谜

在美洲印第安人中流传着一个古老传说：古时候有13个水晶头骨，能说话，会唱歌。这些水晶头骨里隐藏了有关人类起源和死亡的资料，能帮助人类解开宇宙生命之谜。传说还认为，总有一天人们会找到所有的水晶头骨，把它们聚集在一起，集人类大智慧于一体，发挥它们应有的作用。

首次出现

19世纪欧洲的探险家们对这个有关水晶头骨的传说深信不疑，尽管一直没人找到过那些传说中的水晶头骨。直到1927年，英国姑娘安娜在她生日那天，终于有了一个惊人的发现。安娜的养父米歇尔·黑吉斯是英国的探险家，对玛雅文明痴迷而狂热。1924年，米歇尔组织了一支探险队从英国利物浦出发，沿水路到达中美洲，与他同行的还有他心爱的养女安娜。探险队在当地玛雅人的帮助下发现了一处古代玛雅人的城市遗址。17岁的安娜也对眼前的一切兴奋不已，她小心翼翼爬上了城堡最高点的金字塔顶，一览热带丛林的绚丽风光。

安娜正在饱览风景时，她突然发现金字塔的裂缝深处有一个东西闪闪发亮。她立即告诉了养父，米歇尔带着探险队的全体成员登上了金字塔顶，终于刨开了可容一个小个子进出的窟窿，安娜只身爬入这个窟窿的底部，安娜发现的宝物是一块通体透明的水晶头骨的上半部分，米歇尔命令队员们继续挖掘。3个月后，他们在25英尺外的地方又找到了水晶头骨的下半部分，两块头骨合在一起，正好与真人头骨一般大小。按照惯例，米歇尔将水晶头骨献给了当地居民的首领。而当米歇尔的探险队将要返回英国时，当地的首领又将水晶头骨赠送给米歇尔，以回报探险队给他们提供药品和食物的帮助。

后来人们就把这颗头骨称作“米歇尔·黑吉斯水晶头骨”。米歇尔曾在《水晶头骨之谜》对此有绘声绘色的描述：“安娜从窟窿里出来以后，日光还很充足。她掸去宝贝上面的灰尘，惊奇地端详着它。‘我从来没有见到这么漂亮的东西。’这真是一件罕见的宝贝——一块和真人头骨一般大小的头骨，唯一与真人头骨不同的是它几乎是完全透明的。”原来是一块真的水晶头骨。一看就知道是从整块的水晶石上镂刻下来的。安娜把它拿到灯下，经它反射的灯光变得扑朔迷离，异常明亮，只有纯度极高的水晶才能达到这样的效果。

▼神秘的水晶头骨

奇怪的是，经过这么多年它还能完好无损。“看着水晶头骨把照射到它身上的太阳光反射成一道道炫目的光束，几个探测队员顿时像被施了催眠术一般

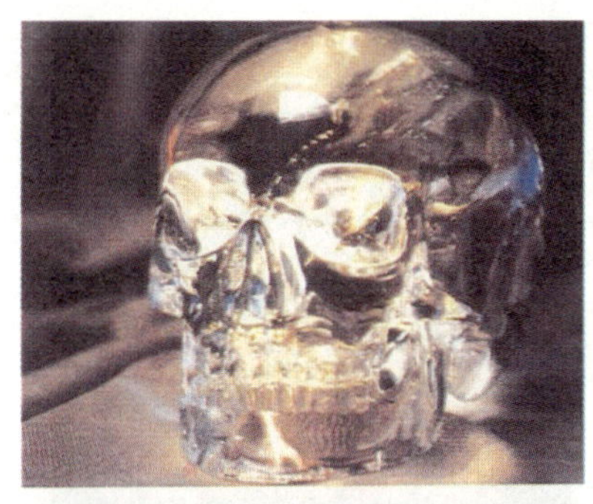

▲水晶头骨彩色纸片

盯着头骨目瞪口呆。安娜的父亲从她手中接过头骨，把它举了起来给众人看，霎时间每个人都狂喜不已。'来帮忙的玛雅人看了以后又哭又笑。'安娜回忆说。那时候每个人都好像着了魔一般，仿佛有一种古老而强大的力量在在场的每个人身上复活了一样。安娜说那是她漫长的一生中最伟大的时刻了。"

水晶头骨的外形特点

虽然人们对玛雅文化中种种不可理解的成就早有所闻，但这个1927年在中美洲洪都拉斯玛雅神庙中发现的水晶头颅，却依然不能不令人震惊。这个头颅用水晶雕成，高12.7厘米，重5.2千克，大小如同真人头，是依照一个女人的头颅雕成的。至今一千多年历史，专家们研究过头颅的表面及其内部结构后，肯定其历史非常悠久，确是玛雅时代遗留的文物。

比如大英博物馆藏有两个被鉴定为属于"古代墨西哥"的小头骨，小的一个是用滑石雕刻的，大的一个是用水晶雕刻的，高度也不过1.25英寸。两个都有穿孔，估计是当念珠或护身符用的。巴黎的一家博物馆也藏有一个水晶头骨，大约为真人头骨的一半大小，法国专家认为是阿兹台克人在14或15世纪时制作的。但是这并不是神秘现象或"新时代宗教"鼓吹者所说的水晶头骨。他们心目中的水晶头骨，与真人头骨差不多大小，风格写实，惟妙惟肖，据称是玛雅人的圣物，拥有神秘的力量。

水晶头骨的神秘之处

科学家们曾把水晶头骨和真正的人类头骨作了比较，发现除了眼部特征稍稍偏于人类的正常范围以外，其他参数都与真正的人类头骨相差无几。我们知道，近代光学产生于17世纪，而人类准确地认识自己的骨骼结构更是18世纪解剖学兴起以后的事。

这个水晶头颅却是在非常了解人体骨骼构造和光学原理的基础上雕刻成的，一千多年前的玛雅人是怎样掌握这些高深的解剖学和光学知识的呢？据说水晶头骨有催眠功能，如果让一个紧盯着水晶头骨的眼睛处，不多时人便会感觉昏昏欲睡，传说头骨是玛催人为病人做手术时催眠病人用的。

▼玛雅人的杰作

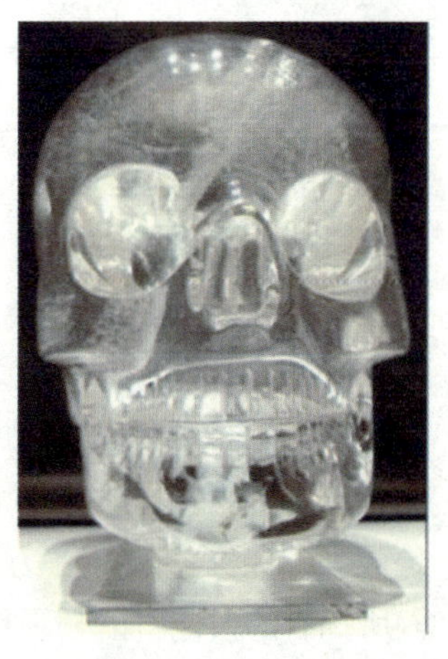

另外，水晶是世界上硬度最高的材料之一，用铜、铁

美洲的传说

美洲土著人世代流传着一个故事：祖先留下了13个水晶头骨，当地球文明达到极致时，它们会重新出现，并揭示出人类过去和未来的秘密伦敦大英博物馆就收藏着一个水晶头骨，据称是在墨西哥古阿兹台克人遗址上被人发现的，可能是古阿兹台克人的神秘遗物。

或石制工具都无法加工它，而1 000多年前的玛雅人又是使用的什么工具呢？另外，这种纯净透明的水晶虽然硬度很高，但质地却脆而易碎，科学家们推断：要想在数千年前把它制作出来的话，只可能是用极细的沙子和水慢慢地从一块大水晶石上打磨下来，而且制作者要一天24小时不停地打磨300年，才能完成这样一件旷世杰作。

水晶头骨的争议

曾经有2名身兼私家侦探的考古学家缜密调查了2年，发现被安娜发现的头骨最早的文献记载是在19世纪30年代英国的一本名为《人》的人类学图书，当时的持有者在1945年左右将这颗头骨以400英镑的价格卖给了米歇尔的父亲，在此之前曾经还有过一次拍卖，当时同样是在英国苏富比拍卖行拍卖，当时大英博物馆曾出价360英镑，但是当时的水晶头骨持有者认为价格太低，便自己又买了回去。

现今，在大英博物馆依然留有当时拍卖时的文献，这更加确定了现今的水晶头骨持有者所讲述的事情完全就是凭空捏造，水晶头骨根本就不是玛雅文化的产物，更不是玛雅神庙出土，而它的来历，或许只有当年那个拍卖它的持有人才能说的清楚。以下内容为现水晶头骨持有者米歇尔的说法延伸的，也就是那个提供者（安娜），她曾经被人询问过3次得到水晶头骨的时间，她分别说是19世纪30年代、1928年、1924年，在水晶头骨之谜中再次变为1927年，而且前三次她都是说是他父亲发现的，最后这本1995年出版的图书中却说是自己挖掘出来的。

▼玛雅的象形文字

它们已不是地外高等文明送来的礼物，更不是古代玛雅人自己制造的。古代玛雅人并非做不出在解剖学上很精确的头骨来，他们不是一群无知的农民，而是数学、天文学和历法方面的专家。他们所拥有的技能可以与现代技术相匹敌，

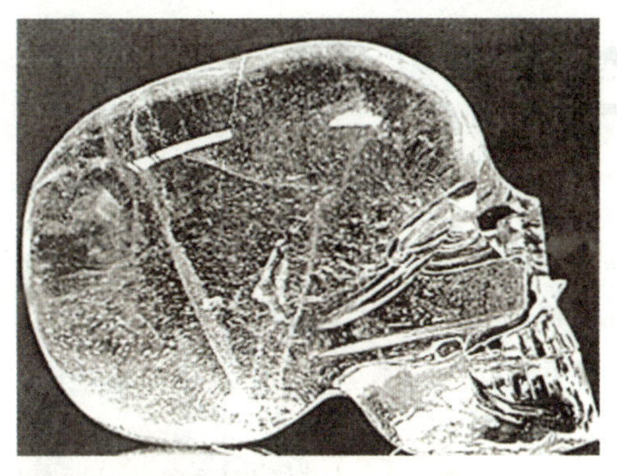

▲水晶头骨黑白照

甚至还能超过它。但是我们却没有确凿的证据能够表明古代玛雅人真的曾经拥有过水晶头骨。有一些证据倒是能表明古代玛雅人有可能制作过水晶头骨，但也有另外一些证据表明，是后来的阿兹特克人和墨西哥中部及高原上的印第安人制作了它们。这些古代人都善于在水晶上雕刻一些美丽的物品，也很频繁地使用过头骨这一意象。

水晶头骨传说是假的

然而现在，高科技将这个神话击得粉碎：这个水晶头骨是赝品。科学家利用牙医制作牙模用的挠性树脂给水晶头骨制作了一个印模，从上面可以看出眼窝、牙齿和头盖骨处有细微的旋转划痕，很显然，这个水晶雕塑是用轮式工具切割并打磨的。华盛顿史密森学会的档案学家简·瓦尔什进一步研究发现，这个水晶头骨很可能是 19 世纪专门收藏哥伦布发现美洲大陆前的文物的尤金·波班的“杰作”，种种迹象显示，他至少卖掉 2 个声称是古物的水晶头骨。文件显示，搞到这个水晶头骨的人正是波班，后来又由纽约泰芬尼珠宝行于 1897 年卖给了大英博物馆。同样是波班，将一个类似的水晶头骨卖给了一位收藏家，后来这位收藏家将它捐献给巴黎一家博物馆，一直在那里保存到现在。

真假难辨

大英博物馆的科林·麦克伊万表示，对外展出的这个水晶头骨多年来一直是一些特殊仪式的主题，很多人相信它的身世非同一般，对它顶礼膜拜，关于它的传闻也是越传越邪乎。

有意思的是，目前世界上真的出现了大约十几个大型水晶头骨，除了其中的 3 个外，其他的都在私人收藏家手中。那些对上述传说坚信不疑的人一直指责大英博物馆有意让头骨避开公众的视线，或者是“诱捕”饱含在它内部的宇宙能量。可是，现在英国科学家证实这个头骨是假的，但仍有许多人认为这是科学家耍的花招。大英博物馆前科研主管弗雷斯通教授也承认，科学家最新的发现不可能说服那些相信头骨具有神奇力量的人。他说：“你只要想一想都灵裹尸布，你就会明白，即使证据再多，你也难以让某些迷信的人信服。”

▼水晶头骨

崇高的佛舍利之谜

佛祖释迦牟尼去世火化后，信徒们在他的骨灰中发现了许许多多晶亮透明、五光十色、坚硬如钢的圆形硬物，这就是舍利，俗称舍利子，历来被视为佛门珍宝。那舍利究竟是什么，它是怎么形成的呢？我们一起来探秘。

▲神圣的舍利

舍利为何物

舍利子印度语叫作驮都，也叫设利罗，译成中文叫灵骨、身骨、遗身。是一个人往生，经过火葬后所留下的结晶体。不过舍利子跟一般死人的骨头是完全不同的。它的形状千变万化，有圆形、椭圆形，有成莲花形，有的成佛或菩萨状；它的颜色有白、黑、绿、红，也有各种颜色；舍利子有的像珍珠、有的像玛瑙、水晶；有的透明，有的光明照人，就像钻石一般。

涅槃留下了1块头顶骨、2块骨、4颗牙齿、1节中指指骨舍利和84 000颗珠状真身舍利子。经上说，舍利子是一个人透过戒、定、慧的修持、加上自己的大愿力，所得来的，它十分稀有、宝贵。像佛陀涅槃后，所烧出的舍利就有一石六斗之多，在当时有8个国王争分佛陀舍利，每人各得一份舍利，他们将佛的舍利带回自己的国家，且兴建宝塔，以让百姓瞻仰、礼拜。另外，修行有成就的高僧及在家信徒，往生后也都能得到舍利。如中国的六祖惠能，近代的弘一、印光、太虚、章嘉等大师们，他们都留下相当数量的舍利。

▼佛舍利

舍利的种类

舍利也不是都一样，它有很多种类，大致可分为三类：

1. 全身舍利与碎身舍利，前者指埋葬的全身遗体，后者指火葬的遗骨。此说出自《菩萨处胎经》卷三（常无常品）。或谓将遗骨全部纳于一塔者，称为全身舍利；反之将遗骨分置多处者，称为碎身舍利（一称分身舍利）。

2. 身骨（生身）舍利与法颂（法身）舍利二种。《浴佛功德经》以佛之遗骨为身骨舍利，称佛所遗之教法为法颂舍利。此种舍利显示佛灭度后，佛所说教法与戒律之永住于世，可为众生之依止，故相对于身骨舍利而称之为法颂舍利，或略称为法舍利。

3. 骨舍利、发舍利、肉舍利三种。《法苑珠林》卷四十谓骨舍利为白色，发舍利为黑色，肉舍利是赤色。

后世所谓的舍利，为小豆大之粒状，其质坚实，稍有光泽，多被安置于小塔而受供养。一般相信佛之遗体火化之后，悉成小粒状，而且质坚，锤打不碎。然如系佛弟子的舍利，则锤击便破。不过，近世在印度发现的八分佛舍利之一，则如通常人骨被火烧后之状，既非粒状，亦不坚实。古来亦流传佛之顶骨、牙骨、指骨等物普受信徒礼拜。由此可知，除粒状舍利外，亦有其他佛遗骨流传。又，安置佛舍利的宝塔，称为舍利塔，亦称舍利浮图。安置佛舍利之瓶，称为舍利瓶。供养佛舍利的法会，则称舍利会。

1990 年 12 月，新加坡华人高僧宏船法师圆寂，火化后，人们在他的骨灰中捡到 480 颗彩色的、类似水晶体的硬物，有些还闪烁着钻石般的光亮。据辨认，与佛门珍宝舍利子毫无二致。

高僧们火化后形成的舍利子大小不一，色泽各异，1993 年 5 月 7 日晚，我国东北沈阳唯一藏传佛教喇嘛教实胜寺的 79 岁大经师召乌力吉高僧（蒙古族），感觉身体不适，想回原籍辽宁阜新一趟，不料，寺里派人刚送他到沈阳火车站，他便悄然圆寂。高僧的遗体是送到沈阳文官屯殡仪馆火化的。火化后，在他的骨灰中发现红、绿、黄、黑、白等多色珍贵结晶体数十枚，大的如黄豆，小的似米粒，经佛教专家鉴别，认为是高僧圆寂留下的珍贵舍利。

据说，有些高僧留下的舍利子多达万颗。1991 年 3 月，中国佛教协会常务理事、山西省佛教协会副会长、五台山佛教协会副会长通显法师圆寂火化后，得五色舍利子 11 000 颗，堪称古今之冠，世界之最。一些高僧留下的舍利子竟大如鸡卵。1989 年 9 月 27 日，广西壮族自治区桂平县西洗石庵住持、93 岁高龄的宽能法师圆寂，火化后得到了 3 颗碧绿色、晶莹透明的舍利子，每颗直径 3 ~ 4 厘米，好像绿宝石一般。

尤令人称奇的是高僧圆寂后心脏火焚不化，最后竟也化成坚固的

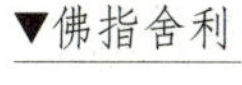
▼佛指舍利

▲舍利

舍利子。1994年93岁的圆照法师在陕西省长安县喂子坪乡观音山法华寺修行。进入6月份以来，就水米不进。6月12日，神色突然异常兴奋、激动，晚上9点多时，她对前来探望的寺内众弟子演讲了一通佛法后，说了一句“我将心留给众生”，便再无声息；众人看时，已合眼闭目，盘腿打坐，悄然圆寂。4天之后，弟子们按照佛教教规，在寺内一大青石板上架起木柴，将法师焚化，大火烧了整整一天，法师法体形成百多颗大小不一，形态各异的舍利子和舍利花。舍利花颜色雪白，镶嵌着米粒大小的呈红、黄、蓝、褐色的结晶体。尤为神奇的是，法师心脏久焚不化，成为一个呈黑褐色的巨大舍利子。火化结束时，心脏尚软，之后逐渐变硬，当时在场的百余名弟子们均目睹。据称，圆照法师性情静、平和，心地善良，但饭量极小，每餐只吃一二两。法师的俗家弟子、长安县气功协会会长王绪文介绍，法华寺曾派人携舍利子到省佛教协会，经余元大师鉴别，确认是罕见的舍利子。后来，当地人为了永久存放，又筹措资金专修了一座舍利塔。

舍利的形成

关于舍利子的形成，历来众说纷纭，莫衷一是。有些学者提出，由于佛门僧人长期都是素食，摄入了大量的纤维素和矿物质，经过人体的新陈代谢，极易形成大量的磷酸盐、碳酸盐等，最终以结晶体的形式沉积于体内而形成。然而这种解释并不完全令人信服。学医的应该明白结石的外观以及物理性能。结石主要成分是钙质或金属盐沉积，形态和水垢相似，也易碎（所以可以用超声破碎石），这些东西在高温下都会变成粉末状的氧化物。世界上素食主义者成千上万，为何并无舍利子出现？

佛门弟子不计其数，为什么不是每个人都有舍利子呢？一些学者认为，舍利子可能是一种病理现象，类似胆结石、肾结石之类。这种解释也难自圆其说，不少患结石症的病

▼佛指舍利

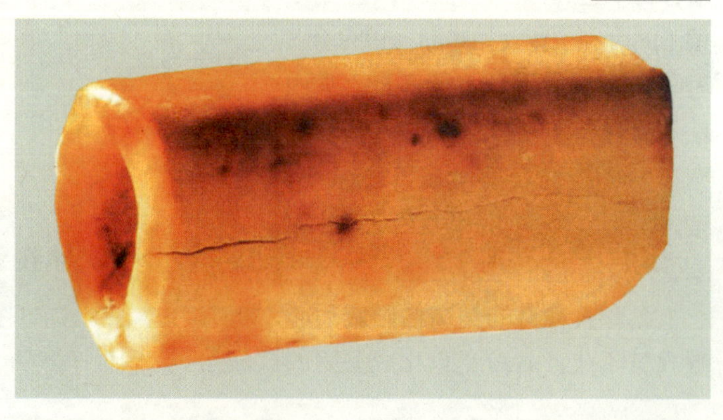

舍利

舍利，梵语译为“尸骨”，指死者火化后的残余骨烬。通常指佛祖释迦牟尼火化后留下的固体物，如佛发、佛牙、佛指舍利等。佛教经典中把舍利分为两类：一为法身舍利，即佛祖所说的佛教经典，二为真身舍利，即佛祖火化后留下的固体物。后者又可分三类，一是骨舍利，白色；二是肉舍利，红色；三是发舍利，黑色，均圆明皎洁，坚固不碎，迥非世俗珠宝可比。菩萨、罗汉也有舍利，佛教认为，只有虔诚奉佛，悟道得法的人才会自然结晶舍利，非常人可得。

人，死后火化，无一例有舍利子存在，况且出舍利子的高僧生前几乎都是身体健康、安详自在的长寿老人。何况体内结石数量极少，否则会危及生命，但是大得有时候出现舍利子的数量非常惊人（数十到上万都有），而且色彩和形态各异。有那么多“烧不化结石”的人，能活吗？而且并不是常年吃斋和尚才会有。仅仅皈依一年的在家居士，往生焚化后也出现了五彩舍利子，而普通素食者，还有很多素食动物，他们有舍利吗？

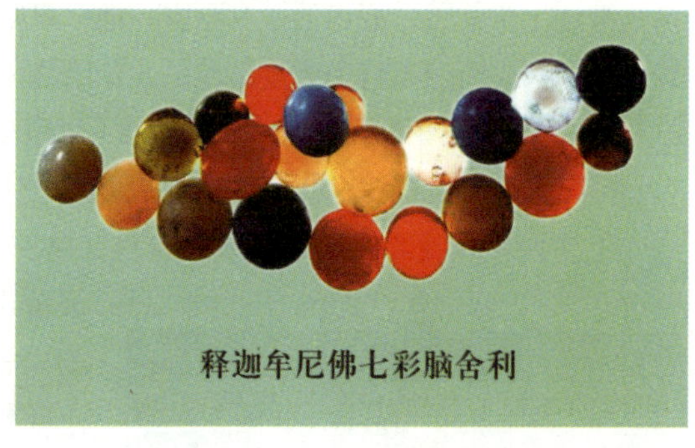

▲释迦牟尼的七彩脑舍利

另外，舍利为何有大有小？有多有少？舍利为何色泽不一？更让人百思不解的是心脏久焚不化，由软变硬，成为一个巨大的舍利子。这在佛教史上也前所未闻。各种例子中，有的舍利纯净无瑕，有的能凭空出现（天降舍利雨），有的会发光，有的能生长，有的大得能在骨头上显字，甚至肉身缩小或消失，这些更是无法用常理和现代科学来解释的。

除上文所载之阿育王集佛舍利盛于8.4万宝箧，建立8.4万塔之外，其他各地亦有供养舍利的情形。如《高僧法显传》师子国（锡兰）条载，该国王城中有佛齿精舍。《大唐西域记》卷十一僧伽婆罗国（锡兰）条说，王宫之侧有佛牙精舍。《高僧法显传》载，那竭国界醯罗城中有佛顶骨精舍。《大唐西域求法高僧传》卷上玄照条载，玄照曾至迦毕试国礼拜如来之顶骨。《大唐西域记》卷十二载，玄奘回国时请得如来之肉舍利150粒携回。《宋高僧传》卷一载，义净归朝时携回舍利300粒。

释迦牟尼佛透明脑舍利关于佛舍利之灵验事迹，古来即有流传，而且由于至诚心而感得佛舍利的记载亦屡有所见。

依《高僧传》卷一〈康僧会传〉所述，吴主孙权原不信佛教，尝召康僧会问佛教灵验之事，僧会乃请期三七日，感得舍利，五色光炎照耀，孙权令力士以砧击之，砧俱陷而舍利无损，孙权乃大为叹服。

虽然我们无法得知舍利的奥秘，但佛陀和高僧大德们留下舍利，能使我们怀恋企慕而生渴仰之心，信顺佛法。相信人们终归有明白真相的一天。

圣经中的诺亚方舟之谜

《圣经》中的“诺亚方舟”的故事深深吸引了人们，让人们忍不住想：真的有诺亚方舟吗？不只是看过这个故事的普通人们有此想象，很多国家都对此做了实质性探索。

“诺亚方舟”的故事

“诺亚方舟”是出自圣经《创世纪》中的一个引人入胜的传说。由于偷吃禁果，亚当夏娃被逐出伊甸园。亚当活了930岁，他和夏娃的子女无数，他们的后代子孙传宗接代，越来越多，逐渐遍布整个大地。此后，该隐诛弟，揭开了人类互相残杀的序幕。人类打着原罪的烙印，上帝诅咒了土地，人们不得不付出艰辛的劳动才能果腹，因此怨恨与恶念日增。人们无休止地相互厮杀、争斗、掠夺，人世间的暴力和罪恶简直到了无以复加的地步。

上帝说：“我要将所造的人和走兽并昆虫以及空中的飞鸟都从地上消灭。”但是他又舍不得把他的造物全部毁掉，他希望新一代的人和动物能够比较听话，悔过自新，建立一个理想的世界。

▲诺亚方舟想象图

▼上帝创世传说

在罪孽深重的人群中，只有诺亚在上帝眼前蒙恩。上帝认为他是一个义人，很守本分；他的3个儿子在父亲的严格教育下也没有误入歧途。诺亚也常告诫周围的人们，应该赶快停止作恶，从充满罪恶的生活中摆脱出来。但人们对他的话都不以为然，继续我行我素，一味地作恶享乐。

上帝选中了诺亚一家：诺亚夫妇、三个儿子及其媳妇，作为新一代人类的种子保存下来。上帝告诉他们七天之后就要实施大毁灭，要他们用歌斐木造1只方舟，分一间一间地造，里外抹上松香。方舟上边要留有透光的窗户，旁边要开一道门。方舟要分上中下3层。他们立即照办。

上帝看到方舟造好了，就说：“看哪，我要使洪水在地上泛滥，毁灭天下，凡地上有血肉、有气息的活物无一不死。我却要与你立约，你同你的妻子、儿子、儿媳都要进入方舟。凡洁净的畜类，你要带七公七母；不洁净的畜类，你要带一公一母；空中的飞鸟也要带七公七母。这些都可以留种，将来在地上生殖。”

2月17日那天，诺亚600岁生辰，海洋的泉源都裂开了，巨大的水柱从地下喷射而出；天上的窗户都敞开了，大雨日夜不停，降了整整40天。水无处可流，迅速地上涨，把最高的山巅都淹没了。凡是在旱地上靠肺呼吸的动物都死了，只留下方舟里人和动物的种子安然无恙。方舟载着上帝的厚望漂泊在无边无际的汪洋上

▲上帝为了惩罚人类而降洪水

上帝顾念诺亚和方舟中的飞禽走兽，便下令止雨兴风，风吹着水，水势渐渐消退。诺亚方舟停靠在亚拉腊山边。又过了几十天，诺亚打开方舟的窗户，放出一只乌鸦去探听消息，但乌鸦一去不回。诺亚又把一只鸽子放出去，要它去看看地上的水退了没有。由于遍地是水，鸽子找不到落脚之处，又飞回方舟。7天之后，诺亚又把鸽子放出去，黄昏时分，鸽子飞回来了，嘴里衔着橄榄叶，很明显是从树上啄下来的。再过7天，诺亚又放出鸽子，这次鸽子不再回来了。诺亚601岁那年的1月1日，地上的水都退干了。诺亚开门观望，地上的水退净了。到2月27日，大地全干了。于是，上帝对诺亚说："你和妻儿媳妇可以出舟了。你要把和你同在舟里的所有飞鸟，动物和一切爬行生物都带出来，让它们在地上繁衍生长吧。"于是，诺亚全家和方舟里的其他所有生物，都按照种类出来了。后世的人们就用鸽子和橄榄枝来象征和平。

这就是"诺亚方舟"故事的由来，虽然是个传说，但由于《圣经》中记载的很多事情都被证实是真实的，譬如，在一次战争中，一位军官根据《圣经》中的记载，成功地

▼《圣经》中关于诺亚方舟救世的传说。在灭世洪水中，人和各种动物纷纷逃生到诺亚舟上

找到了大山里的一条秘密小道，并通过这条小道突然出现在敌人面前，取得巨大胜利。如果能证明“诺亚方舟”也是真实的，那么这个发现肯定将在全世界引起轰动。所以，很多年以来，许多国家的圣经考古学家都希望揭开这个千古之谜。

▲油画《圣经》

诺亚方舟的故事起源

一项最新研究证实，早在8 000多年前北大西洋巨大冰盖的融化曾使海平面大幅上升，科学家指出，这一事件可能是《圣经》中记载的诺亚方舟拯救人类故事的起源。

英国埃克塞特大学和澳大利亚伍伦贡大学的科学家指出，发生在距今8740—8160年间的北美劳伦太德冰盖融化，造成了近10万年来地球上最大规模的淡水增加，地中海海平面也因此上升了1.4米。研究指出，海平面的上升导致当时还是一个淡水湖的黑海被咸水淹没，造成黑海海水在大约8 200年以前增多变咸。生活在黑海沿岸一带的新石器时代的农业人口受影响最大，他们无法继续耕作。洪水最严重时，有72 700平方公里的土地被淹，这一时期持续了约34年。同样的现象还出现在地中海沿岸，大约1 120平方公里的土地被水淹没。

这一切造成了14.5万农民（以东欧为主）向西迁移，寻找更适合的耕地。他们的到来加速了当地的社会变革，推动了生活方式的改变，这很可能是早期农业向欧洲其他地区传播的过程。

研究小组负责人英国教授克里斯·特尼指出，这一事件被代代相传，给人留下的印象是全世界都发生了大洪水，这也可能是诺亚方舟的故事起源。

寻找诺亚方舟的下落

由《圣经》的记载来推算，方舟是一只排水量43 000吨的巨大木箱。按《创世纪》第八章所载，方舟最后停靠在土耳其东部的亚拉腊山上。过去虽有不少方舟被发现的传言出现，但都仅止于传言。

不仅仅是《圣经》，世界各地都流传着关于大洪水和方舟的神话。据说因为有了那条船，人类和各种动物才得以逃脱上帝愤怒的惩罚。人们总想知道有关诺亚方舟的一切，比如它的大小，建造所用的材料，航行日期和停泊地点。为了寻找这只神秘之舟，几个世纪以来人类进行了上百次探险，但至今仍然没有找到它存在的证据。它的秘密难道真的被永远冰封在亚拉腊山中了吗?

诺亚方舟化成了石头，矗立在《圣经》中所说的停泊地点，即土耳其亚拉腊山将近5 000米高的冰山上。它的全部内容不仅是一个神话，而且还是对专业地质学家、考古学家和众多热衷于从宗教角度进行“方舟考古”的爱好者的一个挑战。因为要寻找诺亚方舟，除了需要科学和文化方面的知识外，还要冒着攀登亚拉腊山的巨大风险。

这座山在土耳其语中被称为“惩罚之山”，因为它经常发生雪崩和山崩，有终年隐匿在烟雾中的大裂缝，以及地震和火山爆发（亚拉腊山是一座活火山，它最后一次爆发是在1965年），大量的二氧化碳等有害气体（也是由于火山活动产生的），还有雷击的危险（构成这座山的花岗岩会吸引闪电），最后就是土耳其政府下达的禁令和被库尔德游击队员擒获的危险（亚拉腊山位于临近亚美尼亚共和国和伊朗的敏感地区）。这就使几十次探险终以失败告终。但是寻找仍在继续，而且在有关照片被公布和传播之后更加热了起来。

近年来，有一种说法，认为方舟搁浅在亚拉腊山脉面向黑海的一个山坡上，而且很可能因为黑海水位暴涨而沉入黑海海底，这个说法引起了美国深海探险家罗伯特·巴拉德博士的高度兴趣，他表示，“诺亚方舟”的故事从小就深深地吸引了他，特别是他在深海探险方面取得一定成就后，只要一提起方舟，就激动不已。他希望自己有机会探寻方舟的下落。所以当听说“方舟可能沉入黑海海底”这个大胆的推测后，他决定亲自到黑海去探个究竟。

巴拉德曾在地中海海底找到古罗马帝国和腓尼基的船只，假如他能在黑海海底寻获方舟，这将会是一件轰动全球，甚至载入史册的重大发现。

在近东和中东一带的古文明，都有关于大洪水的记载，古巴比伦、希腊及罗马也有类似诺亚一家人获救的故事流传，但地质学家从未发现全球性大洪水的证据。有人认为诺亚方舟不过是一项古老的传说，然而科学家最近却根据黑海一带的自然环境推断，当地的确可能发生过毁灭性的大洪水。

科学家推算地球最近一次冰河时期，是在12 000年前达到巅峰，那时全球海平面要比现在低很多，而黑海只是一个淡水湖，与地中海间隔着一个天然的堤坝，这个堤坝横跨今天土耳其境内的博斯普鲁斯海峡。

▼诺亚方舟

随着各地冰河融解消退，全球海平面跟着升高，而地中海与黑海的水位落差，逐渐被拉大到500米左右。后来，可能是一场大雨或一场地震，使两者间的堤坝垮掉，地中海的海水以200倍于尼亚加拉瀑布的水量及冲力涌入黑海；两年后，地中海和黑海

▲洪水过后，善良的诺亚又把人和各种动物送回到陆地上，让他们继续繁衍生息下去

的水位才达到平衡。

今天，黑海和地中海虽有一个水道相通，但黑海基本上是个封闭的水域，多瑙河、第聂伯河及顿河的水不断流入黑海，在它的上层形成一个淡水带，在这个区域内有丰富的渔产和其他生物，黑海下层则是咸水带，这个咸水带不同于一般海洋下层有海流相通，而是呈停滞状态，因而形成了特殊的“无氧”环境。理论上，在这种无氧环境下几乎不可能有生物存在，所以任何物品、沉船甚至人体遗骸一旦下沉到这个水域，就好像被扔进一个真空储物柜一样，永远不会腐烂。按圣经所载，方舟是用“歌斐木”造的，假如方舟最后落到黑海海底，那么它可能完好如初。

如果说《旧约全书》上的文字引发的几次探险显然是失败的，那我们还是从基于《古兰经》关于大洪水的传说而进行的探险中得到了更多的线索，即使它们尚未有明显的科学依据。事实上，据这本穆斯林的圣书记载，诺亚方舟可能停泊在土耳其一座被当地人称为古迪达哥的山上。这座山被西方人称之为朱迪山、哥尔迪雅娜山或尼布尔山，但现代的地图上对这座山几乎从未提及。它位于亚拉腊山以南300公里。重要的是，这座山与尼尼微这个考古景点非常近。在那里找到了一些刻有楔形文字的泥板，上面记载着《吉尔伽美什史诗》。尼尼微距底格里斯河只有40公里，那个地区经常发洪水。这块土地在《圣经》中被称为“亚拉腊地区”。实际上，《创世纪》中记载诺亚方舟并非停泊在一座山峰上，而是位于“亚拉腊山脉”。

英国的女考古学家格特鲁德·贝尔对这一地区进行了探测，并辨认出一种令人想到诺亚方舟的石头结构。这种罕见的结构早就被当地人称为“诺亚方舟”(Sefinet Nebi

Nu)。过去每逢 9 月 14 日，那里便成为犹太人、穆斯林和基督徒朝圣的地方。1995 年，土耳其政府把多乌巴亚泽特高原定为具有很高考古价值的地区，这一高原海拔 2 300 米，它实际上是一个奇特的地质结构，一年中大部分时间都被盖在冰雪之下。

这个物体长 170 米、宽 45 米、形状像一条船，好像同《创世纪》中所描绘的诺亚方舟相似。一个国际科学家小组对这里进行了 6 年的考察研究，他们拍摄了空中照片，并用一款特殊的仪器对这个地区实施勘测。这款仪器使用比一般雷达系统更高的频率工作，因此可以“看见”冰层以下更深的地方。所以他们假设它是 5 000 年以前制造的，甚至一些人还认为它是《圣经》中那条船上层的甲板。

在这一地区附近采集的其他一些数据似乎证明了诺亚方舟的存在：这些数据首先显示它有一个不寻常的氧化铁层，它们可能是用来加固船体的铁制条带。其次便是从一端挖掘出的巨大物体，它们可能是“压舱石”，古代的船只都拖着这些东西，以便行驶更加平稳。纽约大学的大卫·法索尔德肯定地说：这就是诺亚方舟。然而，由加利福尼亚大学的劳伦斯·柯林斯领导的一个地质学家小组却给他泼了一盆凉水：这可能是一种天然的岩石结构。

发现诺亚方舟

1919 年，公众终于见到了第一张诺亚方舟的照片：这张照片是由俄国飞行员罗斯

▼古迪达哥山

▲阿比科二号冰川

科维斯基拍摄的，上面可以隐约看出冰川下一个模糊的暗色斑点。而这以后利用雷达和深层探测器进行的地质考察，却显示这个斑点只是亚拉腊地区岩石共有的一种异常结构。对诺亚方舟的寻找在80年代末90年代初又重新开始。由于军事档案的解密，美国政府公布了由埃罗斯卫星和U－2间谍飞机拍摄的照片。这些照片显示在3 000米高空可隐约看到亚拉腊山俄国一侧山坡终年冰层下的“异物”（专业术语称为“凸起”）。

支持诺亚方舟理论的人十分肯定：这就是诺亚方舟。实际上也的确存在着一些奇怪的巧合：这个“异物”距纳瓦拉找到那块木头的地方只有几百米，而那块木头是在位于“阿赫拉峡谷”附近的埃奇米阿津修道院找到的。可是，在地质学家和美国中央情报局看来，这可能是在公元1000年左右爆发过的一个火山口，或者由于终年冰川中一块巨大的冰下滑导致的不正常的积雪堆积。然而这并非对诺亚方舟存在论的唯一反驳。这些反驳意见中最重要的一点是，这样一场洪水要淹没一座高5 000米的山脉是绝对不可能的。但是，认为诺亚方舟停靠在亚拉腊山的人反驳说，大洪水过后，在公元前3000年，一些难以置信的地壳构造运动可能将这个山脉抬高了。于是亚拉腊山，尤其是西坡的帕罗特冰川、东北坡的阿赫拉峡谷和阿比科二号冰川成为研究人员偏爱的地方。

美国公司“快鸟”卫星拍摄的一张照片中所透露出的细节，令寻找诺亚方舟的一位关键人物再次兴奋不已。美国富曼大学副教授鲍彻·泰勒称：“我又看到了新的乐观局面，我仍在推动情报部门继续解密更多的权威照片。”泰勒做了30年的国家安全分析员，而且在国际战略研究中心已经工作5年。他说：“我把这称作我的卫星考古工程。”据称，泰勒的卫星考古工程已开始对来自“快鸟”、伊康诺斯太空船及美国情报机构的航天和卫星图片资源进行检索。

在土耳其东部有一座海拔5 000多米的高山，名叫阿勒山。据基督教《圣经》载，大洪水后诺亚方舟即停于阿勒山。诺亚方舟是真的存在，还是纯属虚构？诺亚方舟是不是停在阿勒山？根据飞机航拍、侦察卫星以及商业用遥感飞行器拍摄的照片，发现阿勒山山腰处有一处“不规则区域”。引起人们极大兴趣的“不规则区域”位于阿勒山西北角海拔4 663米处，几乎被冰川掩盖。泰勒声称“不规则区域”的长宽比例和诺亚方舟的长宽比例一样。

据《创世记》中记载，诺亚方舟蓝图长300肘尺*，宽50肘尺，长宽比为6 ：1。而卫星拍摄的照片显示。这一“不规则区域”的长宽比也是6 ：1。

---

*肘尺是古代的一种长度测量单位，等于从中指指尖到肘的前臂长度，或约等于17～22英寸(43至56厘米)。

探秘诺亚方舟

现代第一个有据可查的登上亚拉腊山的探险者是德国医生弗里德里希·帕罗特，他于1829年上了那座山但并未找到诺亚方舟留下的明显遗迹。不过，他欣赏到了埃奇米阿津修道院中（它在亚拉腊火山1840年的一次爆发时被毁）东正教神甫们顶礼膜拜的一个十字架，这个十字架很像是用《圣经》里记载的那艘船上的木材制成的。到1955年为止的历次探险同样未能获得成功，但随后，法国工业家弗尔南·纳瓦拉在到亚拉腊山进行第三次探险后，带回一根橡木梁，他断言隐约看见了冰川下有一只船，这根梁便是从船上掉下来的。

一队美国探险者宣布，在几百英尺深的黑海海底发现了人类居住过的迹象。大约7 500年前，这些住所被一场凶猛的洪水吞没。有科学家断言，这一灾难事件和《圣经》里讲述的诺亚方舟的故事存在着某种联系。

因在1985年发现泰坦尼克号残骸而闻名于探险界的罗伯特·巴拉德声称，他率领的一支远征小队在距土耳其沿岸12英里远的黑海又取得重大收获。在海平面以下310英尺深处，找到了一个呈长方形的地基。他怀疑那里在被大水吞噬之前，或许曾经是一座建筑的旧址。从建筑规模来判断，当年黑海周围是众多人口的聚居地。

巴拉德探险队本打算进行一次为期五周远征行动，没想到第二周就获得了突破性发现。他们准备继续探索，尽可能多地寻找地基。精确绘制水下建筑遗址草图并拍摄照片，详细记录原貌后，再组织展开打捞工作。到时候把找到的文物公诸于世，供科学界分析定性。巴拉德没有急于把《圣经》里描绘的滔天洪水和这次在黑海的发现联系起来，他还要搜集到足够证据再下结论。

探险队员用一条光缆系住一辆洗碗机大小的探测车进行海底地形拍摄。结合声呐设备的运用，找到了一块长45英尺、宽12英尺的地基。木制横梁、树木枝条和石器散落在淤泥里，它们出现在新石器时代和铜器时代的过渡期，也就是大约7 000年前。

宾夕法尼亚大学的考古学家弗雷德里克·希伯特指出，从海底发现的在枝条上涂抹泥巴的建筑风格，在黑海周围地区相当具有代表性。他兴奋地把这次发现誉为“又一座庞贝古城的出土”，其线索将改写这片连接欧亚两洲和中东的关键地区的文化史，意义远在发现泰坦尼克号残骸之上。

但是巴拉德探险队还是没有真正地寻找到传说中的“诺亚方舟”，“诺亚方舟”和大洪水是否真的存在，仍有很激烈的争论，结果究竟如何？能否找到“诺亚方舟”，恐怕仍然需要时间才能证明。

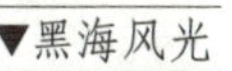
▼黑海风光

其他奇异未解之谜

死海羊皮卷之谜

死海附近发现一部神秘的手稿，被怀疑是圣经旧约的原稿，它到底有什么秘密，为什么能在那个地方发现，让我们一起探索。

1. 偶现羊皮卷

阿狄布是15岁的贝都因族男孩。有一天，他在死海西北角的沙漠区寻找迷途的山羊时，看到绝壁上有一狭窄的洞口。他扔了几块石子进去，忽然听到打破东西的声音。

他自以为找到了宝藏。于是把他的朋友阿美·穆罕默德叫来一同挤进洞里。洞长26尺*、宽6尺。他们在洞里找到许多2尺高的陶罐。两人见了兴奋不已，连忙扭开罐盖。发现里面不是他们所期待的黄金和珠宝，而是一卷卷用麻布裹着的黑色发霉味的东西。其中有11幅卷轴，用薄羊皮条编成，外面盖上一层腐朽的牛皮。

他们把卷轴打开来时，发现其中一面，有用古希伯莱文写的一行行的手稿。两个孩子大失所望。把它们拿到耶路撒冷去卖，得到一点钱。这是1947年的事。

2. 圣经原稿

两个孩子所发现的原来是稀世的古代手稿，就是有名的“死海羊皮卷”。到了第二年，叙利亚圣马可正教道院买去其中5幅。其他6幅则由耶路撒冷的希伯莱大学收藏。

▼死海羊皮卷

耶路撒冷的美国东方研究所代所长约翰·崔弗博士，审查圣马可正教道院所得的稿卷时鉴定其中一份是《旧约》以赛亚书的原资料。从其中拙劣的字体推断，卷轴当属耶稣降生以前的物件。

就我们所知，现存希伯莱文《旧约》经文，最早的也只有1 300年的历史，没有见过更早的。因此，死海羊皮卷的确是一次空前惊人的发现。

美国约翰·霍普金斯大学史学家兼考古学家威廉·奥柏莱博士审查“以赛亚书”的照片后，鉴定卷轴的年份应在公元前100年左右。他说，这绝对是意想不到的大发现，简直是当代面世的最珍贵手抄本。

其他考古学家和贝都因族人开始在死海沿岸展开搜索。到了1956年，他们又找到其他10个洞穴，发现了更多卷轴和残卷。

* 尺为非法定计量单位，1尺≈33.33厘米。

芝加哥核子研究所的专家们，把第一个洞中包扎稿卷的麻布碎片用火焚烧，再经过碳 14 侧测定年代的方法处理后，鉴定其年代约在公元前 167—公元 233 年间。

▲羊皮卷

由于这些文献被发现，我们才明白，为了某种缘故，有一座相当大规模的图书馆隐藏在旷野中，而手抄本不过是其中一部分藏品而已。

距第一洞不到 600 码的地方，有一座道院的废墟被发掘出来。道院名叫克柏库姆兰，是一个小教派曾一度设坛之处。在道院正堂的书斋中，发现一张长写字台和长凳、两个墨汁瓶和一只陶罐。陶罐和第一个洞中所发现的相似。

看来，这些文物是公元 68 年罗马第十军团侵入时，被道院僧侣隐藏起来的。

3. 极具价值的文稿

大多数文件和碎片都用希伯莱文写成。其中有些尺寸还不及一枚邮票大。少数是希腊文旧约圣经。这些资料，代表 500 多种书，除了以斯帖书包括《圣经》全部《旧约》。此外，还有对《旧约》的评论和记述道院生活与约法的文稿。

记述道院生活的文献显示当时的教派和古犹太的苦修教派相似。这是当时一个小教派，约有信徒 4 000 人。据罗马史家普利尼说，他们曾在死海西岸设坛，正是道院的地区。相信那里就是他们的总部。

这些发现的卷轴，为《圣经》学者带来许多新的资料。

部分文献的内容，包括苦修教派的“纪律手册”，显示苦修教派与早期的基督教活动，竟有很多相似的地方，令人非常惊奇。

如要加入苦修教派申请人必须先放弃原有的信仰及一切财物。教友要苦修力行，以达清心寡欲、谦卑仁慈的境界。他们的宗教仪式，包括洗礼，象征以忏悔洗尽精神的污秽以及举行圣餐。所有团体都过着公社式的生活，由一个 12 人的小组领导。

学者们对卷轴中提到的“正义之师”，无法了解他的真正身份。但最令他们注意的是其中不少措辞和伦理的概念，与《新约》中许多地方很相似。特别是有“基督之路”及“光明”与“黑暗”两股势力的冲突等更相似。

▼《圣经》里面包含了犹太人的《旧约全书》

有些学者则认为施洗的约翰是苦修教派的教徒。更有人提出，甚至耶稣本人也是一位苦修教派教徒。如真是这样，耶稣最后是脱离了这个以奉《摩西律法》为救世之道，严守律法的教派。

现在学者还在埋首拼凑和研究数以千计的残篇断稿。相信还要等待很多年后，死海羊皮卷的全部秘密，才能公之于世。

古里加苏王之谜

美索不达米亚是世界上最早的文明发源地之一，也就是传说中亚当的花园。它位于伊朗和伊拉克之间的交界地区，早在5 000年前，苏美尔人、亚述人、巴比伦人等民族，先后在这片肥沃的土地上定居。大约在公元前2 220年，汉摩拉比的祖先，在幼发拉底河岸建立了一个很不起眼的小村庄，后来经过不断地扩充、发展。逐渐成了北部平原上最大的城市。特别是到了汉摩拉比登基后，他南征北战，终于造就了声势浩大的巴比伦帝国和世界上最壮丽、最繁荣、最美丽的城市，著名的巴比伦巴别通天塔就是其中的一座庙塔。

1. 国王的戒指

然而随着岁月的流逝，古城巴比伦经过1 500年辉煌时代后，到了公元4世纪后倒了下来。本来是用泥土筑成的东西，终于又化为泥土。他们在这片平原上建立起来的具有高度灿烂文明的繁荣城市，后来都成为一个个美丽的传说、一堆堆泥砖和残破的瓦砾。他们为诸神建造的那些伟大的高耸入云的砖造庙塔，至今仍默默地屹立在废墟之中，并随时都有化为尘土的忧虑。然而他们也给后人留下了数不清的谜团和一个个巨大的问号。

近两个世纪以来，随着考古学的不断发展。研究巴比伦古代文物的专家、学者越来越多，但是由于这些古迹都已遭到极度的破坏，考古学家只能凭着《圣经》时代的记载和近代出土的文物，来解开那一个个巨大的谜团。

在解谜的过程中，一件最不可思议的事情发生了。希普雷克特是宾夕法尼亚大学考古学教授，也是在这方面颇有成就的专家之一，他那本书名为《楔形字文献：来自尼普尔的古巴比伦碑文》的专著就是对巴比伦考古的研究结果，但是希普雷克特教授对此并不满意，在书中他曾经提到古里加苏王的戒指。但他不能确定两小块刻有文字的玛瑙碎片是否真的是戒指的一部分。以往在尼普尔的天地神庙中也曾发现过类似的碎片，但他只是见过这两块碎片的草图，而未能见到实物。

经过很长时间的研究，他终于把这两块碎片鉴定为公元前1700—公元前1140年巴比伦历史中开凯寒特时期的文物。因为他可以认出其中一块碎片上的楔形文字，于是他把它暂定为古里加苏王的遗物，至于另一块因实在是无可考查，只好放在未分类的碎片里去了。

▼石板上记录的古里加苏王

2. “神”的指示

那是在1892年3月中旬的一个深夜，希普雷克特教授觉得疲惫至极，就上床睡觉了。刚睡着，他做了个梦。梦中有个黑影站在他的面前，那黑影年约四十又瘦又高，身穿巴比伦时代的僧袍。只见那幽灵向他招手说“你跟我来”。然后他带领着希普雷克特

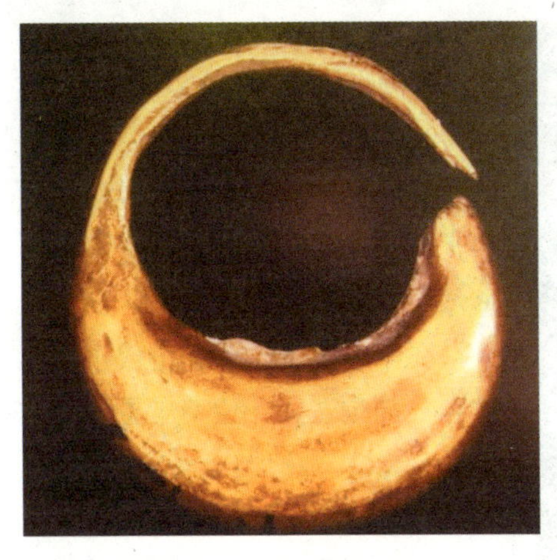

▲古里加苏王的戒指

穿越时间隧道，回到当年巴比伦天地神庙中的藏宝室，进入一个神秘的屋子，希普雷克特惊奇地睁大双眼，看到地上到处摆满了玛瑙和青金石碎片。那幽灵转过身对教授说："那2块碎片并非戒指，其实它们同出一处。让我告诉你它们究竟来自何处，古里加苏王曾经给天地神庙送来许多玛瑙和青金石礼物，其中一件圆筒形玛瑙器皿上面刻满了感谢神恩的文字。有一次，我们奉命为神像造一对玛瑙耳环，就把那件玛瑙圆形器皿切为三件。做成三个小环，但每个上面都有原来所刻文字的一部分。其中2个小环就成为神像的耳环，而你研究的碎片正是耳环的部分，如你不相信可把2块拼在一起，就可证明我所言。"话刚说完，教授还没来得及想个明白，那僧人便立刻失去了踪影。

教授惊醒后，马上把这个怪梦告诉身边的人，等天一亮，他立即把两块碎片的草图拼合之后。果然现出原来的刻文："古里加苏王献给天地神的儿子。"后来，为了进一步证明梦中幽灵所言，希普雷克特又亲自前往收藏碎片的伊斯坦堡博物馆考察和研究。他把梦中的情景告诉了博物馆馆长贝伊，并问他可否把碎片拿出来研究。馆长当即表示同意。

事后，希普雷克特记述："当我亲手把它们拼合在一起，梦境便立刻呈现在眼前。"希普雷克特教授所研究的巴比伦古代文物的谜团解开了，而当他把这个解谜的过程告诉给他的同事和其他的考古学家、心理学家时，另一个谜团又摆在了世人的面前。那就是：究竟是谁帮他解决了这个千古之谜？是梦？是时间隧道？是幽灵？还是他自己？

尽管希普雷克特教授这次神奇的梦境多年来早已为考古学界所熟知，并广为流传，但是却始终没有解开这个梦谜。有人说：也许希普雷克特教授在夜以继日的研究过程中，已经在潜意识中解答了这2块碎石之谜，只是通过梦境把答案传达到自己的意识而已。也有人说：一个人在睡觉时，尤其在梦中，可能特别容易接受超越固有时空限制的信息。然而这信息又是从哪里来的呢？这是否是那个天地神庙的僧人穿越3 200年的时光隧道，特意来指引这位保护巴比伦古代宝物的教授呢？一切都那样诡异。

《吉加美士史诗》之谜

20世纪初，考古学家在库峻赤克的一座山丘上出土了有楔形文字的12块陶土版，这一发掘引起了整个考古界的轰动。

1. 版刻上的神秘记载

这12块陶土版刻的是一首有强烈表现力的英雄史诗《吉加美士史诗》。研究结果明确肯定《吉加美士史诗》的原版出自苏美尔人的手笔。史诗主线与《圣经》中《创世

▲太阳神像

纪》所记述的故事大致相同。

在第一块陶土版中曾记述了长胜英雄吉加美士在乌鲁克建造城墙的情况。其中写道“天神住在一栋庄严的房子里，里面设粮仓多座，城墙上有守卫站岗”。

在第二块陶土版上记叙了女天神阿茹茹创造另一位英雄恩基度的情况。

在第三块陶土版中，叙述了有关从远方滚滚涌来的尘雾沙云的故事：“天在咆哮，地在颤抖，太阳神终于到来了，他用强劲的翅膀和爪子抓住恩基度，恩基度觉得身体越来越重，像是灌满了铅”。

在第五块陶土版上记叙了吉加美士和恩基度反对庞然大物胡瓦瓦戏剧性的战斗，其中有这样一个细节：恩基度和吉加美士抛出去的投枪和棍棒，徒劳无功地反跳到“闪闪发光的庞然大物手里”。聪明的恩基度发现了这位上帝的仆人胡瓦瓦易受损伤的地方，他能使它失去战斗力。其中还有恩基度对胡瓦瓦的描述：“它的牙齿宛如龙的牙齿，它的面貌恰似狮子的面貌，它不吃抛撒过去的食物不喝奉献的水。”

在第七块陶土版上还有一段太空飞行的目击叙述，由恩基度陈述：“我在一只小鹰的爪子里飞行了很久，向下看时，一切变得很小很小。”

2. 外星人的记载

有些考古学家和科学家饶有兴趣地读完了《吉加美士史诗》，对史诗所描写的内容进行了大量的研究考证工作。有的科学家提出了自己的设想：恩基度被太阳神的翅膀和爪子抓住，身子越来越重，像是灌满了铅，这是身体受到了加速度的作用，所以才越来越重，像灌了沉重的铅，怎么恩基度的想法和宇航员起飞时所遇到的情况如出一辙？而和恩基度与吉加美士战斗的胡瓦瓦的外貌不正是一个机器人的外貌吗？然而聪明的恩基度也许知道操纵机器人的手柄在哪儿，即知道其“易受损伤的地方”，所以才能将这一机器人制服。在第七块陶土版记叙的恩基度所看到的现象，不正是一个人坐在太空船上从上向下鸟瞰大地的情形吗？据此，这些考古学家和科学家得出结论，《吉加美士史诗》

记叙的正是外星智能生命与苏美尔人接触的一些经历，然而这些结论仍需进一步考证。

谁能真正揭开《吉加美士史诗》这个谜给后人留下一个明确的解答呢？人们正期待着这一天的到来 。

▲亚马孙河流域

“绿色魔境”的兽人之谜

号称世界第一大河的亚马孙河发源于秘鲁安第斯山脉，它由西而东横贯南美大陆，素有“绿色魔境”之称。它拥有数座深邃葱郁的原始大森林，那里有许多不能轻易进入的禁忌之林。因为只要一进入，必定会迷失方向，而且更可怕的是会遭到兽人的攻击。由此，亚马孙河流域的热带森林成为地球上神秘、奇特，而又充满恐怖气息的秘境之一。

1. 兽人之战

传说在亚马孙河流域的热带森林及山麓中，埋藏着许多令人心动的宝石及矿藏。因此，自古以来，就有许多不畏艰难、不怕死的探险队伍前来勘探开采。早在17世纪，一支由西班牙人组成的队伍沿着亚马孙河的支流，来挖掘宝石的原矿。当这一行人来到树林里时，却在俗称的“禁忌之林”里迷了路。正当茫然之际，他们突然遭到兽人的袭击。于是，双方立刻展开了一场激烈而凶猛的战斗。在这一场战斗中，探险队至少枪杀了十几只似猿又像人、性情粗暴、全身毛茸茸的兽人。

2. 禁忌之林

1920年，瑞士的地质学家罗伊为了勘察亚马孙河流域的地形结构，也冒着生命危险来到这里。由罗伊所率领的这支队伍在越过一条河川之时，突然听到类似猿猴的吼叫声。于是，这一行人立刻停下脚步不敢前进。当罗伊张大眼睛环视四周时，他看见2只类似猿猴的大怪物，正怒目瞪着他们。其中1只怪物渐渐地接近他们，而且它还拾起地上的泥巴投向他们。这时，1名队员拿起枪来射击，结果，这只怪物立即中弹倒下。另外1只怪物受到了枪声的惊吓，急忙跑到树林里去了。事后，罗伊为遭到射杀的怪物拍了1张照片。根据照片和他们亲眼所看到的情景，估计这只怪物的身体大约高1.5米，相貌类似蜘蛛猿，嘴里有32颗牙齿。

3. 兽人之谜

1968年，意大利的考古学家比罗都诺为了勘察亚马孙河上游的石器文化，也组织了一支队伍到禁忌之林去探险。当他们这一行人沿着亚马孙河的支流前进时，也在禁忌

▲兽人在不在茂密的亚马孙雨林

之林里迷了路。就在他们急欲寻找出路的时候，却远远地听到兽人们在集体地高声咆哮，宛如狮吼一般。这时，同行中有2位队员浑身发抖地大声喊：“我们大家赶快逃跑吧！”这一行人又折回原来的路，直到他们撤退到热带草原区，兽人才停止可怕的吼叫。居住在亚马孙河流域的当地人，最忌讳的怪物就是兽人。

然而直到现在，人们仍然无法确知兽人的真面貌。有一些人认为，这些身份不明的兽人很可能是原始人的后代，不过也有一些人认为它们是一个不知名的种族。究竟其真相如何？至今仍然是个谜。

神秘的太阳石

太阳石是世界各民族太阳崇拜的产物。是谁造的和有什么用途人们不得而知，留下的只有些传说。

1. 西方的传说

在西方，有这样的传说：普洛米修斯照着神的模样用土和水揉成了泥，塑造了人，并赋予人类众多的本领，但忘记赋予人类如何取得火种。于是普洛米修斯升到天上，向象征胜利与荣誉并为人类带来光明与温暖的使者——太阳神，借来了播洒阳光的太阳马车，并点燃了一支火把，将火送到地上来。可是宙斯不乐意允许人用火，并收回了火种。于是普洛米修斯从天府偷出火种，再次取得宝贵的天火。为此，宙斯命令将普洛米修斯牢牢地钉在高加索山顶的峭壁上，并向众神宣称由于他将神火出卖给人类，所以这就是他应有的惩罚。普洛米修斯受尽磨难，与岩石合为一体，每天吸取太阳的光辉，并保存光明和温暖，为人类发光发热。几千年过去了，最终变成了一块黑亮的化石，这就是传说中的地球的生命之源——太阳石！

▼太阳石

2. 中国的太阳石传说

在中国的东海之滨也有浓厚的太阳崇拜传统和太阳石的传说。渔湾和东磊接壤的山头叫作模忽山，模忽山上有1块太阳石。它是1块面向东方斜卧的巨石，长7.5米，宽2～4米，前窄后宽，表面平坦。上方刻着2个大圆圈，直径分别为18厘米和25厘米。这2个圆圈，一个中间有简单的图案，可能是月亮的图形，另一个圆圈周围刻着21根象征光芒的线条，自然是太阳无疑。太阳石下面，有7个鸡蛋大小的洞，位置的安排好像北斗七星。石面上还刻有几个棋盘图案及一些奇形怪状的符号和类似星图的圆洞。

在山东省日照市汤谷太阳文化源旅游风景区的天台山顶上，也有 1 块太阳石。这块太阳石为一直径约 3 米，重约 20 吨的圆形巨石。当地人历朝历代将其作为神石供奉。太阳神石的身世无人知晓。有人说是盘古开天辟地之时所造；有人说是女娲炼石补天剩余的巨石；有人说是后羿射日时被射下的太阳所成。太阳石西北侧有 100 米长的巨型石龙所护卫。除了太阳石之外，这里还有太阳神陵、老祖像、老母洞、报晓玉鸡等与太阳崇拜有关的各种遗迹和传说。

根据考证，日照在远古时期是东夷人最为繁荣发达的地区之一，是《山海经》中记载的羲和部落观象授时的所在地，是春秋时古莒国的所在地，一贯尚夷风，用夷礼。太阳石是东夷人太阳崇拜的产物，也是东夷人的传家之宝、镇国之宝。太阳石曾经两度遭到破坏。根据太阳石断面的风化程度测定，第一次在数千年前，太阳神石从顶部被凿掉一块。文革期间，太阳石又作为封建迷信的典型再次被破坏，从左前方被凿掉一块。对于这次破坏，村民记忆犹新。目前石上凿痕犹在，坡下残石仍存，分别见证着太阳石的非凡经历和传奇故事。

太阳石南侧有太阳神殿遗迹。据传神殿为莒国末代国君所建，但尚未完工，莒国就在公元前 431 年被楚国所灭。建设神殿用的巨石仍散落在遗址上。

催人长个子的巨人岛之谜

在浩渤无垠的加勒比海上，有个神奇小岛，名叫“马提尼克岛”。从 1948 年起，10 年左右的时间内，岛上出现了一种令人们迷惑不解的奇异现象：岛上居住的成年男女都长高了几厘米，成年男子平均身高达 1.90 米，成年女子平均身高也超过 1.74 米。岛上的青年男子如果身高不到1.80米，就会被同伴们耻笑为“矮子”。

▲复活节岛巨人石像

1. 催长岛

更为奇特的是：不仅岛上的土著居民，而且成年的外人到该岛来居住一段时期后也会很快长高，例如，64 岁的法国科学家格莱华博士和他的助手 57 岁的理连博士，在该岛上只生活 2 年。2 人就分别增高了 8 厘米和 7 厘米。40 岁的巴西动物学家费利在该岛上只进行了 3 个月的考察，离开该岛时竟已长高了 4 厘米。英国旅行家帕克夫人年近花甲，在该岛旅行 1 个月后也长高了 3 厘米。

由于生活在该岛上的成年人甚至老年人的身材能长高，因而此岛被称为“长人岛”。其实，不仅人，而且岛上的动物、植物和昆虫的增长也尤为迅速。岛上有蚂蚁、苍蝇、甲虫、蜥蜴和蛇等在从 1948 年起的 10 年左右时间都比通常增长了约 8 倍，特别是该岛的老鼠比普通老鼠大很多。

▲巨人石雕

究竟是一种什么样神秘的力量促使该岛上的成年人、动物、植物和昆虫躯体如此迅速增长呢？这种神秘的力量又是来源于何种物质呢？

2. 揭秘神秘岛屿

为了揭开此谜，许多科学家千里跋涉，来到该岛长期进行探测和考查，提出了多种假说和猜测，众说纷纭，莫衷一是。有些人认为，在1948年，可能有一只飞碟或是其他天外来物坠落在该岛的比利山区，使该岛生物迅速增长的一种性质不明的辐射光，就来自一个埋藏在该岛比利山区地下的飞碟或其他天外来物的残骸。但一些科学家对上述说法持怀疑和否定态度，因为世界上究竟有没有飞碟或其他天外来物，到目前为止仍然是一个难以解答的谜。

一些科学家认为，该岛蕴藏着某种放射性矿藏——正是这种放射性物质使生物体机能发生特异变化，因而“催高”了身体。

“巨人岛”的秘密究竟在哪里？至今仍是一个有待科学家们去彻底揭晓的谜。

“死亡谷”之谜

“死亡谷”究竟是什么样的地方，为什么会让人一谈起它们就为之色变呢？那是让所有生灵面临最严酷挑战的地方，生还是死都由它说了算，与意志无关。有的“死亡谷”是人类的坟墓，却是动物的天堂；有的“死亡谷”固执地杀掉每一个闯入里面的生灵，那里弥漫着死亡的空气，令人望之生畏。世界上以“死亡谷”而出名的峡谷还不少，在美国、印度尼西亚及意大利都有类似的“死亡谷”。

1. 美国的“死亡谷”

在美国加利福尼亚州和内华达州接壤处的群山中，就隐藏着这么一处巨大的死亡谷。它长达225公里，最窄处宽6 000米，最宽处则

▼死亡谷中活动的石头

有26公里。这一大片峡谷的面积达到了1 400多平方公里。这里悬崖陡峭难行，气候干燥难忍，自然环境恶劣无比。曾先后有人误闯进里面送了性命，连尸体都没找着；有幸运脱险，离开了此谷的，事后也都死得不明不白。可就在这样一个虐杀人类的残酷山谷里，却幸福地生活着上千种的鸟类、爬行动物及野驴，更有数不清的昆虫和草本植物。为什么对人类如此残忍的山谷却对动、植物赋予如此爱心？这让人们产生了兴趣。

▲意大利那不勒斯

科学家详细考证了这里的地貌变化，发现这里因为历史上的地壳运动产生了一个大断层，但由于它被大量的沉积物所覆盖，所以不易被人发现。科学家推测那些误入“死亡谷”的人踩着了沉积物而掉进了断层的深渊中，于是尸首无存。又因为“死亡谷”里蕴藏着丰富的矿产，有的科学家相信这里的地底一定有某种剧毒矿物，那些不幸者是在接近了这些有毒矿物后中毒身亡的。在美国“死亡谷”的干盐湖地面上，许多石头自行滑动，留下了数百米长的滑动痕迹。两侧是悬崖峭壁，地势十分险恶。这里是飞禽走兽的极乐世界，却是人类的地狱。真相究竟如何呢，没人知道。

2. 意大利与印度尼西亚的“死亡谷”

与美国“死亡谷”同样令人生畏的意大利那不勒斯与瓦维尔诺湖附近的一个“死亡谷”，被当地人叫作“动物的墓场”，可以想象它是在怎样吞噬着动物的生命。无论飞禽还是走兽，在这里都逃脱不了厄运，每年都有大量的动物在此丧命；然而普通人走进山谷里，却安然无事。这又是怎么回事呢？意大利科学家对此也做了认真考察，只是找不出问题的关键所在。印度尼西亚的爪哇岛上也有一个“死亡谷”，它由6个山洞组成。这些山洞的奇异之处在于它们所具有的强大引力，人类和动物在距离山洞6～7米处就能感觉到十分强大的引力，一旦因此被吸入洞中，就会丧命于此。有胆大的科学实验者冒着生命危险克服了引力进入洞中，他们看到了大量人类和动物的尸首，却未能找出该洞的秘密所在。

弥漫着神奇、笼罩着恐怖的“死亡谷”，许多人来了再没能走出，留下累累白骨和谜一般的沉默。

揭秘木乃伊

19和20世纪，人们曾对古埃及木乃伊产生过的浓厚兴趣。“揭秘”是其中较流行的娱乐方式，很多人甚至因此对古埃及时代的信仰和习惯着迷。木乃伊是如何制作并保存至今的？它们有哪些鲜为人知的秘密呢？

▲博物馆里的木乃伊

木乃伊的形成

木乃伊就是在死后很久其软组织依然存留的人的躯体。通常情况下，人死亡之后，腐烂分解过程会在大约几个月内将尸体分解得只剩下骨骼。腐烂的速度取决于众多因素，主要是周围环境的状况。

在大多数的环境中，腐烂的第一阶段在死后几小时内就开始了。在这个叫作自溶的最初阶段中，某些自身含有消化酶的器官（例如肠道）开始自我溶解。

自溶阶段之后就是腐烂过程，细菌开始腐蚀器官。在正常的温和环境中，尸体在死亡后3天左右开始发生腐烂。几个月内，遗体就剩下骸骨了。在炎热潮湿的环境中，这一过程会加快，因为细菌在这种环境中繁殖得更快。在寒冷干燥的环境中，此过程会放慢，因为细菌的繁殖需要温度和水分。如果环境足够寒冷或干燥，或是没有足够的氧气，在如此恶劣的环境下没什么细菌能够存活。这样，遗体就不会完全腐烂，或许可以保存上千年。

人们最为熟悉的木乃伊毫无疑问是古埃及那些被仔细包裹的遗体。然而这些木乃伊仅仅是全世界木乃伊家族中的一部分。在过去的200年间，科学家、探险家和富翁在世界的不同地方都发现了古代的木乃伊。

埃及人将死者制成木乃伊是因为他们相信一个人若想来世获得复活就要保存好他的尸身。

其实在大自然中，有很多种情形都会导致木乃伊的存在。在大自然中，保存在冰川冰层中、缺氧的沼泽深处以及沙漠干燥沙层下的躯体便有可能变成天然的木乃伊。1991年，一些旅行者在意大利阿尔卑斯山脉发现的“冰人”就是最轰动的天然木乃伊之一。这具5 300岁的尸体被发现时身边还有保存完好的工具，他死在一座被积雪迅速填埋的岩洞中。事实上，这形成了天然的冰箱，保存了尸体的组织。这具木乃伊为历史学家提供了大量关于欧洲铜器时代的信息，包括代表性技术、人体健康与文身习俗。

▼满身彩绘的女性木乃伊

在某些情况下，天然木乃伊显著地改变

了我们对于历史的看法。在塔克拉玛干沙漠中发现的木乃伊提供了这一地区现代原住民族系的一些线索，这具木乃伊的面部结构揭示他们是印欧人种的后裔。这个生活在公元前1000年前后的人，太阳穴位置有一个明显的阳光纹身，与一个古代印度——伊朗神的象征符号类似。这一点与其他由木乃伊保存的证据共同表明，这一地区在汉族人到达前几个世纪曾经有印欧商人定居。

古埃及制造木乃伊的原因

古埃及人十分关注来世，原因并不奇怪，他们在火热沙漠中的生活是异常艰苦的，这使得埃及人总是希冀一个完美的彼岸世界。如果一个人做好了准备，构成人灵魂的三个部分——魂灵（Ka）、个性（Ba）和精神（Akh）——会在死后进入那个世界。为了来世生活的舒适，灵魂需要日常生活的一切必需品，其中包括食物、衣服和家具。

它们同样需要其肉身在尘世间保存完好。魂灵（Ka），生前伴随人的肉身，死后也不可避免地和尸身相连。如果尸身被毁，魂灵也相应地被毁掉了。不同于第一次死亡的是，第二次的死亡是终极性的。与此相对应，永生依靠的就是肉身的木乃伊化。

古埃及木乃伊的制作

埃及人决定在红土地上进行制作木乃伊的仪式，这一地带是在人口聚居地上开辟的一片无人地带，从那里很容易到达尼罗河。为了保证适当的空气流通，有理由相信当时的防腐匠们是在敞开的帐篷而非封闭的建筑中开展工作的。在开始防腐处理之前，埃及人先把遗体移到Ibu，即“洁净之地”。在这所房子里，他们用从尼罗河取来的水清洗遗体。这代表着人从一个世界前往另一世界的某种新生。一旦身体被清洗干净，防腐匠会将其带到木乃伊之屋（即“制作木乃伊的房屋”），在那里他们开始进行防腐处理。

在死去的埃及皇室及上层贵族成员的身上防腐匠要花费大量的时间。他们仔细地切开切口并小心地将每一样器官取出，使得遗体的器官可以与其外部身体分开保存。

平民百姓的仪式就没有那么奢侈了。防腐匠们给遗体内部注入一种油状混合物，以充实身体空腔内的整个残余空间。然后他们封住遗体的所有对外的孔洞，让油质在遗体内部留存几天时间。当他们最终打开遗体的孔洞时，所有的油质流出来，已经液化了的内脏残余物同时被携带出来了。

在木乃伊之屋，他们把遗体放在木桌上，以准备取出大脑。为了打开头盖骨，防腐匠得将一个凿子从鼻骨处钉入。然后将一根长铁钩

“木乃伊”名称的由来

关于木乃伊的一个常见问题是：他们如何被冠以如此古怪的名字呢？“木乃伊”这个词是早期来到埃及的阿拉伯旅行者使用的。当外来人看到一些覆有黑色树脂状物质的木乃伊时，他们就误认这些尸体是在乌黑而黏稠的柏油中浸渍过的。正因为如此，他们便称这些被保存的遗体为“木乃伊”（mummy），阿拉伯语沥青的意思。

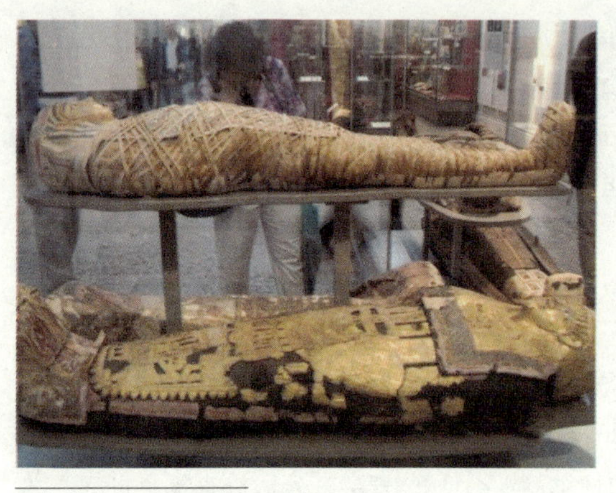

▲馆藏的埃及木乃伊

插入颅骨内，慢慢地拉出大脑组织。当用钩子取出大脑的主要部分后，就用一个长勺舀出剩余的部分。最后，用水将颅内冲洗干净。奇怪的是，大脑竟是埃及人并不保留的个别几个器官之一。他们并不清楚大脑的用途，但他们以为人在来世不会需要它。

移除大脑之后，防腐匠们用一把黑曜石（一种神圣的石头）制成的刀在遗体的左侧切开一道小口。他们从这道口仔细地移除腹腔内的器官，一个个摆在一旁（肾脏除外，因为埃及人认为它并不重要）。取出这些器官后，防腐匠们切开腹隔膜取出肺。埃及人相信心脏是人的核心，是感情和思想产生的场所，所以他们通常将心脏留于体内。其他器官被洗干净，涂上树脂，用亚麻布带包裹起来，保存在装饰了的陶器内。这些埃及人称为卡诺皮克罐的器皿保护这些器官能到达彼岸世界。

当移除这些器官后，防腐匠们用棕榈酒清洗空的胸腔使其清洁。然后，为了保持身体生前的形状，他们把香料和其他一些材料填充进空的身腔内。这可以保证在遗体干燥时皮肤不会缩陷入空的身腔里。

在防腐匠们移除器官并重新填充遗体后，他们将遗体置于一块斜板上，用泡碱粉末将其完全覆盖起来。埃及人从尼罗河三角洲西部沙漠的埃及湖岸上收集到这些粉末，那是一种钠化合物混合物。和早期用热沙粒干燥的埃及木乃伊不同，这些咸的泡碱吸收遗体水分的同时不会使皮肤过分暗沉和硬化。

防腐匠们把遗体放在这些粉末中 35 ~ 40 天，以使其有充分的时间彻底干燥。在这个等待的时期内，必须有人看守，因为遗体强烈的腐味会引来沙漠食腐动物。等到 40 天结束后，遗体被带进净屋，即“纯净之屋”。防腐匠去掉遗体内的香料和其他填充物，并给遗体空腔内重新填充上泡碱，浸透树脂的亚麻布和多种其他材料。有的时候，为了使这些干燥的遗体看起来更加栩栩如生，防腐匠们也给手臂、腿和头部的皮肤下面填充一些材料。身体填充完毕后，防腐匠们缝合切口并给遗体皮肤外涂上树脂层以阻挡湿气进入。之后，遗体准备进入包裹或缠裹阶段。

缠裹是个非常复杂的过程，通常要花上 1 ~ 2 个星期来完成。在遗体包裹完毕后，防腐匠们需要在遗体外加上一个坚硬的木乃伊盒，再在头部固定一副葬礼面具。这张新的面孔不是死者生前的相貌的模仿就是代表着埃及神，它对前往来生的通路具有重要意义。它帮助死者的灵魂在众多埃及坟墓中正确找到自己的躯体。

木乃伊制作完毕后，就被装进一副被装饰成人形的棺材。这副棺木在哀悼中被带入坟墓。坟墓内，祭司装扮成胡狼头神阿努比斯的样子，执行“开嘴仪式”，在这仪式中，神圣的物品与人形棺的脸接触，给予死者来世的语言能力、视力、触觉、听觉以及味觉。然后，让人形棺靠在墓中的墙上，坟墓内放满食物，家具以及死者来生可能需要的种种物品。

▲合葬的木乃伊

其他地区的木乃伊

古埃及人是著名的木乃伊制造者，但埃及文明并非唯一（也非最早）保存死者的古代文明。智利北部的新克罗人在公元前5 000年便发展了一种木乃伊制造技术，这比埃及人大约早2 000年。这些世界上最古老的木乃伊与著名的埃及木乃伊毫无相似之处。他们将遗体肢解并将内脏完全去除，用麦秆、植物纤维和木棍将各个部分联结起来。然后，把黑泥抹在连好的身体上，加上脸部和其他装饰品，塑成了一个人形。

▼埃及法老木乃伊

最终形成的木乃伊成了一种遗体与雕塑的奇特的混合物。我们不清楚这些行为背后的动机是什么，但许多研究者相信这与来生的观念并无关系。这些木乃伊显出磨损的痕迹，甚至被重新绘制过，这表明它们在被埋葬之前作为雕塑被存放在家中。这样的行为表明木乃伊更可能是为了死者的家庭和朋友而制造的，而并非为了死者的利益。新克罗人在身边保存这些木乃伊也许是显示对死者的尊敬和追忆，并帮助他们哀悼失去的亲人。

后来一些南美文明也制造木乃伊，其方式既包括人为的又包括自然的。在秘鲁的山区，科学家们发现了许多由干燥空气和低温保存的印加人遗体。尽管干燥剂是完全天然的，但这些木乃伊在某种意义上仍可算是人造的——它们被特地搬运到那个遥远的地方，因为人们认为这些遗体应该放在那里保存。